油气科技创新价值分享
理论与应用

姜子昂　辜　穗　任丽梅　刘申奥艺　胡俊坤　等　著

科学出版社

北　京

内 容 简 介

本书围绕如何认识并促进油气技术要素收益分成分配向技术要素收益分成分享转化、如何构建适应市场化发展的第三方评估体制与管理机制以及如何有效突破从油气总体技术收益分成到单项技术收益分成方法瓶颈这三大问题,立足于对价值链、方法链和管理链的研究,创新构建了油气科技价值分享理论体系模型,形成了油气非技术要素贡献级别设计和油气技术产品谱系设计两项关键技术,创建了油气科技成果收益递进分成评估方法模型,优化了油气科技成果增储增产收益评估;创新了技术产品需求方收益区间的价格让渡系数,优化了油气科技成果市场价值让渡定价方法模型;构建了油气科技成果综合评价管理模型,并提出了管理创新策略。

本书适合石油、天然气、煤炭等能源系统的管理者和从业者阅读,也可供相关专业及领域的高校师生、研究人员参考。

图书在版编目(CIP)数据

油气科技创新价值分享理论与应用 / 姜子昂等著. — 北京:科学出版社,2022.3

ISBN 978-7-03-067281-0

Ⅰ. ①油… Ⅱ. ①姜… Ⅲ. ①石油工业–技术革新–研究–中国②天然气工业–技术革新–研究–中国 Ⅳ. ①F426.22

中国版本图书馆 CIP 数据核字(2020)第 251003 号

责任编辑:韩卫军 / 责任校对:彭 映
责任印制:罗 科 / 封面设计:墨创文化

科 学 出 版 社 出版

北京东黄城根北街16号
邮政编码:100717
http://www.sciencep.com

成都锦瑞印刷有限责任公司 印刷

科学出版社发行 各地新华书店经销

*

2022 年 3 月第 一 版 开本:720×1000 B5
2022 年 3 月第一次印刷 印张:20 3/4
字数:340 000

定价:236.00 元
(如有印装质量问题,我社负责调换)

本书著者名单

姜子昂	辜　穗	任丽梅	刘申奥艺	胡俊坤
王　径	江如意	何春蕾	王富平	刘维东
彭　彬	魏　繁	马英恺	李　佳	武文捷
陈　怡	李馥伶	陈　舟	杨利平	周成效
敬代骄	王智雄	鲍思峰	王　莉	曾　诚
冯宇超	夏思邈	丁桂霞	彭子成	周　建
谢敬华	居维清	高　琼	陈玉龙	王尊友
李　季	何晋越	邹　曦	胡畔宁	何昊阳

序

　　进入 21 世纪以来，全球经济一体化大势不可阻挡，随着知识经济和智慧经济的到来,技术创新已成为影响国民经济增长的决定性因素。如何评价技术创新成果对经济成长的贡献，如何探求既适合我国国情又和国际接轨的评价方法，是包括石油行业在内的经济学家关注的热点和难点问题。

　　自 20 世纪 90 年代以来,中国石油天然气集团有限公司(简称中国石油)的姜子昂及其团队结合石油行业的创新特点开始探索并不断完善科技创新价值评估和价值分享理论，指导中国石油科技成果的经济评价(成果鉴定、科技奖励)，由定性到定量，由粗放到精确，做出很大贡献。

　　21 世纪初，姜子昂及其团队率先提出了要素组合创新理论和油气科技价值剥离法。要素组合创新理论和油气科技价值剥离法的创造与应用是通过计算资金要素、劳动力要素、广义科技进步要素(管理要素、技术要素)各自的贡献，对石油企业经济贡献值进行逐层剥离得到科技成果收益贡献值，为科技成果效益难以量化，研发、管理、决策重复计算的问题提供了科学可行的解决方案。

　　2010～2015 年，姜子昂及其团队深入开展了技术商业模式与价值化研究、天然气勘探开发科技绩效评估方法研究。在多年技术有形化研究成果的基础上，他们遵从供需双方在可接受的上下限之间进行谈判的实现机制，创新形成了基于市场预期视角，价格水平最终决定于技术产品创新能力、新增利润能力和供需双方分享利润的经济行为的油气技术价值让渡定价法，使油气技术有形化价值理论增加了新的内涵。

　　鉴于科技资源种类和技术产品体系日趋庞大，近年来姜子昂及其团队提出了"油气科技创新价值分享理论"，其核心思想是：油气生产要素组合创新增值机制与特性决定分享本质和方式、科技要素投入产出复杂系统主控评估机制与收益分割方法、科技收益分享水平决定于自身创新能力对项目收益的贡献与分享制度、科技收益评估体系建设应与油气项目技术经济评价体系同步进行。该理论指导形成了油气技术创新成果收益递进分成法,即从油气生产要素(资本、管理、劳动、技术)中分割出总体技术要素收益分成基准值,再依据油气技术体系的规范化级序结构逐级分割其他技术要素收益分成基数,以技术成果创新强度系数分割常规技术要素收益分成率,进而确定技术创新成果收益分成率和收益分成净值。该理论方法在石油企业中得到推广应用,并受到一致好评。

《油气科技创新价值分享理论与应用》一书从油气科技创新价值分享理论到分享方法再到分享管理,创建了较为系统的理论与应用体系,思路清晰、详略得当、内容丰富,集科学性、实用性和可操作性于一体。

一是对象明确,逻辑严密。全书以油气科技创新价值分享为对象,围绕油气科技创新价值分享涉及的"如何认识并促进油气技术要素收益分成分配向技术要素收益分成分享转化""如何构建适应市场化发展的第三方评估体制与管理机制""如何有效突破从油气总体技术收益分成到单项技术收益分成方法瓶颈"三大关键问题,开展了系列研究并总结提炼,形成了合理、严密的逻辑体系。

二是方法科学、实证合理。依据国家完善按要素分配体制机制、依靠科技创新驱动油气产业高质量发展、落实科技激励政策等相关要求,基于科技创新理论、要素分配理论、共享经济理论、利润分享理论、科技创新激励等相关理论,立足科技创新管理会计和技术经济后评价视角,通过将实证分析与规范分析相结合、定性分析与定量分析相结合,对油气科技创新价值分享方法体系进行系统研究,取得的三项收益分割法、收益递进分成法、市场价值让渡定价法等研究成果,具有较大的实用价值。

三是结论中肯,意义重大。该书凝聚了油气科技工作者多年来的集体智慧结晶,是继承发展、螺旋提升的产物,在深入研究理论、方法和实证基础上,提出的管理措施与结论具有较强的实践性、成熟度和可靠性,对于指导油气科技评估实践、落实科技激励具有较高的参考价值。在深化油气科技体制机制改革的当下，该书不仅能为深化改革促进油气科技创新提供支持，还能为我国科技评估提供可推广的新思路和可复制的范式。

在创新驱动油气产业高质量发展的时代命题中，科技创新价值评估是实现技术按贡献参与企业收益分配、落实科技激励的重要凭证，对推进油气产业科技创新进程具有重要作用。同时也看到，油气科技创新成果价值评估在"要素组合创新理论与科技价值剥离法→油气技术有形化价值理论与价值让渡定价法→油气科技价值分享理论与收益递进分成法"的演进过程中，并不是一帆风顺，这项工作的开展并不如"科技成果收益分享净值＝项目净值×科技成果收益分享率"公式本身看上去那样简单。科技评估需要不断探索，只要研究方法上不断有小的积累，就定会产生大效益。

激励未动、评价先行，方有章可依、有理可据，评价与激励相生相伴。改革开放 40 多年来，油气行业科技激励机制不断健全和完善，与之相伴的是科技评估工作的不断改革与创新发展。姜子昂及其团队是中国石油科技评估的先行者，也是国家科技评估创新发展的贡献者。

热烈祝贺《油气科技创新价值分享理论与应用》出版发行！

傅诚德

2020年11月30日

前　　言

　　油气科技创新是驱动油气产业高质量发展的主要动力之一，是一项涵盖油气科技成果研发、科技成果转化、科技成果推广应用等核心业务的巨系统工程。油气企业在创新驱动发展中，持续强化科技体制机制改革，积极研究建立科技成果、专利技术价值评价体系，深入探索科技成果转让的定价方法和定价政策，建立科技类无形资产转化商业模式，不仅能为成果转让、许可、资本化以及收益提成创造条件，还能提高技术和人才等创新要素在技术产品价值中的分享比例，真正实现研发与应用的有机衔接，使优秀创新人才"名利双收"。

　　随着我国油气资源勘探开发向深层、深海、非常规领域扩展，对技术市场形成更加多样化需求，油气技术资源更加复杂、技术产品体系更加庞大，科技价值与收益分成评估难度进一步加大。评估实践中，仍存在诸多问题需要解决，如对科技创新创效机制与特性认识不够清晰，按照生产要素分配存在逻辑混乱，科技成果验收和鉴定及评奖过程中经济效益计算数值不实、评价参数有误、评价方法不规范，以及技术资源管理和收益分配管理薄弱等问题。

　　伴随着我国油气行业科技价值评价理论与实践的不断发展，加之科技创新价值的实现涉及更加庞大的技术资源体系、更加复杂的科技创新系统，以及多方主体参与的创效贡献与利益协调，迫切需要进行油气科技价值评估理论、方法体系创新。因此，本书根据党和国家完善要素分配体制机制及科技价值评估相关政策要求，依据创新、协调、绿色、开放、共享的新发展理念，立足油气科技价值评价现状，对油气科技创新价值分享理论进行了探索，主要内容包括四个方面。

　　(1)油气科技价值分享理论体系探索。通过深入分析油气生产要素组合创新增值动力机制、技术要素投入产出机制，厘清科技价值实现过程与科技创效特性，创新科技价值分享本质、分享方法、分享制度、分享方案、分享机制、分享管理等内容，促进了从要素价值剥离到要素价值分享的理念转变，丰富了科技价值评估理论体系。①主要内涵是：一是油气生产效益是全生产要素(资本、劳动、技术、管理)和庞大的油气技术体系协同作用的产物，油气生产要素组合创新增值机制与特性决定分享本质和价值构成；二是科技要素投入产出复杂系统主控评估机制与收益分享方法；三是科技成果收益分成水平决定于自身创新能力对项目收益的贡献与市场分享博弈机制；四是科技成果收益评估体系建设应与油气项目技术经济评价体系协同构建。②主要意义在于：一是有效促进了科技成果价值评估的理念转变。二是揭示了必须按照油气科技全要素和全生命周期进行价值分享，扣除生产要素成本不能等同于要素分享行为。三是支撑了油气技术级序构建，为收益递进分成法奠定基础工具。四是明确了常规技术与创新性技术收益分成的关系，建立了技术创新强度指标模型。五是指导了市场化条件下，油气技术产品价值让渡定价模型构建。

(2)技术创新成果收益递进分成法和价值让渡定价法探索与应用。①基于后评价视角的技术创新成果收益递进分成法。立足于油气勘探开发技术级序与分成基数的关系，构建技术要素收益递进分成结构模型，优化总体技术创新成果收益分成率和单项技术创新成果收益分成率计算公式，寻找到从总体技术创新成果收益分成到单项技术创新成果收益分成方法的密码和路径。步骤：一是从油气生产要素(资本、管理、劳动、技术)中分割出总体技术要素收益分成基准值；二是依据油气技术级序及其功能价值，逐级分割其他技术要素收益分成基数；三是以技术成果创新强度系数分割常规技术要素收益，进而确定技术创新收益分成率和收益分成值。分别以油气增储增产和非增储增产收益类(节约投资类、降本降耗类、技术服务类、全新产品、换代产品、替代进口产品等)为例，进行收益递进分成法实证，受到同业专家好评。②基于市场预期视角的油气技术产品价值让渡定价法。立足于技术产品定价主控因素、技术产品价格形成机制以及价格区间定价原理，构建油气技术产品价值让渡定价模型，并确定基础价格、目标市场预期收益、技术产品创新强度系数、预期利润变化率、需求方视角下价格让渡系数等参数，代入价值让渡定价模型计算技术产品交易参考价格。核心内容是：一是价格让渡区间的确定，从技术产品供应方的角度看，技术产品销售净利润大于或等于零是技术产品供应方参与市场的必要条件，即技术产品最低价格，从技术产品需求方的角度看，购买的是技术产品获利能力，价格上限是技术产品需求方购买的参考点，即技术产品的最高价格；二是技术产品价格水平最终决定于新增利润能力和供需双方分享利润的经济行为，技术产品交易参考价格等于供需双方在可接受的范围内进行谈判博弈形成的价格让渡值与技术产品最低价格之和。实证评估结果得到技术持有单位的认可与肯定。

(3) 油气技术创新成果收益分成技术的集成创新与应用。①非技术要素收益分割技术。由于技术要素创造初始价值（无法精确测算或明确分离出），故依据油气生产要素协同创造价值、合理分享收益理念，分享比例应根据技术本身在创效过程中所起的作用或贡献来确定。因此，提取油气项目资本、管理、劳动等生产要素的特征指标值，应用余值法获得非技术要素收益分成余值，作为技术要素的收益分成值，即技术要素收益分成基准值。②其他技术要素收益分割技术。任何技术都是有级序的，油气技术级序结构非常复杂。因此，由油气田企业技术专家根据油气项目特点、有形化技术成果、项目类型、作业阶段和要素投入情况，规范设计油气技术级序，评估赋权一级、二级、三级技术级序的分成基数，并推进技术级序资源数字化、规范化与标准化，实现单项技术与其他技术要素收益的分割。③常规技术要素收益分割技术。技术要素收益分成的关键因素是技术自身的创新创效能力，它与油气技术创新程度、技术先进程度、技术成熟程度等指标密切相关。因而，引入技术成果创新强度系数，可实现常规技术与创新性技术收益的分割。④油气技术产品价值让渡技术。根据油气技术产品供需函数、技术资产风险概率分布特征、技术产品价格区间定价原理，基于技术产品供需双方通过交易双方利益博弈方式来合理、均衡地分担技术产品风险和分割收益，需求方以技术产品创新能力和获取收益能力为关注点。由于这种博弈属于非线性关系，呈自然指数分布，故引入价值让渡系数，实现交易双方通过利益博弈对参考价格的确定。

(4) 油气科技创新价值分享管理与政策建议。研究与实践表明，任何科技价值评估方法都不能获得精确解，只有在规制条件下形成相对合理值，并且评估过于精细化必然会加大相关成本。因此，本书提出打造中国油气特色新型科技成果评价体系的六项政策建议：①创建涵盖多元化的科技成果评价组织、规范化的科技成果评价操作、智能化的科技成果评价决策支持、制度化的科技成果评价保障等"四位一体"的市场化油气科技成果评价体系，特别是要加快第三方评价机构建设，形成多元化的评价组织体系；②强化油气集团企业内部科技评估机构建设，地区公司科技处、直属科研院所建立科技成果价值自评组织；③加快与国家科技评估中心合作，编制《油气科技价值评估规范》（试行）；④强化基础数据管理，形成智能化评价决策支持体系；⑤加强技术级序资源数字化、资源共享和价值化管理工作，做好油气技术级序赋权工作；⑥创建市场化油气技术商业模式，加强油气技术交易平台建设与运营风险防范、创新技术转移运作、促进技术成果的交易和转让。

本书研究成果能够应用于油气科技创新成果收益分成评估、科技重大专项效益测算、科技成果利润提成、专利技术(有形化技术)产品市场定价等，为油气科技价值评估规范的出台、评估软件开发与应用奠定基础。在深化科技体制机制改革的当下，成果也能为我国科技评估提供可复制的新思路和可推广的新方法，给其他能源行业及相关产业科技评估提供借鉴。

由于编者水平有限，如有不妥之处，请广大读者批评指正。

目　　录

第一章　油气科技价值评价相关理论研究现状与趋势

科技价值评价理论涉及技术创新、科技成果价值评估、科技价值分享和科技激励等理论，可供参考的文献十分丰富，但涉及油气行业企业科技价值评价的理论方法较少，因此有必要对国内外油气科技价值评价相关理论研究现状与趋势进行研判。实际上，油气科技创新是油气组织依靠其先进适用的科技理论、技术体系，整合油气田企业组织油气生产、经营管理等要素(资本、劳动、技术、管理等)，创造并扩散新增价值的过程。因此，深化认识油气生产要素组合创新增值机制，遵循增量收益和利润分享理论，剖析科技成果效益剥离法、油气重大科技专项增量效益法、油气科技价值综合指标体系分成法，能够为探索油气科技价值评价理论提供坚实的理论和方法支持。

第一节　油气科技创新理论研究现状与趋势

一、油气科技创新相关理论

(一)油气生产要素组合创新增值机制

油气生产要素组合创新增值机制指在油气产业增长方式的转化与发展过程中的关键要素运作机理与相互关系(图 1-1)，本质是实现要素价值增值的过程。要素组合创新增值机制的具体内容包括：优化要素组合创新，提高要素质量，特别是人才素质和资本质量，增加科学技术和管理创新的含量；改进生产要素配置，包括在油气产业链间、企业间、部门间合理配置生产要素；挖掘油气产业增长要素以及组合创新的潜在价值等。

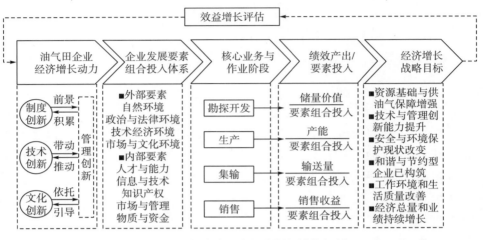

图 1-1   油气生产要素组合创新增值机制

油气生产要素组合创新增值不是将创新看成从一个职能到另一个职能的序列性过程，而是将其看成是同时涉及创新构思产生、研究开发、设计制造和市场营销的并行过程，强调研发、设计、生产、供应商和用户之间的联系、沟通和密切合作。

(二)技术推动型与拉动型创新

市场拉动理论是在 20 世纪 60 年代由美国经济学家施莫克勒提出的，主要思想为：技术创新源于市场需求，源于市场对企业的技术需求。这种创新模式中，市场需求是研究和开发的主要来源，决定着创新的方向，在创新中起着关键性作用。油气市场需求拉动模型认为油气技术创新是市场需求引发的结果，油气市场需求在创新过程中起到关键性作用。来自油气市场的需求所引起的创新大都是渐进性创新，不能像基础性创新那样产生较大的影响力。市场拉动型创新是以企业为主导的创新，油气田企业决定创新的概念和方向，此种形式下企业寻求与科研机构的合作，寻找合适的科研机构，告知其技术创新需求，通过合作开发模式和委托开发模式，进行应用开发。

油气技术推动型创新指的是创新过程始于研究开发，经过油气生产销售最终将技术成果推向市场，市场是创新成果的被动接受者。从整个过程来看，影响最终效果的因素还是技术本身，处于不同发展阶段的技术进行转移后可能带来不同的效果，即技术的成熟度。处于成熟阶段的技术，最接近市场，故其技术转移成功率较高，风险较小；处于半成熟阶段的技术，还未经过完全开发，成熟度低，所以技术转移成功率较低，且整体转移风险较高。技术创新模式的不同导致技术创新收益分配方式的不同，按照技术成熟度的不同，主要有技术许可和技术转让两种模式。

（三）技术与市场复合创新驱动型

油气技术与市场复合创新驱动是指技术与市场交互作用的创新模式（图 1-2）。该模型认为，技术创新是由技术与市场共同作用驱动，创新过程中的油气生产各环节之间，以及创新与市场需求和技术进展之间还存在交互作用的关系，技术推动和需求拉动在技术产品生命周期及创新过程的不同阶段有着不同的作用。

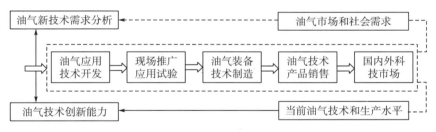

图 1-2　油气技术与市场复合创新驱动图

二、油气科技价值与科技价值链

（一）科技价值的概念与特点

科技价值是技术与主体（如个人、集团、社会、人类）之间的一种相互关系，它体现着技术对人的需要，发展的肯定或否定的性质、程度，并在技术与人的相互作用过程中不断发展。科技价值既包含对于评价主体的一般价值，又包含技术自身的使用价值，如技术的经济价值、政治价值、文化价值、生态价值等。

科技价值的特点体现在五个方面。①鲜明的主体性。所谓科技价值的主体性，就是指科技价值直接同主体的特点相联系，表现或反映主体性的内容，充分体现在科技价值的发现、创造、生产、使用和实现的全过程中。由于技术主体的多层次，以及技术与不同主体间不同的作用方式，故同一技术常常表现出不同的科技价值。②典型的二重性。科技价值的二重性是指技术既有益于主体又有害于主体，既给主体带来方便、创造财富，又可能给主体造成麻烦、带来灾难，存在对立又统一的典型特征。③连锁的迁延性。科技价值的迁延性主要是指科技价值不是一次性实现的，而是一个不断展现的过程，随时间表现出科技价值的时效性、次生性、难以预料性，特别是时空上的拓展性、结果上的累积性、发展上的层次性。④复杂的多维性。所谓科技价值的多维性，是指科技价值的表现不是单方面的，而是多方面的，主要表现为多维性和多维度取向。科技价值复杂多维性的特征，要求在认识、评价技术的价值时，必须全面、系统地看待技术。⑤实现的辩证性。它是指科技价值的实现不是一个直线式的简单过程，而是一个曲折迂回的反复过程，是一个否定之否定的螺旋上升过程。科技价值实现的辩证性同时还源于具体技术的有限性与主体需要的无限性之间的矛盾。

(二)技术价值链概念与模型

技术价值链(technology value chain，TVC)是指从技术形成到技术创造价值的过程，以价值增值为目标，由一系列相互独立的技术环节，按照其内在影响关系连接的链状有序系统。借鉴迈克尔·波特的价值链结构，全面考虑能够可持续驱动油气田企业价值的技术作业流程和技术活动，以及对其有重要影响的各项技术支撑性管理活动，构建如图1-3所示的油气技术价值链基本框架。

根据油气科技的内在作用机理，油气技术价值链是以技术成果形成为起点，依次通过油气技术确权与技术交易完成的资本化历程。依据技术价值创造能力及重要性差异，可把油气技术活动划分为两类：

油气技术营运与技术支撑活动。围绕油气技术形成与运营的全过程设计价值流程，油气技术形成、技术确权、技术交易、技术经营都成为重要增值点。油气技术经营又细分为商品式、资产式与资本式技术经营三种。

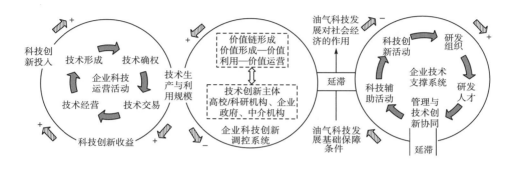

图 1-3　油气技术价值链基本框架

油气技术经营的链接关系决定了技术价值实现的路径与能力。油气技术支撑系统包括技术组织、技术人才、技术创新文化与其他辅助活动，为技术活动的高效运转从实物、信息、知识、人力等方面提供全方位支持。

三、油气技术产品价格的概念与构成

油气技术产品价格是指技术作为商品交易时供需双方所认同的使用价值的货币表现。技术产品价格的制定常常不反映一般商品的价值特性，而主要遵从供需双方生产力水平所规定的对其使用价值的认同。因此，技术价格主要反映的是技术作为商品的使用价值。

油气技术价格构成是指组成商品价格的要素和各要素在价格中的相互关系，一般商品的价格构成主要是生产成本和预期利润。从技术转让方与技术受让方双方考虑，在确定技术产品价格的时候，要考虑五个部分：技术开发成本、技术转让成本、技术服务费、机会成本、新增利润的分享。

第二节　油气科技成果价值评估研究现状与评析

一、科技成果价值评估方法研究现状

(一)科技价值评估的基本方法

目前,国际上资产评估常用的方法有重置成本法、收益现值法、现行市场法三种,分别简称为成本法、收益法、市场法。我国《资产评估准则——无形资产》中规定,资产评估方法主要有成本法、收益法和市场法,其内涵与国际上通行的三种评估方法相同。同样,国内通常采用无形资产的三种基本方法来评估技术型资产的价值,即成本法、收益法、市场法。

2020年7月21日,国家市场监督管理总局、国家标准化管理委员会联合发布了《科技成果经济价值评估指南》(GB/T 39057—2020),并于2021年2月1日开始实施。《科技成果经济价值评估指南》提出,科技成果的经济价值是从科技成果的转化和应用中获得的经济利益的货币衡量。该标准提供了科技成果经济价值评估涉及的术语和定义、评估方法、评估机构等方面的指导;提供了科技成果经济价值评估的3种方法——收益法、市场法、成本法;明确了方法选择的考虑因素,恰当选择一种或多种评估方法;明确了科技成果经济价值的评估机构、评估程序等方面的要求,规范了科技成果经济价值评估的申请表、评估报告等的规范格式。

中国科技评估与成果管理研究会2020年8月21日发布与实施《科技成果评估规范》(T/CASTEM 1003-2020),规定了科技成果价值评估的范围、规范性引用文件、术语和定义、评估内容与方法、评估流程及要求,等等。但是,《科技成果评估规范》没有明确科技成果经济价值评估的具体方法。

1. 成本法

成本法就是依据被评估技术在研制、开发过程中所耗费的有形成本和无形成本来确定其价值的方法。它对于技术开发、财务管理等制度健全的单位所研制开发的技术的评估来说比较可行。当技术资产使用基本正常时，一般不计算经济性贬值，基本公式为

技术资产评估值=技术资产重置成本-功能性贬值-经济性贬值

$$(1\text{-}1)$$

2. 收益法

收益法的基本原理是直接评估目标技术对新增利润的贡献。衡量的基本方法是计算技术对未来净现金流或生产成本节省的贡献现值，将此值作为该技术的实际价值，即收益法，又称为超额收益法。收益法是通过估算被评估资产未来的预期收益，将其折算成现值。此方法在国外普遍应用，在国内也是技术评估的主流方法。它的出发点是资产的价值由使用所产生的效益决定，而不考虑其成本，将评估对象剩余寿命期间每年的预期收益，用适当的折现率折现，累加得出该资产在评估基准日的评估价值。

使用收益法时必须满足三个前提条件：①被评估资产的未来预期收益可以合理预测；②资产拥有者获得预期收益所承担的风险可以合理预测；③被评估资产预期获利年限可以合理预测。

3. 市场法

市场法是指评估师通过收集类似技术资产的以往交易信息，根据评估对象与参照物在技术先进性、营利能力、权利状况等方面的差异，在参照物的评估结论基础上进行对比调整,进而得出评估对象的价值。

技术资产评估市场法的相关理论都比较适用，并主要依据替代原则。影响此方法评估结果精确度的主要因素是评估参照物的选取和参照评估报告自身的准确性。假如用以参照的评估报告准确度很高，则利用可比案例法，可得出非常精确的评估结果。

(二)国外科技成果价值评估方法

国外关于科技成果价值评估的研究较早，基本上已经形成相对完善的评估程序和制度化体系，并通过法律形式确定其在经济管理决策

中的地位和作用，实现了科技价值评估方法的综合化发展。总体而言，国外常用的科技价值评估方法可分为三类：第一类是为评估提供框架的方法，如前后对比、对比实验方法和逻辑框图等；第二类是与数据收集有关的方法，包括访谈、调查、统计记录等；第三类是与数据分析有关的方法，如案例分析、经济计量模型、指标体系建立和成本效益分析等。

立足宏观层面，在科技价值评估方法的选择与应用过程中，美国、法国、日本等国家目前科技评估主要侧重两个层面：其一，采用定性和定量分析相结合的方法，适用于评估计划目标实现的程度以及评估对象的优劣判断；其二，以数学模型为基础，强调严格的定量指标和计算方法，适用于投入产出的价值评估。

立足微观层面，企业和学术界也在努力探索和完善科技价值评估方法体系，鲁本斯坦和盖斯勒试图通过科学技术产出的分类，对科技成果转化价值的目标实现进行评价和监测。例如，Kaplan 和 Norton(2003)认为可通过测量知识转化的效果解决科技价值的计量问题；Sohn 和 Moon(2004)等通过建立决策树的 DEA(data envelopment analysis，数据包络分析)模型，对科技成果转化效率进行研究，为科技成果转化项目评价提供了方法；Feller 和 Anderson(1994)对美国纽约州的科学技术投资所获得的利益进行了计算和评价。

(三)国内科技成果价值评估方法

20 世纪 90 年代中期，在国家科学技术委员会尝试科技成果价值评估的背景下，科研人员开始对科技价值评估研究进行探索。此后，借鉴国际经验，大量学者、企事业单位对科技价值评估的方法和实践应用进行了研究。

研究表明，科技价值评估方法很多，评估者在评估实践中，往往要根据不同的目的和对象，综合应用多种方法构建评估模型。针对科研项目及成果的价值评估，常用的指标选择方法一般有依靠专家的系统分析法；依靠查阅文献资料的文献资料分析优选法、变异系数法、相关系数法；对指标进行筛选和归类的多元回归、主成分分析、因子分析、聚类分析、判别分析、回归分析等方法；而指标权重确定的主要方法有直接经验法、德尔菲法、排序法、连环比率法、集值迭代法、层次分析法。针对科研人员的价值评估，常用的方法有评级量表法、分级法、配对比较法、目标卡、目标考核法、关键事件记录评价法、笔迹判定法等。

针对技术创新成果经济效益进行微观上的量度研究，也是国外科技成果评估的一大发展趋势。目前被法律、法规认可的有两种方法：一是会计计价法，二是资产评估法。国外对科技价值评估方法的选择和应用基本遵循三个原则：针对特定的评价对象选择评估模型和数据处理方法；以数学模型为基础，强调严格的定量指标和计算方法；对经典评价方法加以改造，以适应特定的项目评价对象活动。

国外学者对经济学、数学和计量学等方法的引入，实现了科技经济效益评估的重要突破。国内高校对油气勘探开发项目经济效益评估的研究重点在经济评价方法上，以追求油气资源的产量、效益最优化配置为评估目标，如表 1-1 所示。

表 1-1　高校开展上游经济评价的主要研究与应用情况

机构名称	方法名称	方法应用
首都经济贸易大学	天然气产能建设项目优化经济分析方法	考虑资源、技术、需求，多项目优化组合
	天然气资源优化配置评价方法	考虑技术、经济，解决产量、工作量及其他开发指标的最优配置
	气田不同开发阶段经济评价方法	以技术经济界限值为评价依据
重庆大学	天然气净化项目环境影响经济评价方法	量化开发过程中的环境影响计入项目总费用
西南石油大学	天然气储量最优经济评价方法	以油气田天然气储量收益、收益性支出和投资情况认识产量变化规律
长江大学	优选气田开发方案的灰色综合评价方法	进行气田开发方案的评价优选
成都理工大学	基于模糊法和 ANN(artifical neural network，人工神经网络)优选增压开采方案评价方法	将 ANN 选定的规范化值作为输入量，通过模糊优选法得出输出量，进行综合评价
西安石油大学	低渗透天然气项目经济评价方法	同时进行财务指标和国民经济评价

国内对科技评估的方法可以概括为经济学方法、数学方法、主观分析法和综合分析方法。就油气行业而言，中国石油曾根据"三率"(开采回采率、选矿回收率、综合利用率)指标给出了石油油气科技指标的测算方法，但因使用条件不同而出现计算结果偏离实际的状况。下游石油科技成果经济效益的测算主要有"直接经济效益+间接

经济效益""销售收入-成本""成本费用的节约"等方法,现行的下游科技成果经济评估方法与上中游石油科技成果的经济评估方法类似,都存在高估现象。

二、油气科技价值评估方法评析

目前,油气科技创新成果收益评估方法主要有油气科技成果效益剥离法、油气重大科技专项增量效益法、油气科技收益综合指标体系分成法等。

(一)油气科技成果效益剥离法

1. 方法概述

中国石油科技管理部、石油经济和信息研究中心联合研究的"石油科技成果直接经济效益计算方法"(2002),首次采用剥离法,以逆向思维逐层分解科技收益值,对企业实际经济收益总额进行分解。中国石油的《石油石化行业技术创新成果评价方法》(2003),对油气科技成果效益剥离法进行了深化与优化,认为企业生产项目的经济效益包含管理、技术、人力、资金等多因素的贡献,不同专业的一类成果(产生直接经济效益的)都可以按照流程采用三种计算方法经过三次剥离,得到单项技术创新成果的经济效益。

其中,技术结构模板的构成与分成原理:技术结构模块由形成石油石化企业生产力的主体技术构成;石油石化行业的总体技术由各专业技术级序构成;而各专业技术级序又由次一级技术级序构成,由此根据不同专业可细分为 N 级。细分的原则是每一个模块都能直接产生经济效益。采用上述三种计算方法将生产项目经济效益经三次剥离后,可得到任一级别的单项技术群或单项技术的净现值,并完成经济效益的计算过程。

2. 方法主要贡献与优点吸取

剥离法内涵:企业生产项目经济效益包含管理、技术、人力、资金等多因素贡献；不同专业的一类成果都可以按照流程采用三种计算方法经过三次剥离，即第一次剥离出常规技术要素贡献与劳动要素贡献占比，第二次剥离出制度创新和管理创新要素贡献占比，第三次剥离出其他技术要素贡献占比。

剥离法的核心在于对庞大的技术体系综合形成的创新成果效益进行逐层的细分，通过层级式的剥落与要素分离，最终将成果经济效益落脚到具体技术上，是油气科技价值评估在现有众多投入产出模型分析框架下应借鉴的重要思路。

（二）油气重大科技专项增量效益法

由中国石油科技评估中心编制的《重大科技专项经济效益评价实施细则（勘探开发类 2015 年版）》，主要采用增量效益法对集团公司重大科技专项产生的储量产量经济效益进行评估，形成了一套相对完整的新增油气储量的经济效益评价方法和新增油气产量的经济效益评价方法。

1. 增加油气储量经济效益评价方法

增加油气储量经济效益评价法，采用国际通用的折现现金流法和储量价值评估方法，即投入产出法基本原理，基本表达式为

$$储量增量效益=储量增量产出-储量增量投入 \qquad (1-2)$$

储量增量产出（相当于现金流入）是指专项新技术应用于生产项目增加的油气储量未来开发生产历年所获油气产量的销售收入，称为科技生产增量产出。储量增量投入（相当于现金流出）是指专项新技术应用于生产项目增加油气储量和未来开发生产所花费的投资、成本（包括专项科技投入）以及分摊税费，称为科技生产增量投入。储量增量效益是指储量增量产出与储量增量投入之差（相当于净现金流），扣除所得税再折现后的净现值，称为科技生产增量效益，即科技生产的超额收益。

2. 增加油气产量经济效益评价方法

增加油气产量经济效益指因专项新技术应用而构成的新生产系统与原生产系统比较产生的新增油气产量的增量效益。计算方法为投入

产出法，其基本表达式：

$$产量增量效益=产量增量产出-产量增量投入 \qquad (1-3)$$

产量增量产出是指重大科技专项新技术应用于生产项目新增油气产品的销售收入，称为科技生产增量产出。产量增量投入是指重大科技专项新技术应用于生产项目新增油气产量所消耗的生产成本费用（含专项科技投入）及分摊的税费（包括城建税、教育附加、资源税、矿产资源补偿费和特别收益金），称为科技生产增量投入。产量增量效益是指产量增量产出与产量增量投入之差、扣除所得税后的净利润，称为科技生产增量效益。

3. 方法主要贡献与优点吸取

油气科技重大专项增量效益法利用增量效益等于增量产出与增量投入差额的原理，制定了专门针对油气增储和增产的经济效益评价方法。其中，增量产出体现的是技术经济评价中的有效产出，增量投入体现的是技术经济评价中的增量投入。有效产出与有效投入关系的研究是技术经济评价的焦点视域，在增量产出与增量投入的基础上讨论增量效益问题，确认的是技术成果创造的超额利润部分，使得该方法总体上呈现结构简单、易于操作等优点，增量思路值得借鉴。

但是，对技术增储增产的绝大多数情况而言，该方法的假设前提却并不成立。它假设除科技因素外，其他一切因素都不变，则科技成果的经济效益等于使用科技成果后的经济效益减去不使用科技成果的经济效益。然而，即使"其他因素保持不变"的假设成立，也不能确定差值就是油气科技成果的经济效益。这是由于油气科技成果只有与管理、资本、劳动力等生产要素结合，才能产生超额经济效益，才能产生"1+1＞2"的效果。采用直接法计算的增量经济效益必然包括非科技因素产生的增量经济效益部分，是全要素增量经济效益。

因此，计算油气科技成果经济效益时，必须在全要素增量经济效益的基础上减去非科技因素的增量经济效益，即将全要素增量经济效益减去管理、资本、劳动力等生产要素的增量经济效益，以及价格变化、资源禀赋和经济地理环境差异导致的经济效益的变动，才能得出科技生产要素的增量经济效益。这种方法一般被称为要素分成法，也叫余值计算法。采用要素分成法计算出的增量效益才是生产过程中科技要素的增量效益，如果该区块、评估时间段有多项科技成果，那么还要剥离出各项科技成果的增量经济效益贡献值。

(三)油气科技收益综合指标体系分成法

1. 方法概述

由中国石油技术经济研究院牵头，中国石油渤海钻探工程有限公司、天然气管道局、寰球工程公司、昆仑工程公司、东北炼化工程有限公司、科学技术研究院、科学研究院(西北)、大庆炼化公司、吉林油田分公司，中国石油大学(北京)联合参与的"中国石油有形化技术商业化价值评估方法"(2018)，是在《中国石油有形化技术商业化价值评估操作手册》(2014)研究成果基础上进行的油气勘探开发科技价值评估方法深化与拓展研究。

研究提出，油气科技的价值评估方法以一个计算公式为中心：

$$P = \alpha(P_{\max} - P_{\min}) + P_{\min} \tag{1-4}$$

式中，P 为技术价值；$P_{\max}$ 为技术最高价值；$P_{\min}$ 为技术最低价值；α 为价格系数。式(1-4)中包含三种评估方案。方案一：采用综合法，$P_{\min}$ 由成本法确定，$P_{\max}$ 由收益法确定，参数 α 由综合指标体系确定。方案二：采用综合法，$P_{\min}$ 由成本法确定，$P_{\max}$ 由市场法确定参考值，参数 α 由综合指标体系确定。方案三：采用市场优化法，$P = KP_0$，其中 P_0 表示同类技术的市场价格，K 表示价格系数，根据技术在市场中的优势等调整确定该技术的最终价格。

在三个方案基础上，主要立足综合法，依据石油产业链八大技术领域划分，建立八套权重和评分标准，由专家打分对参数 α 进行综合取值计算。

利用专家打分法给评估体系中设计搭建的定性定量相结合的指标打分，采用多准则模糊层次分析及赫威兹决策法确定某个技术的分值作为有形化技术的最终价值。也就是说，在相关专家对八套权重及打分标准的基础上，需要对具体专家评分进行三角模糊处理，最终提高 α 相对准确度。最后，将 α 代入有形化计算公式，得到有形化科技价值评估结果。

2. 方法主要贡献与优点吸取

首先，综合运用成本法和收益法计算科技价值的思路是值得借鉴的。其次，充分运用多准则模糊层次分析及赫威兹决策法确定某个技术的分值，按照相应隶属度将专家打分值转化成三角模糊数，进行模糊加权平均，其输出结果就包含有更多的信息，表明了评价结果的各种可能性，相对于直接对专家打分进行简单加权平均的德尔菲法应用方式，三角模糊处理结果相对客观一些。

三、技术产品定价的基本方法评析

(一)技术产品定价方法研究现状

1. 科技价值评估是技术交易的基础和关键

按照马克思的劳动价值论，技术无论是作为一种商品还是作为一种生产要素，都具有一般价值和使用价值。技术要素价格作为技术价值的反映，体现技术要素组成部分价值量及其价值关系。完善我国技术要素价格形成机制，对于促进科技进步、培育技术要素市场、完善社会主义市场经济体制、建设创新型国家、进一步发挥科技进步在经济和社会发展中的促进作用，具有重要的作用。卢奇(2005)探讨了技术要素的基本特征、价值构成、价格波动规律。娄岩等(2010)结合目前的实物期权模型研究，得出简单易解的期权价值。程海森(2017)认为，技术商品具有公共产品属性，每一位技术商品拥有者都可以获取技术商品的全部使用价值，并且技术商品再次转让之后仍能保有全部使用价值，他以此为基础编制了技术市场价格指数。

2. 利润分成率是一个复杂和难以准确计量的关键基础参数

利润分成率是评估无形资产收益的一种方法，以无形资产带来的追加利润在利润总额中的比例为基础，是国际许可贸易中最为常见的一种专利技术商品价格评估方法，通常由利润分成率确定技术价格上限。技术价格上限既是一个复杂和难以准确计量的参数，又是技术定价的关键基础参数。孙裕君(2003)认为，技术成果的价格是以它的使用价值带来的经济效益来确定的，要正确运用利润分成率法和提成率法等进行技术定价；周娟和匡建超(2005)基于改进的 BP(back propagation)神经网络，运用 AHP(analytic hierarchy process)层次分析法原理建立技术资产利润分成率评价指标体系。李爱华(2006)从无形资产评估的理论和实践出发，提出确定分成率的专家分析法。丁战和段辉(2007)利用多属性综合评价模型确定分成率的调整系数，从而得到确切的技术分成率。田永坡等(2015)研究了创新驱动背景下我国技术要素参与收入分配的政策。

3. 技术价格区间模型是供需双方利益博弈的产物和主要研究方向

　　由于技术价值体系的复杂性和供需双方利益博弈，技术价格区间模型是技术定价研究的主要方向。童利忠和马继征(2002)构建技术价格区间模型，模拟买卖双方的利润分享过程；孙裕君(2003)认为技术成果的价格不是以其价值为基础，而是以它的使用价值带来的经济效益来确定，要正确运用收益现值法、利润分成法和提成率法，合理确定其相应参数；高建等(2005)论述了实物期权法在理论上进行技术价格评估的优越性；鞠春临等(2006)提出技术转让双方的价格预期模型；宋伟和盛四辈(2009)提出技术资产的区间价格模型遵循了技术资产的定价原则，易于平衡技术资产出让方和受让方之间的利益；陈炫宇(2016)围绕影响技术价格和价格成交水平的因素展开研究，认为技术价格决定转让双方的利益分配，利益区间是谈判的关键点。顾云华等(2016)从经济学的角度构建技术开发价格区间模型；陈英超(2016)认为价值评估必须立足成本法、市场法和收益法三种基本评价方法，既要考虑技术特点，又要利润分享和风险共担。

　　总之，尽管目前国内外对科技价值化研究较多，也有数量众多、形态各异的评估与定价模型，但完美的方法不多。现有的研究成果仅从理论上分析了科技价值化的可行性，但专门针对油气技术的价值与定价模型研究成果的公开报道极少。

(二) 技术产品定价基本方法评析

目前关于技术价格的评估模型有十几种，按其理论依据大致可分为劳动价值论、边际效用价值论、要素价格以及实物期权等模型。定价研究主要涉及四方面内容。

1. 基于成本定价法的技术产品定价

成本法也称为重置成本法，是指在评估资产时，按被评估资产的现时完全重置成本减去应扣除的损耗或贬值，来确定被评估资产价格的一种方法。成本定价法用于技术商品估价是运用现实费用标准，参照历史成本，在重新开发一种技术成果所需的成本加上新增利润分成的基础上对技术商品做出估价。

在技术交易实践中，一种简单的定价方法是：先估算出技术商品的总成本，乘上一个放大系数，如总成本乘以 150%～300%，便作为技术商品的售价。技术商品的总成本主要由以下三部分组成：①前期的研究和开发费用，包括研究、设计、开发、实验、资料等费用，这是技术成本的重要部分；②劳务费用；③交易和售后服务费用，包括洽谈、参加展示会、技术培训、咨询、服务等费用。

2. 基于成本+利润法的技术产品定价

基于成本+利润法的技术产品定价模型是从一般商品的价格形成公式出发提出的，把技术商品价格表示为技术商品的研制成本加技术商品为转让者带来的利润。价格公式为

$$技术商品价格＝技术商品的研制成本 + 技术商品为转让者带来的利润 \quad (1\text{-}5)$$

该模型简单、直观、应用方便，但其局限性在于：①对于成本项的剥离具有不完备性，根据我国《企业会计制度》的规定，研究与开发过程中发生的费用从当期生产经营费用中列支，使得培训、基础开发或相关试验费等相关费用并没有计价入账，技术要素账面成本不完整；②该方法考虑了技术资产的初始成本、重置全价和应计损耗，但却忽略了技术的市场需求、忽视了科技研发过程中科研人员高级智力

劳动的价值含量，通常会使得评估值低于技术资产的实际价值；③技术的研发具有阶梯状和递进式特征，单项技术成果的成功很可能是无数次大量毫无成果的先行研究的偶然凝结，也有可能是技术系列成果的更新与优化升级，其完全成本费用的剥离需要追溯技术整个研发全过程所有相关费用，难度巨大。

3. 基于收益分成法的技术产品定价

收益分成法是根据资金的时间价值原理，建立在效用价值论基础之上，通过对被评估技术商品应用后的未来预期收益的估算，折算为现值，从而确定被评估技术商品价格的一种评估方法。收益现值法充分考虑了投资者贴现的预期收益和风险，将技术的获利能力量化为预期收益，并将其作为被评估对象评估作价的基础，能较准确、合理地评估出技术的价值，有利于维护产权主体的正当权益，体现了产权交易的公平合理性。对一项技术来讲，实施该技术能够为企业带来的利润越高，该技术的价值就越大。

收益分成法的缺点在于：①在评估实践中，技术资产的未来收益受多种因素影响和制约。由于不可预见性很强，所以收益现值法对未来收益的预测和对资产获利能力的判断带有主观性和随意性。②折现率和技术分成率的确定有较大的难度。理论上，折现率应包括无风险利率、风险报酬率和通货膨胀率，都需要根据技术资产的功能、投资条件、宏观经济形势、收益获得的可能性等因素进行测算。技术分成率与技术的复杂程度、产品的产量、销售额、提成年限或利润等有直接联系，不同技术领域、不同交易条件，其技术分成率也有所不同，且这些基本上都是不确定因素，如何量化是一个十分困难的问题。

4. 基于市场法的技术产品定价

市场法又称市场价格比较法，指以现行市场价格为价格标准，借用参照物的现行市场价格，经适当调整后，据以确定资产价格的一种评估方法。市场法就是在资产评估项目的产权主体变动的假设下，被评估资产的交易或模拟交易如果符合公开市场交易的条件，按照公开市场的价格形成机制和现行市场价格标准，借助可供比较参照物，针对影响资产价值的各项因素，将被评估资产分别与参照物逐个比较和

调整，综合分析各项调整结果，确定被评估资产在评估基准点上的现行公允价值。基本公式为

$$技术商品的评估价值 = 技术市场同类技术交易价格 \times (1 - 累计折旧比率) \tag{1-6}$$

市场法在油气勘探开发技术评估过程中的优点主要体现在以下几个方面：①市场法能直接反映某项技术资产的市场行情，并直接运用市场信息、市场价格信号作为评估的客观依据，评估价格比较真实；②由于采用的是公开市场条件下的公允市场价值，它反映了整个市场对技术资产效用的整体认知，比较公平、公正，符合市场经济的规律；③市场法相对来说容易操作，方法也比较简单，只要能够找到在性能、技术上基本相同或相似的可供比较的技术资产，就可以参照该资产的市场成交价格，对差异因素进行适当修正，从而确定被评估技术资产的评估价格。

该方法应用的前提条件决定了其可操作性弱。①市场的活跃性较差。我国技术资产市场还处于初级阶段，市场狭窄、交易活动有限，交易价格具有较大的随机性和波动性，尤其是开发技术具有过程复杂、分类繁多、各技术之间联系紧密、嵌套关系明显等特点，按照市场法要求选择三个以上参照技术，基本无法实现。②获取相关信息资料困难。知识产权的创新性和垄断性在一定程度上对信息形成封锁；由于技术的个性化特点，参照物对象的可比性难以确定，无法根据其特点进行相关因素的调整，难以体现知识产权的实际价值。

综上，目前关于技术商品价格的理论和模型大致分为五大类。第一类以无形资产评估方法为基础，把技术视为无形资产，以无形资产评估中的成本法、市场法和收益分成法为基础，经改进得出技术商品价格模型；第二类为成本收益类模型，主要有成本定价模型和收益分成模型；第三类为劳动价值论模型；第四类为市场竞争类模型，主要有供求均衡模型、垄断竞争模型和博弈论模型等；第五类为数理类模型，主要有资本资产定价模型、期权定价模型，以及利用模糊数学、聚类分析和多元层次分析方法建立的模型等。但是，这些理论和模型都没有全面考虑技术商品价格的主要决定因素，因而是不完备的，在应用中都会受到一定的限制，需要进行改进和完善。

第三节　油气科技价值分享相关理论研究现状与趋势

一、增量收益分成机制和利润分享理论

(一)增量收益分成机制

1. 增量收益分成机制的内涵

收益分成的管理思想源远流长,但作为一种薪酬体制或激励计划,兴起于 20 世纪 30 年代,是一种主要基于小型群体或团队的绩效薪酬形式,其主要关注由生产率提高、质量改善或成本节约所产生的团体收益在员工与公司之间的分配,又被称为生产率收益分成计划。

收益等于产出减投入。顾名思义,如果产出达到设定预期,则增量收益分成额=增量收益×分享比例。产出达成和收益增量是员工报酬增长的两个必备要素。产出达成才有分享资格,产出未达成即使有收益增量也不能分享;产出达成值越高,收益增量越大,分享额越高;增量收益为负则按分享激励比例扣除薪酬,从而使异化行为得到遏制。

2. 增量收益分成机制的作用

作为一种团队激励薪酬形式,收益分成计划可以解决员工参与度的问题,让员工更加努力地工作和发挥员工的潜能,提高和改善组织绩效,最终起到增强员工主人翁意识和忠诚度的作用。一是增量收益分成机制能实现员工共享企业发展成果:员工承包基层营销单元,承包团队共同分享增量毛利的提成,实现公司利益与员工利益一致。二是实现基层单元变被动管理为自我管理:以真正的开放式预算,充分授权、资源下沉、让基层单元实现"自主支配成本、自主安排投资,自主分配薪酬",充分调动承包单元的积极性、主动性。三是探索团队创业模式:通过增量收益提成的激励方式,积累经验,为探索基层团队深化创新经营模式奠定基础。

（二）利润分享理论

1. 利润分享的含义与特点

所谓利润分享制，就是企业在向员工支付了基本工资之外，再拿出一部分利润或超额利润向员工分配的制度。利润分享理论在 20 世纪中后期在西方广泛传播，加快了学界对此理论的认识和推广。利润分享理论是美国经济学家韦茨曼（Weitzman）用微观经济分析与宏观经济目标相结合的方法提出的，是指员工根据其工作绩效而获得企业利润的组织整体激励计划。利润分享理论不仅涉及利润分配问题，同时对微观层面的员工参与、工会密度、劳资关系以及宏观层面的劳动力市场建设、居民贫富收入差距等方面都有借鉴价值。现有的利润分享形式包括两个方面，一个是借助现金现付形式实施的奖励，另一个是将所得用于退休返还形式的递延奖励。

利润分享的分配尺度通常不与员工的直接劳动成果关联，只与个人工资基数、岗位或者职务等相关。它对员工的激励作用不同于工资和奖金，每个员工的奖金不仅与个人绩效相关，并且与所属部门绩效、企业的整体绩效紧密相关，这样的分配格局有利于企业员工之间形成良好合作的共赢局面。利润分享制所分配的利润取决于企业全体员工共同创造的利润，具有相当大的弹性，并不是固定不变的。采用利润分享机制有利于增强企业的凝聚力，促使员工更多关注企业的长期发展，并更加积极地参与企业活动。

2. 利润分享理论的借鉴意义

目前，得到广泛运用的利润分享模式有：利润分红制、利润提成制、员工持股计划、年终奖与企业年度利润挂钩制等。企业在薪酬管控中实行利润分享模式，不仅能够有效克服传统薪资形式的缺陷，加强薪酬激励的长效性，具有长期激励作用，同时还能增强员工的归属感，有效提升员工的忠诚度。

利润分享计划是顺应当前需求的一项有效激励措施。企业将员工收入水平与企业利润挂钩，引导员工关注企业成长与利润增长，实现企业与员工双赢局面。收益分成计划中，被分享的收益主要来源于工作效率的提高，而这种提高是按照组织制定的指标来衡量的。收益分成的支付方式，组织通常采取现金、股票、股权、分红、提成等方式进行支付，因此不同的收益分成指标所决定的奖金发放频率与数额是不相同的。收益分成计划作为一种群体激励薪酬形式，是作为绩效激励薪酬计划的补充而逐步完善的。收益分成计划配合利润分享计划、员工持股计划将会产生更大的管理能量，提升企业的激励层级，企业也将得到更好的发展。

二、技术要素分配理论

(一)技术要素及其作用

1. 技术要素概念的界定

从理论上讲，技术要素是指在一定时期内，既具有与生产设备和劳动者人身不可分离的特性，又能以独立于物与人之外的形态参与生产(产品价值创造)与收益分配的生产资源。内涵应包括以下几个方面：第一类技术要素以商品的形式进入生产领域，是可以直接商品化的技术，主要表现为法律认可的发明专利、计算机应用软件、非专利技术成果以及经法律法规认可的其他技术成果；第二类技术要素以当期活劳动的形式进入生产领域，与劳动者的劳动能力相结合，主要表现为劳动者的经验、技能以及相关知识，它们通常以非熟练劳动和复杂劳动的形式参与生产；第三类通常是指与资本要素结合在一起的，并以资本要素的形态为主，从而是以资本要素形式参与生产活动。

2. 技术要素的作用

随着经济的发展和社会的进步，生产力效率的提高不仅与劳动、生产资料、管理等要素直接相关，而且与技术的关系更加密切，技术的贡献是相当可观的，已成为经济发展的决定性力量。简单地讲，技术要素的作用表现为以下几点：一是通过技术进步提高劳动者的素质，使劳动者通过教育和培训尽快掌握先进的科学技术知识和技能，提高技术熟练程度；二是通过技术进步，改革生产工艺，保证产品质量，提高劳动生产率和降低成本；三是通过技术进步提高装备的技术水平；四是通过技术进步提高经营者管理水平。

(二)全要素分配理论

1. 生产要素的结构与层次

在生产社会化、现代化的条件下，生产要素是由多种因素构成的复杂系统，大致可以分为三个层次：第一是实体性层次，包括劳动力、生产对象和生产资料；第二是附着性或渗透性层次，包括科学技术、教育、信息等没有实物形态，只能附着在实体性因素之上或渗透在这些因素之中，通过改善实体因素的性质来发挥作用的因素；第三是运行性层次，主要指生产管理与技术创新，包括生产力的组织、生产结构的安排、生产与销售决策、发明创造、产品设计、工艺改造等。管理、技术要素指的是第二层次与第三层次的因素，它们在物质资料的生产中是作为脑力劳动者的附着因素发挥作用的。随着科学技术的发展，管理、技术在创造财富过程中的作用日益增强，将其作为生产要素参与生产成果分配，对推动科技发展、经济和社会发展，发挥科技作为第一生产力的作用具有重要意义。

2. 罗默的全要素分配理论

罗默的全要素分配理论的核心是根据要素在不同历史时期或同一时期不同发展阶段的价值增值过程中的作用程度，决定其剩余索取权的大小，并进行相应的剩余分配。罗默的增长四要素是劳动、资本、技术、知识，其中，知识是影响经济增长的更重要的要素。生产要素参与分配是把物质资料生产所实现的利润，依据劳动、资本、技术、管理在生产过程中所做贡献，在普通劳动者、资本所有者、技术人员、经营管理者之间进行的分配。这种分配方式的最大合理性在于承认参与创造剩余价值的各个生产要素的所有者都有权获得剩余价值的分配，并且按照各自的贡献确定分配比例。

3. 要素初次分配理论

党和国家长期坚持按照劳动、资本、技术和管理等四要素实施初次分配。中共十八届三中全会进一步提出，"让一切劳动、知识、技术、管理、资本的活力竞相迸发"。党的十九大报告明确指出，坚持按劳分配原则，完善按要素分配的体制机制，促进收入分配更合理、更有序。

生产要素参与分配是对市场经济条件下各种生产要素所有权存在的合理性和合法性的确认，体现了国家对公民权利的尊重，对劳动、知识、人才、创造的尊重，这有利于完善按要素分配的体制机制，让一切创造社会财富的源泉充分涌流，有利于推动经济发展。

三、科技创新激励理论

(一)激励的基础理论

1. 马斯洛需要层次理论

美国心理学家马斯洛于 20 世纪中期在《动机与人格》(*Motivation and Personality*)一书中提出需要层次理论，在其看来，有关人的需要能够从低到高分为五个方面，即生理需要方面、安全需要方面、社交需要方面、尊重需要方面以及自我实现需要方面。马斯洛的需要层次理论本身简单明了、易于理解、具有内在的逻辑性，在实践中应用广泛并且得到了良好认可。其中，企业管理通过实际的应用，基本遵循这个规律，管理者要想使企业利润最大化，就要了解员工需求，有针对性满足员工不同时期的需要，就要对马斯洛需要层次理论进行深入了解。马斯洛需要层次理论之所以得到普遍的认可，要归功于该理论的直观逻辑性和易于理解的内容。

2. 期望理论

美国心理学家弗鲁姆在《工作与激励》中首先提出期望理论。期望理论认为：劳动者只有在认为可以通过某种行为以达到某一目标，且这一目标对此人具有足够的价值时，才会采取个人认为可以达到目标的行动,从而满足此人的个体需要,弗鲁姆将这一理论用 $M=V \times E$ 这一基本公式来表示,其中 M 表示激励力量,即个体受到激励的程度;V 表示效价,即被激励者的预期结果能带来满足与否的程度,也就是旨在实现目标或做出成绩后能得到多大价值的报酬;E 则表示期望值,即期望概率,指根据一个人的经验判断一定的行为能够导致某种有价值的结果和满足需要的概率。因此,这个公式表明企业对员工实行合理的利润分享激励旨在更加有效地增加员工的激励力量,并通过这种激励力量在生产活动当中形成有效的生产力,使企业的利润在原有基础上进一步增长。这在两者当中形成了互为促进的作用。

3. 波特和劳勒综合激励理论

行为科学家波特(Porter)和劳勒(Lawler)综合了多种激励理论后提出了波特-劳勒综合激励理论。具体内容是,一个人对工作的努力程度取决于该工作的效价和员工能够完成该工作的期望值。波特和劳勒认为,从开始激励到取得工作绩效之间有三个因素非常重要:能力、环境条件和角色认知。一个人经过自己的努力,会得到两种报酬,即内在报酬和外在报酬,但是并不是这两种报酬就可以决定个体是否满意,因为这个人会把自己所得到的报酬同自己认为应得到的报酬相比较。如果他认为有公平感,就会满意,并得到正向激励。反之,不仅不满意,还会起到消极作用。因此,管理者在对员工进行激励时,应该系统分析、全面考虑,才能收到预期激励效果。

(二)科技激励机制与激励方式

1. 科技激励机制

科技激励机制指的是为了促进科技人员的能力成长和价值增值,充分发挥其个人潜力,激励科技人员对企业的发展发挥更大的作用和才干。这需要企业管理人员对所有科技人员的价值进行全面有效的评价,根据客观的评价结果使科技人员的选用与晋升更加合理,因此,它不但对科技人员薪酬体系以及绩效考核体系的完善具有重要的指导作用,对提升企业人力资源管理效率也具有正向的影响作用。

在对科技人员的激励机制进行构建与完善的过程中,需要将人作为中心进行制度与规范的构建与完善,不但需要对科技工作人员的工作积极性进行有效激励,而且需要使其行为表现发生改变,才能促进科技工作人员工作绩效的提高。因此,对科技工作人员的激励需要进行综合性分析并制定多样性的激励措施,才能促进激励效果的不断提升。

加强产权激励,不断提高科技创新效率,在很多国家已成为共识,有效的产权激励已成为科技成果转化的关键。实践证明,加强产权激励是促进科技成果转化、提升科技创新效率的关键。

2. 科技激励方式

科技激励方式主要分为过程激励、结果激励和中长期激励三种形式,并辅以专业培训、职位晋升、职称聘任、荣誉表彰等非薪酬激励方式。

过程激励一般包括:科研项目津贴、特殊岗位资质津贴、导师带教津贴、班组长岗位津贴、自学成才奖励等。特殊岗位资质特指专业技术人员取得的为企业各类营业资格所必需的资质证书,如注册电气工程师、环境评价工程师、压力容器审核员等。

结果激励一般包括:利润提成奖励、纵向经费奖励、四技合同(技术开发合同、技术转让合同、技术咨询合同、技术服务合同)奖励、科技成果获奖奖励、专利申请与授权奖励、论文发表奖励、标准制定奖励、外汇创收奖励、科研项目鉴定验收专项奖励、科技创新管理和保障专项奖励等。科研项目鉴定验收专项奖励是指科研项目结题后,根据项目鉴定验收的结果,由专家组对项目的完成情况进行考核定级,按合格、良、优秀给予相应不同的奖励。科技创新管理和保障专项奖励是激励在科研项目申请、项目管理、评估、验收、软硬件配套设施建设等方面做出贡献的职能管理人员。

中长期激励主要包括:股权奖励、股权出售、分红激励、绩效奖励、增值权奖励、科技成果入股奖励、科技成果收益分成等,如在新建科技成果产业化公司给予管理和科研团队入股的激励;产业化公司通过增资扩股等途径,采取股权出售和股权奖励的激励;对核心科技团队,以科技成果产业化,对外转让、合作转化、划价入股形成的净收益为标的,采取项目收益分成等方式实施分红激励;对经营管理人员实施任期绩效奖励和岗位分红等专项激励。

第二章 油气生产全要素驱动与科技价值分享理论探索

为适应中国特色社会主义分享经济发展，遵从油气生产要素协同创造科技价值的基本特征，以及应对油气科技价值评估面临重大挑战的需要，应基于分享经济理论、要素分配理论与管理会计视角，研究油气生产全要素协同驱动与权重标度，构建油气科技创新成果应用创效机制模型，分析油气科技创效的生命周期性与阶段性、协同性与级序性、依附性与延时性、多维性与间接性等特点，探索我国油气科技价值分享理论体系架构。这有利于健全和完善油气科技创新驱动发展机制，丰富和发展经济分享理论和科技绩效评估理论，也可为油气田企业制定技术创新价值评估和激励政策提供理论基础和方法。

第一节 油气生产全要素协同驱动与权重标度

生产要素是指人类在进行物质资料的生产过程中需要和使用的各种具有相对特殊功能的基本因素。生产要素参与分配是将物质资料生产实现的利润，依据劳动、资本、技术、管理等要素各自在生产过程中所做贡献，在普通劳动者、资本所有者、技术人员、经营管理者之间进行的分配。

本章结合油气技术勘探开发业务流程，从资本要素、管理要素、劳动要素、技术要素等四个方面，讨论子要素构成及其赋权。

一、资本要素

(一)资本要素的内涵

马克思说："资本是能够带来剩余价值的价值。"从广义讲，其构成有物质资本、资金资本、人力资本、技术知识资本等。油气田企业的生产收益既受经济规律影响，又受自然规律的影响。影响油气勘探开发收益的物质资本要素主要是油气储量丰度、储量规模和产能等，油气勘探开发的资金资本也主要投入在物质资本要素方面。统计分析表明，油气勘探开发资金投入中，薪酬、科技和管理创新投入仅占 30%左右。在自然资源资本方面，根据《石油天然气储量计算规范》（DZ/T 0217—2005），储量计算中的油气储量丰度、油气储量规模、油气开发产能等是重要的自然资源资本子要素。国内许多学者认可自然资源作为生产要素的结论，因为自然资源的品位决定了包含油气田企业在内的资源密集型企业在劳动、资本、技术不变的情况下产出的多少。

众所周知，油气田企业的经济效益是科技、管理、投资、劳动多种生产要素以及资源禀赋、经济地理环境、价格等多个影响因素共同作用的结果。要素资源配置的结果直接决定投入产出效率和经济效益。自然条件、生产管理水平都影响生产要素的组合，这种有效配置和组合的过程就是形成新的、离不开生产要素的有效配置。在人才资源资本方面，可以提取出人才资源配置子要素，在科技资本方面，可以用油气研发投资结构指标予以体现。

（二）资本子要素级别标度

现代企业理论认为企业是生产要素契约的集合，投入的各生产要素（劳动、资本、科技、管理等）相互合作，联合生产，共同为企业创造价值。根据我国油气勘探开发实际，有油气勘探、钻完井、油气藏工程、地面工程等 4 个主要业务流程，其中，油气勘探和钻完井业务并不直接产生利润。4 个主要业务都需要大量的资金、资产、技术和相关专业人才的投入。影响油气勘探开发收益的物质资本要素主要是自然资源要素，它对储量产量的贡献是最基本的物质基础，更是决定投资额度的最重要因素。根据《石油天然气储量计算规范》（DZ/T 0217—2005），在自然资源要素中对油气勘探开发收益贡献最大的是储量丰度、储量规模、开发产能等。根据项目资本对收益的贡献度，可将子要素收益分成率权重划分为 4 级，如表 2-1 所示。

表 2-1　油气勘探开发资本要素(Z)结构表

项目资本子要素类型	子要素收益分成率权重级别			
	一级	二级	三级	四级
(1)油气储量丰度(Z_c)：原油或天然气可采储量丰度	高	中	低	特低
(2)油气储量规模(Z_g)：原油或天然气可采储量	特大型	大型	中型	小型
(3)油气开发产能(Z_n)：油气藏千米井深稳定产量	高	中	低	特低
(4)油气人才资本构成(Z_z)：勘探或开发项目(人才资本/项目投资)	特高	高	中	一般
(5)油气研发投资比例(Z_y)：勘探或开发项目(研发费用/项目总投资)	特高	高	中	一般

(1)油气储量丰度。油气储量丰度指单位面积内的储量数，即探明储量与含油面积的比值，在其他条件相同的情况下，储量丰度越大，储量集中度越高，单井产能越大，所需工作的面积和井数越少，单位投资越小，单位开采成本较低，因而油气储量丰度越高，对储量产量的贡献越大。根据《石油天然气储量计算规范》(DZ/T 0217—2005)，按照可采储量丰度大小，将油气藏分为高、中、低、特低等4类进行标度。

(2)油气储量规模。油气储量规模指储量的多少，储量规模产生一定的经济规模，储量规模越大，油气越易开采，在固定成本占很大比例的油气开采活动中，单位产量分摊成本越小。油气储量规模大，单位开采成本较低，对收益的贡献越大。根据《石油天然气储量计算规范》(DZ/T 0217—2005)，按可采储量规模大小，将油气藏分为特大型、大型、中型、小型等4类进行标度。

(3)油气开发产能。油气开发是指对已探明的油气田实施产能建设和油气生产的经济活动。产能建设是指完成开发井网钻井和相应的地面设施的工程，它不但要在规模投产前集中进行，还要在生产过程中不断补充实施，以弥补油(气)井产量的自然递减或提高产能。油气开发产能以油气藏千米井深稳定产量表征。油气开发产能越大，单位开采成本越低，对收益的贡献越大。根据《石油天然气储量计算规范》(DZ/T 0217—2005)，按产能大小，将油气藏分为高、中、低、特低等4类进行标度。

(4)油气人才资本构成。油气勘探开发业务流程中，需要各类专业人才和技能人才。其中，各类人才占油气勘探开发项目投入人数的比例，反映油气勘探开发项目人才资本投资强度，投入越高，项目创新成效越显著，人才资本分成率越大。按人才资本构成比例，将油气勘探开发项目以特高、高、中、一般等4类进行标度。

(5)油气研发投资比例。项目投资结构包括勘探开发业务流程中各项投资。其中，项目研发成本是指油气田企业为勘探开发项目所进行的科学研究、技术开发、中间产品试验等形成技术成果所发生的费用。技术投入比例(研发投入占油气勘探开发项目总投入的比例，它反映油气勘探开发科技创新与应用的力度)直接影响分成率，技术创新难度越大，技术资本要素投入越高，技术要素质量提高，降本增效作用越显著，研发资本分成率越大。按技术投入比例，将油气勘探开发项目以特高、高、中、一般等4类进行标度。

二、管 理 要 素

(一)管理要素的内涵

管理的主要职能是计划、组织、领导、控制、沟通，主要由组织、流程、人、目标、考核和激励等六个要素构成。与一般制造业相比，油气田企业生产管理的作用更加突出，更加重要。一般制造业达到设计生产能力，生产走上正轨后，只要维持简单再生产就能保持原有的生产规模，而油气田企业则不能。油气田企业要保持原有的生产规模还需不断地投资，即使这样，原有的生产规模也不一定能保持，这个过程中，油气生产经营管理的作用至关重要，因此油气田企业勘探开发中有必要单列管理要素。

油气生产和经营管理的主要对象是项目管理，针对油气勘探开发项目而言，油气储量产量经营价值除了受到储量本身经济价值制约以外，同时还受到开发生产方案、企业经营模式、市场需求以及经济社会发展、政治政策制度等诸多外部条件影响。本书根据《项目管理指南》(GB/T 37507—2019/ISO 21500：2012)的5要素结构，油气勘探开发项目管理子要素包括：项目启动、项目规划、项目执行、项目监督、项目收尾等管理内容，并结合《中国石油天然气股份有限公司油气勘探项目实施管理办法》(油勘字〔2004〕6号)，《石油天然气勘探项目管理验收规范》(SY/T 5976-94)(1995年7月1日实施)，《中国石油天然气股份有限公司天然气开发管理纲要》整理了管理要素的子要素内容与权重标度。

（二）管理子要素级别标度

根据上述文件，针对油气勘探开发项目，油气储量产量经营价值除了受到储量本身经济价值制约以外，同时还受到开发生产方案、企业经营模式、市场需求以及经济、政治、政策等诸多外部条件影响。根据项目管理要素对收益的贡献度，可将子要素收益分成率权重划分为 4 级，如表 2-2 所示。

表 2-2　油气勘探开发项目管理（G）结构表

项目管理子要素类型	子要素收益分成率权重级别			
	一级	二级	三级	四级
（1）项目启动（G_q）：勘探或开发组织管理、项目内控制度建设等	持续创新	促进发展	有特色	较传统
（2）项目规划（G_g）：勘探部署和单项工程设计管理等，或开发前期评价和开发方案编制等	杰出	优秀	好	一般
（3）项目执行（G_z）：勘探生产、经营与投资管理及技术应用管理等，或开发产能建设与清洁开发生产及技术应用管理等	杰出	优秀	好	一般
（4）项目监督（G_j）：勘探圈闭成果与探井井位管理、项目年度储量考核等，或开发新增产能与采收率，项目年度产量考核等	杰出	优秀	好	一般
（5）项目收尾（G_s）：勘探实施效果（储量、产量、投资目标完成情况），勘探项目实施效果嘉奖等，或开发储量与矿权，开发实施效果嘉奖等	杰出	优秀	好	一般

（1）项目启动管理。项目启动是油气勘探开发项目中最重要的管理要素之一。项目启动规律包括 6 项内容，如合作伙伴选择、联营协议签订、组织结构设置、投标管理、标前协议管理和牵头方的确定，项目启动的核心在于勘探开发项目组织管理、项目内控制度建设等。在项目组织管理方面，围绕勘探开发战略目标设计的项目管理体制机制，应职能明确、效率高、成长性好、安全、简单，若项目组织管理体制机制持续创新、有特色，就能促进勘探开发事业发展，在管理上有效控制投资，提高管理效率，降低生产运行成本。若陈旧和僵化就会降低发展效率，增大发展成本。在项目管理内控流程制度方面，其畅通、节点控制、记录、透明可监控、信息共享，能促进企业管理体制机制的有效运行，提升企业风险管控能力，促进开源节流降本增效。按油

气勘探开发项目启动管理的健全和完善及创新程度，将油气勘探开发项目启动以持续创新、促进发展、有特色、较传统等 4 类进行标度。

（2）项目规划管理。油气勘探开发项目规划管理内容主要包括：项目目标的确立、实施方案的制定、预算的编制、预测的进行、人员的组织、政策的确立、执行程序的安排及标准的选用。例如，在勘探方面，有勘探部署和单项工程设计管理，在开发方面，有开发前期评价和开发方案编制等管理。按油气勘探开发项目规划指导科学和有效的实践，将油气勘探开发项目规划的系统性与创造性、弹性与可调性、分析性与响应性等，以杰出、优秀、好、一般等 4 类进行标度。

（3）项目执行管理。项目执行管理是在项目管理制度的框架下，按时、保质、保量地完成工作任务的能力，它反映了项目计划与目标的贯彻程度。管理办法和操作程序实际是项目的制度保障体系，在管理办法完成后，需要进一步营造项目执行的环境，明确工作思路和工作程序、及时跟进、及时反馈、加强沟通，以确保工作形成闭环。油气勘探开发项目执行管理主要包括：在勘探方面，有勘探生产、经营与投资管理。在开发方面，有开发产能建设与清洁开发生产，勘探开发技术应用等管理内容。例如，经营管理中的关键管理要素是人员管理、内部沟通、合同管理、设备管理、物资管理、财务管理和文化管理。按照市场化运营，引入社会化服务力量，强化目标责任制，推行薪酬激励机制，形成竞争，大力压缩人工成本，实现降本增效。按油气勘探开发项目执行的效果，以杰出、优秀、好、一般等 4 类进行标度。

（4）项目监督管理。项目监督管理是指项目负责人以及项目团队，为了配合政府机构的行政部门（上级主管部门）对项目实施监督进行的组织、协调、配合等一系列活动，如项目实施过程中经济政策支撑与监管。油气勘探开发项目监督管理主要包括：在勘探方面，勘探圈闭成果与探井井位管理、项目年度储量考核。在开发方面，开发新增产能与采收率，项目年度产量考核等管理内容。按油气勘探开发项目监督的效果，以杰出、优秀、好、一般等 4 类进行标度。

（5）项目收尾管理。项目收尾管理主要是项目验收、项目总结和项目评估审计管理等，如项目的正式验收包括：验收项目产品、文档以及已经完成的交付结果。油气勘探开发项目收尾主要包括勘探项目实施效果，如储量、产量、投资目标完成情况，储量与矿权管控水平，勘探开发项目实施效果获得嘉奖情况，如储量发现奖、超产奖、重大科技成果奖、技术应用增效激励等。按油气勘探开发项目收尾考核与激励管理成效，以杰出、优秀、好、一般等 4 类进行标度。

三、劳　动　要　素

（一）劳动要素的内涵

劳动力、劳动对象和劳动资料是物质资料生产必须具备的最基本生产要素。在劳动要素收益分成利润中，必须处理好经营劳动、管理劳动、技术劳动、生产服务劳动等不同性质劳动的分配关系。劳动资料包括直接作用于劳动对象的生产工具的系统、用以发动生产工具的动力系统和能源系统、运输和辅助系统，以及为实现各种劳动资料的最佳结合所必需的信息传递系统等，其中最重要的是生产工具系统。

（二）劳动子要素权重标度

劳动必须具备劳动者的劳动、劳动资料、劳动对象三个简单要素。劳动要素包括以油气劳动组织方式表征劳动力，以工程技术装备表征劳动资料，以油气产层埋深、油气储层物性、油气品质类型表征劳动对象。根据项目劳动要素对收益的贡献度，可将子要素收益分成率权重划分为 4 类，如表 2-3 所示。

表 2-3　油气勘探开发劳动（L）结构表

劳动管理子要素类型	子要素收益分成率权重级别			
	一级	二级	三级	四级
（1）油气人才资源配置（L_s）：勘探或开发项目资源配置	杰出	优秀	好	一般
（2）油气工程装备（L_z）：勘探或开发项目装备	杰出	优秀	好	一般
（3）油气产层埋深（L_m）：油（气）藏中部埋藏深度	中浅层	中深层	深层	超深层
（4）油气储层物性（L_w）：储层孔隙度、储层渗透率	特高	高	中	低
（5）油气品质类型（L_p）：原油密度、含硫量	轻质（不含硫或微含硫）	中质（低含硫）	重质（中含硫）	超重或特超重（高含硫）

备注：表 2-3、表 2-4、表 2-5 根据《石油天然气储量计算规范》（DZ/T 0217—2005）整理。

（1）油气人才资源配置。劳动力素质是劳动者思想素质、智力素质和体力素质的总称。因此，油气勘探开发项目有针对性地开发适应其特点的组织结构、分配机制、激励政策、领导方式、项目文化等，以使其创新创效能力得到不断加强。项目工薪结构科学合理，能有效促进油气勘探开发作业者发挥主观能动性，创造更多的效益。加强人才培养、使用，满足油气勘探开发项目的需要，创造更大的效益。项目生产劳动组织方式市场化、开放合理有效，生产组织集约化、扁平化，能有效降低组织协调成本。按油气勘探开发项目监督的效果，以杰出、优秀、好、一般等 4 类进行标度。

（2）油气工程装备。油气工程装备包括油气勘探开发作业的工程装备，如钻井工程、油气藏工程、地面建设工程等装备。按油气勘探开发项目工程装备先进程度，以杰出、优秀、好、一般等 4 类进行标度。

（3）油气产层埋深。油气产层埋深是影响投资成本的重要因素，钻井投资往往随着井深的增加而呈指数级增加，且深度增加到某一程度后会使钻井成本和投资迅速增加，为定量负向指标。油气产层埋藏越深，勘探开发投入越大，对收益的贡献降低。根据《石油天然气储量计算规范》（DZ/T 0217—2005），按埋藏深度，将油气藏分为中浅层、中深层、深层、超深层等 4 类进行标度。

（4）油气储层物性。油气储层物性指在一定的压差下，岩石允许流体通过其连通孔隙的性质，决定着油气在其中渗透的难易程度，渗透率越大，越容易开采，为定量正向指标。储层物性好，开发成本降低，对收益贡献增大。根据《石油天然气储量计算规范》（DZ/T 0217—2005），按储层孔隙度、储层渗透率划分为特高、高、中、低等 4 类进行标度。

（5）油气品质类型。油气品质类型涉及原油和天然气。原油黏度指原油在流动时所引起的内部摩擦阻力，黏度大的原油流动性差，开发难度较大，从而增加了开发费用。原油凝固点表征原油含蜡量的指标，含蜡量越高，凝固点越高，析蜡温度越高，油气井越容易结蜡，从而增大开采成本。根据《石油天然气储量计算规范》（DZ/T 0217—2005），按照原油密度大小划分为轻质、中质、重质、超重或特超重 4 类进行标度。天然气含硫量划分为不含硫或微含硫、低含硫、中含硫、高含硫等 4 类进行标度。

四、技　术　要　素

(一)技术要素的内涵

技术作为一种基本的生产要素,同土地、资本等要素不同,它是可以再生的,是无形的,具有综合性、外部性、独特性、独占性、时间性等特性。技术要素的固有特点对其参与收益分配有着重大影响。

影响技术要素收益分成率的主要因素包括技术的经济性、成本构成、技术水平、技术成熟度、技术专利的经济寿命或技术的法律状况、技术转让方式和受让条件、技术的通用性和性能、技术的市场化前景、技术所属行业状况等。在油气勘探开发项目中,关注的是科技成果应用到具体油气勘探开发项目后的创效能力,对技术成果的法律状况、市场化转让等方面可以弱化。

(二)技术子要素权重标度

根据《中国石油天然气集团公司科学技术奖励办法》(中油科〔2017〕189 号),表征技术要素创效能力的主要指标有技术性能、技术成熟度、技术水平、技术匹配性、技术经济性等 5 个方面。依据项目技术要素对创效能力的作用,可将创新强度权重划分为 4 级,如表 2-4 所示。

(1)油气技术性能。技术性能主要包括油气技术应用范围、技术特点、主要优点、特色与优势等。技术性能高,针对性好,技术特色性强,技术创效能力增强,技术分成率较高。例如,优化改进现有工艺技术,包括低污染、低成本钻完井技术,水平井和多分支井钻完井技术,不同储层改进压裂技术等,在油气藏描述及评价技术、钻井及完井技术、压裂及开发技术、开发方式优化技术、地面工程简化技术等方面进行开拓、集成、创新等。按油气技术性能可划分为技术特色与优势十分显著,能解决突破性问题;技术特色与优势显著,能解决关键瓶颈问题;技术特色与优势突出,能解决关键问题;技术特点与优点较突出,能解决较难和关键问题等 4 类进行标度。

表 2-4　油气勘探开发技术要素结构表

技术子要素类型	创新强度权重级别			
	一级	二级	三级	四级
(1)技术性能：技术特色与优势、获专利/标准情况、解决技术问题能力等	技术特色与优势十分显著，能解决突破性问题	技术特色与优势显著，能解决关键瓶颈问题	技术特色与优势突出，能解决关键问题	技术特点与优势较突出，能解决较难和关键问题
(2)技术成熟度：技术配置和集成度、国内外应用情况等	技术配置度和集成度非常高，国内外应用	技术配置度和集成度很高，国内应用	技术配置度和集成度高，集团范围应用	技术配置度和集成度较高，企业范围应用
(3)技术水平：主体技术水平、发表论文/专著情况等	主体技术国际领先	主体技术行业领先	主体技术企业领先	主体技术企业领先
(4)技术匹配性：与应用对象目标指向、技术结合、环境等匹配情况	特高	高	较高	中等
(5)技术经济性：取得经济效益情况、创效周期长短等	创收能力强，取得特别重大经济效益	创收能力好，取得重大经济效益	获利能力较大，取得较高的经济效益	收益较大，明显提高市场竞争力和经济效益

　　(2)油气技术成熟度。技术成熟度是指科技成果的技术水平、工艺流程、配套资源、技术生命周期等方面所具有的产业化实用程度。成熟度反映了技术对于预期目标的满足程度，由技术配置度、技术集成度、技术应用领域广度予以反映表征。勘探开发技术成熟度包括工程技术和工艺技术的成熟度。成熟度随技术的研发、小试、中试以及产业等不同阶段，其技术成熟度逐渐提高。技术越成熟，运用该项技术成果的风险越小，其等级标准越高。油气勘探开发技术系列的技术成熟程度直接影响技术应用的消化、吸收和创造价值，从而决定勘探开发应用技术的风险和投资风险的大小。按照油气技术成熟度从高到低，划分为：技术配置度和集成度非常高，国内外应用；技术配置度和集成度很高，国内应用；技术配置度和集成度高，集团范围应用；技术配置度和集成度较高，企业范围应用等 4 类进行标度。

　　(3)油气技术水平。技术水平指技术含量的高低和先进程度，技术水平直接影响其经济寿命盈利能力和风险。油气技术水平与其所处的发展阶段有关，从技术产品的先进性来考察，可以分为创新阶段、成熟阶段、标准化阶段。根据《中国石油天然气集团公司科学技术奖励办法》(中油科〔2017〕189 号)，按照技术水平先进性从高到低，可分为主体技术国际领先、主体技术国际先进、主体技术行业领先、主体技术企业领先、主体技术企业领先等 4 类进行标度。

(4)油气技术匹配性。为确保油气勘探开发技术的持续创新、科学发展，在技术应用创新过程中，必须从系统层面注意若干关键关系，如技术与项目目标任务指向、与其他技术结合、与技术环境之间的匹配等。相关技术间的匹配关系整个技术系统能否综合集成从而实现最终的性能指标，是最为核心的问题。只有在油气勘探开发技术应用创新的全过程中，及时分析、迅速处置各种技术匹配问题，才能减少技术应用风险，避免技术性能一降再降，充分满足技术目标任务需要。按油气勘探开发技术匹配能力大小，将油气勘探开发项目以特高、高、较高、中等 4 类进行标度。

(5)油气技术经济性。技术经济性指的是技术的获利能力，参与收益分配的技术要素，必须要立足于各项技术在实际运用中所创造的收益进行分析。根据贡献分成原则，技术的获利能力越高，即运用技术资产进行生产经营,创造超额或垄断经济效益和社会效益的能力越高，则分成率也越高。例如，随着水平井和体积压裂改造技术的发展，有利储层预测技术，储层改造工艺技术，多层合采提高单井储量控制程度，与优质储量套采提高储量动用程度，水平井开采难采储量，老井挖潜技术等，对难动用储量进行经济技术有效开采。根据《中国石油天然气集团公司科学技术奖励办法》（中油科〔2017〕189 号），按照创收能力从大到小，划分为：创收能力强，取得特别重大经济效益；创收能力好，取得重大经济效益；获利能力较大，取得较高的经济效益；收益较大，明显提高市场竞争力和经济效益等 4 类进行标度。

第二节　　油气科技创新成果应用创效机制模式

一、科技价值运营与价值实现

(一)油气技术形成

1. 技术创新过程与技术商业化

技术创新是一个始于研究开发并需通过在市场应用中实现价值的

过程，最终目的是技术的商业化运用，实现创效，即要求首次开发的技术成果在企业中顺利实现转化，为企业取得创新效益。结合前人有关创新过程的研究，按时间发展的逻辑顺序所表现的技术创新过程与技术商业化示意图如图 2-1 所示。

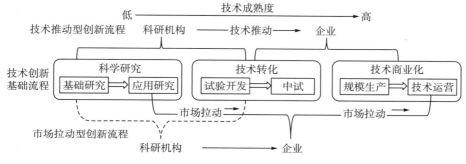

图 2-1　技术创新过程与技术商业化示意图

完整的技术创新过程是技术成果形成，新产品产生直至成功商业化的过程，大致可以划分为科学研究、技术转化、商业化三个阶段，具体创新过程按照时间先后的逻辑关系包括基础研究、应用研究、试验开发、中试、规模生产和技术运营等环节。

（1）基础研究。基础研究是创新的根基，是为获得关于自然现象的基本原理及规律的实验性或理论性活动，一般由高校、科研机构主导。发现自然规律并获取新知识是基础研究的最大特征。

（2）应用研究。应用研究主要是针对实际的目的或目标所进行的创造性研究，一般也是由科研机构、高校主导。应用研究的主要特点在于发明，发明具有实际价值的可用产品，主要有两种类型。针对技术供给型，主要是基础研究的大发现导致与现实接轨的应用研究的发明；针对需求供给型，主要是企业或其他主体委托科研机构解决实际问题或按照他们的需求发明新产品。

（3）试验开发。试验开发环节一般由科研机构和企业共同主导。由于科研机构的技术成果只是试验室阶段的初步成果，并不一定符合企业以及市场上消费者对于产品的要求，因此需要将应用研究所产生的技术成果进行二次开发。故此环节的目的是将应用研究所产生的实验室阶段的技术，经过设计、开发，转化为企业所需要的能为市场服务的技术成果。

(4)中试。中试是创新产品正式投产前的试验,即中间阶段的试验,是科技成果向生产力转化的必要环节,其主要任务是完成从技术开发到试生产的全部技术问题,以满足生产需要。中试环节一般也由企业、科研机构共同参与,产品经过试验开发之后,需要由中试部门进行各种测试,再由科研单位对出现的问题进行改善。

(5)规模生产。按商业化规模要求把中试阶段的成果变为现实生产力,批量化生产出新产品,并解决大量的生产组织管理问题是这一环节的主要任务。规模生产一般由企业独自主导,结合自身资金优势,利用新技术、物力、人力规模化生产创新产品。

(6)技术运营。技术运营可分为商品式、资产式与资本式三种方式。商品式技术运营将技术投入到商品开发、生产与销售活动中,通过提高商品生产流通环节的技术水平实现增值。资产式技术运营将技术视作企业的一项资产,通过技术销售、技术许可或交叉许可、技术抵押、调整技术资产存量与结构等方式实现增值。资本式技术运营通过技术所有权在不同主体间以一定方式流动实现价值增值,体现为不同企业之间的技术参股或控股、技术收购与重组,突出特点是以少控多,利用股权关系获取收益。

2. 科技价值链的行为主体

技术创新过程中参与的行为主体众多,包括高校/科研机构、企业、政府、中介机构等,各主体在创新的过程中发挥着不同的作用,保障了技术创新的顺利进行。在油气技术创新中,主体与技术运营活动间的关系如图 2-2 所示。

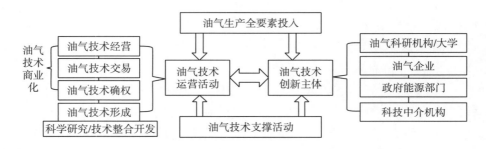

图 2-2   油气技术创新主体与技术运营活动间的关系图

3. 技术形成阶段与价值变化特点

(1)技术研发与价值形成。油气技术来自对油气生产与经营的实践活动，获取途径有三条：一是来自油气类大学、科研院所、其他合作型科研组织的集体科学研究，这也是现阶段油气技术形成的主要渠道；二是来自企业自建技术工程与研发中心的技术创新成果；三是独立个体劳动，在油气生产经营实践中，人们为了尽可能地降低劳动强度，不断改进劳动工具，发明新的劳动技巧、劳动工具与方法，以提高油气技术水平。

(2)技术开发应用与商业价值实现。技术开发应用阶段早期是应用基础理论的有形化，并将技术资源与市场需要联结起来的阶段，技术创新从根本性创新转移到工艺创新，主要提供了主导设计的产业标准，降低了市场不确定性，开始产生直接经济效益。在技术开发应用阶段中晚期，当技术创新主导设计确定后，技术性能基本稳定，大规模应用成为可能，企业由此享有规模经济，同时创新程度下降，技术创新的重点是以降低成本和提高质量为目标渐进性的工艺创新。技术已经过二次开发而具备向生产力转化的能力和条件，技术的价值主要由其商业价值(可能带来的超额利润)体现。

(3)技术应用晚期与价值衰减。在技术由成熟转向衰退的阶段，技术所能带来的超额利润已较少，技术价值主要由技术交易或转让过程中供需双方的投入成本构成，包括人力和消耗的财力等。

(二)技术确权

技术能够流通交易的前提是有明确的产权归属。技术价值需由产权制度将其内化，这使得技术抵押、销售、许可、投资等成为可能。鉴于油气技术确权的重要性，为促进油气技术资本积累与运营，油气田企业需加强技术确权活动管理，通过实施灵活的技术确权方式、选取技术确权的最佳时机，尽可能地增强或维持技术差异化程度、延长其差异化期限，降低技术确权成本。

在确权方式上，将内部确权与外部确权相结合，在确权时机上，应结合油气田企业发展战略需要。另外，专利申请也应结合油气田企业以往的专利审批情况，尽可能维持油气田企业专利数量的持续、稳定增长，避免大起大落，这样则有利于油气田企业价值的持续增长。油气田企业若延误专利申请时机，可能会损失惨重。

(三)技术交易

确权后的技术成果经不同主体之间的技术交易转化为技术产品。总体上，内部技术交易成本较低、风险较低，外部交易则相反。内部股权交易成本较收益分成要高，但其保密性较好，油气技术应用风险较低，也易于维持技术的差异化程度。外部交易方式中，技术购买成本较高，应用风险也较高，其次是并购、控股、许可。

对于外部油气技术，油气田企业主要获取途径有吸收技术投资、技术并购与重组、购买技术、获取技术许可等。前三种交易方式成本偏高，但能够无限期拥有技术，也便于利用自身资源与吸收能力二次创新。后两种方式比较灵活，资金成本较小，能够满足面临资金困境时有临时技术需求的企业，但在技术使用中可能会有一些限制条件，制约着油气田企业的技术吸收与创新行为。交叉许可的成本最低，油气田企业几乎无须付出其他财务资源，但技术交叉应用风险较大。

(四)技术经营

现代财务理论认为，按照经营理念不同，油气田企业应将技术资本经营方式分为商品运营、资产运营与资本运营三种方式灵活运用。商品式油气技术运营将技术投入到商品开发、生产与销售活动中，通过提高商品生产流通环节的技术水平实现增值。资产式油气技术运营将技术视作企业的一项资产，通过技术销售、技术许可或交叉许可、技术抵押、调整技术资产存量与结构等方式实现增值。资本式油气技术运营通过技术所有权在不同主体间以一定方式流动实现价值增值，体现为不同企业之间的技术参股或控股、技术收购与重组，突出特点是以少控多、利用股权关系获取收益。另外，技术创新成果的实现程度取决于其市场的接受程度。

二、科技创新成果应用创效机制特性

(一)油气科技创效的生命周期性与阶段性

1. 生命周期性

生命周期评价是一种用于评估产品在其整个生命周期(即从原材料的获取、产品的生产直至产品使用后的处置)中对环境影响的技术和方法。目前，油气项目效益评价多采用项目全生命周期评价方式。油气科技成果创效涉及油气勘探开发项目全生命周期评价问题。

(1)油气勘探开发项目全生命周期性。完整的油气勘探开发项目包括地质勘探、物化探、钻完井、油气藏工程、采油气工程、地面工程等业务链，每个项目业务都涉及生产要素的投入。尤为值得重视的是，油气藏发现是长期波浪式勘探的产物，油气开发也需要持续不断地进行开发作业，实现产能建设目标、稳产、防止快速递减等，这都涉及生产要素的投入。因此，技术创效从油气勘探开发项目全生命周期视角进行评估更为符合实际。

(2)油气勘探开发技术要素全生命周期性。由于生产全要素投入在全生命周期内都有贡献，并且贡献值随着不同阶段变化而变化。立足技术要素在全生命周期中持续贡献的客观实际，油气科技创效在油气项目全面周期内都存在不同程度的作用。

2. 阶段性

(1)油气勘探或开发流程创效的阶段性。一个油气藏在整个开发生命周期内，按其油气产量曲线(也叫采油气动态变化曲线)可将油气藏开发划分为四个阶段，即投产建设阶段、稳产阶段、产量递减阶段、低压小产阶段，或者分为三个时期，即开采初期、开采中期、开采后期。油气技术创效在勘探或开发早、中、晚期差别很大。例如，油气勘探阶段是不能实现油气价值的，只有到开发阶段形成商品产量销售，才能实现投资回报。

(2)油气技术要素流程创效的阶段性。油气技术要素具有技术自身的生命周期与创效流程，在技术的成熟阶段得到较为广泛地应用，其创效能力较强。

(二)油气科技创效的协同性与级序性

1. 协同性

所谓协同，就是指协调两个或者两个以上的不同资源或者个体，协同一致地完成某一目标的过程或能力。油气行业是资本密集型和技术密集型行业，油气增储增产是全生产要素协同作用和技术体系协同创效的结果。

(1)生产要素协同创效性。油气生产要素(资本、管理、劳动、技术)协同创效指的是油气全生产过程中全生产要素有差别地投入和协同作用，共同实现油气发现、增储和增产。因此，任一生产要素都具有不同程度的贡献，在技术创效评估中绝不能忽视资本、管理、劳动的贡献。

油气田或工区经济效益的取得离不开科技、管理、资本、劳动力等生产要素的共同作用，直接计算法计算的增量经济效益是生产过程中全生产要素的增量经济效益，因此，计算油气科技成果经济效益时必须在全生产要素增量经济效益的基础上，减去非科技因素的增量经济效益。

(2)技术体系协同创效性。油气勘探开发专业具有多样性，即极少部分的单一型科技成果只涉及一个专业，大部分科技成果属于复合创新驱动，一般都要涉及两个或两个以上的专业，一些大型综合性科技成果甚至涉及全部技术级序。因此，增储增产是油气勘探开发技术体系协同作用的产物，所谓单项技术也是若干单一技术集成的产物，仅依靠某项单一技术在增储增产中获得较大效益几乎是不可能的。

2. 级序性

(1)油气技术体系创效的级序性。任何技术或技术体系都是具有级序的，其间创效能力差异很大。在油气勘探开发技术级序中，从一级、二级、三级、四级技术，创效能力逐级降低，总体技术能力大于次一级技术创效能力。

(2)油气单项技术创效的级序性。同一油气单项技术创效能力因应用业务对象、阶段、与其他技术的组合方式等,会造成不同的创效结果。

(三)油气科技创效的依附性与延时性

1. 依附性

科技不能脱离物质和能量而独立存在,需要依附一定的载体,而且,同一个科学技术可以依附不同的载体。科技可以转换成不同的载体形式而被存储下来或传播出去,供更多的人分享。科技必须依附于物质载体,而且只有具备一定载体才能实现自身价值。因此,科技的载体依附性也同时使科技具有可存储与复制、可传播和可转换等特点。油气资源、勘探开发业务流程和油气产品等载体,都可成为油气科技的依附性载体。

(1)对油气资源载体的依附性。油气科技应用对象为油气地质与工程作业,归结为储存具有工业开采价值的油气藏地质体,其中油气资源为油气技术创效的主要载体。相同技术作用于不同自然资源禀赋的油气藏,产生差别巨大的创效贡献。油气技术创效的依附性造成相同油气技术在不同应用领域(如常规油气藏、页岩油气藏、致密油气藏等),其基础功能价值和创效能力差别较大,如四川龙王庙气藏开发与低渗透致密油气开发,创效差异巨大。

(2)对勘探开发业务流程的依附性。同一油气技术应用于勘探阶段或开发阶段差别较大。例如,地质勘探技术在勘探阶段价值较大。

(3)对油气产品的依附性。油气生产要素产出净值都依赖油气产品市场营销。在勘探开发阶段若无储量发现,所有投入沉没。只有实现油气产品销售才能最终体现油气科技开源节流、降本增效的作用与价值。

2. 延时性

(1)技术要素投入产出的延时性。油气储量获得与产量实现的过程，已经能够充分体现要素投入价值实现的延时性。

(2)技术创效确认的延时性。油气勘探阶段是不能获得效益的，当储量市场发达到可进行储量商品交易，或通过油气市场营销才获得收入，才能实现生产要素投入的市场价值。

滞后性与延续性，即油田许多科技成果的经济效益一般不会反映在研发阶段，往往要经历一个较长的滞后期，特别是一些研发周期长、投资大、具有重大创新意义和战略意义的油气科技成果，其经济效益的滞后性越发明显，但是这类科技成果的经济效益一般都有较长的延续性。其次，油气技术创效都具有延迟性，技术增量效益并不完全体现当期技术创新创效的贡献，如勘探科技价值要在开发阶段才得以实现。实践证明，大型油气藏的发现是多年坚持勘探实践和持续科技创新投入的产物，也就是整个勘探技术体系协同、持续、波浪式应用的结果，如四川盆地大天池油气田、龙王庙特大型油气田的发现。

(四)油气科技创效的多维性与间接性

1. 多维性

(1)经济与社会效益类型的多维性。油气科技成果的经济效益往往表现为直接效益、间接效益、预期经济效益、社会效益、环境效益、安全效益、市场效益以及近期效益与长远效益等多维性。

(2)科技成果效益类型的多维性。油气科技成果直接经济效益类型主要包括：增储、增产、降本、工程技术服务、技术产品交易等，还包括间接经济效益中的其他类型。

2. 间接性

(1)效益分割的间接性。油气科技成果创效无论属于直接经济效益，还是间接经济效益，都需要在通过各种方式确定效益质量的前提下，经过技术收益分成或分割方式才能确定，即在确定效益质量方式方面的间接性。

(2)效益计算的间接性。由于效益分割的间接性，形成多种科技成果收益分割技术和数学模型，其主要参数指标赋权也只能采用间接方式确定，导致效益计算的间接性。

由于勘探开发技术具有依附性与延迟性、级序性与活化性、创新性与创效性，过去技术的效用、在用技术的效用、典型技术的效用都很难确定，增大精细评估技术创新创效难度，严重制约油气科技价值评估，长期困扰着科技绩效评估人员。

第三节　油气科技价值分享理论体系构建

科技价值是技术活动及其成果对技术主体(技术需求方、供给方、监管方以及中介机构等)生存和发展的意义与作用。它既包含技术的一般价值，又包含技术的使用价值，如技术的经济、政治、文化、生态以及内在价值，其特点主要有三个方面：协同性与附着性、累积性与扩散性、周期性与加速性。价值分配或分成的实质就是价值分享或分享制度，价值分配或分成是实现价值分享的具体操作方式。美国、德国和法国等职务科技成果转化中形成了利益分享的先进做法，如利润分享法是国际许可贸易中最为常见的一种专利技术产品价格评估方法。近年来，我国相继出台了有关技术要素参与分配的政策，但在实施过程中仍存在科技文化、政策法规和评估方法等障碍。我国三大石油公司持续加大油气科技成果转化与推广的支持力度，积极推动油气科技价值化和国内外商业化发展，科技价值评估正向规范化、常态化方向迈进。这迫切需要形成有影响力和公信力的评估方法，更需要油气科技价值分享理论给予支持。

一、科技价值分享理论体系构建的依据

(一)适应中国特色社会主义分享经济发展的需要

1. 分享经济推进价值分享制度完善

分享经济理论自 20 世纪 70 年代经美国经济学家韦茨曼系统研究后享誉全球，大致分为西方分享经济理论和中国公有制分享经济理论

两种形态。中国特色社会主义分享经济理论所倡导的利益分享经济观，对净收入分成制度的分析是公有制分享经济理论的核心内容。它是建立在物力资本所有者与人力资本所有者共同拥有企业的所有权，共担风险、共享收益的基础上的利益分配制度，在追求共同利益的动力驱使下，实现国家、企业和个人三者之间真正意义上的利益分享。中共十八届五中全会明确指出要大力发展分享经济，这意味着分享经济已经列入国家发展的战略规划，必将有利于油气科技价值分享理念深化与创新实践。

2. 技术要素参与收益分配已成为制度性规制

我国长期坚持完善要素市场化配置以实现要素自由流动和价格灵活反应等目标，为技术作为一种重要的生产要素参与市场交易和劳动分配提供了政策支撑。党的十五大报告提出按劳分配与按生产要素分配相结合，允许和鼓励资本、技术等生产要素参与收益分配。中共十八届三中全会进一步提出，"让一切劳动、知识、技术、管理、资本的活力竞相迸发"。实际上，技术分成的原理是基于利润分享原则，知识产权制度也是一种平衡利益分享的机制。随着我国社会主义市场经济体制改革的深化，建立油气科技价值分享机制，必须从分享理论上解决油气技术要素参与收益分成的问题，在操作层面上建立一个有效的油气科技价值分享方法体系，实现油气田企业与科技人员的价值同向。

(二)遵从生产要素协同驱动油气科技价值形成转化的需要

1. 油气科技价值的形成是生产要素协同作用的结果

油气技术创新过程历经油气科学研究、油气技术成果应用转化、油气技术商业化等阶段，最终在内外部市场实现其价值的过程，其动力有油气技术推动和油气内外部市场拉动，它具有创造性、累积性、高风险性、高投入性、周期性以及效益性等特征。油气科技价值类型主要体现在油气数量和规模的增长、降本增效质量的提高、社会生态效益的实现等方面。在油气技术开发应用中期其价值变化最大，晚期价值衰减。显然，油气技术研发与价值形成、技术开发应用与商业价值实现，都是资本、劳动、技术、管理等生产要素协同作用的产物，生产要素理应参与价值分享。

油气田企业要素组合创新增值机制指在经济增长方式转化与发展过程中的关键要素运作机理与相互关系，本质是实现要素价值增值的过程，具体内容包括：优化要素组合创新，提高要素质量，特别是人才素质和资本质量，增加科学技术和管理创新的含量；改进生产要素配置，包括在油气产业链间、企业间、部门间合理配置生产要素；挖掘油气经济增长要素以及组合创新的潜在价值等（图 2-3）。

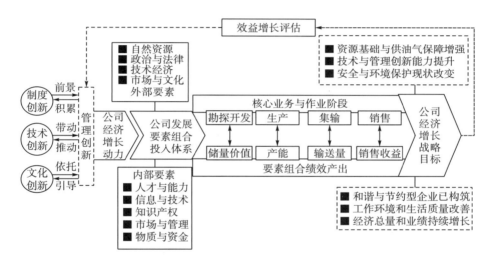

图 2-3　油气田企业要素组合创新增值动力结构模式图

2. 技术产品价格水平决定于新增价值能力与价值分享的经济行为

一方面，油气技术产品价格并不完全是以其价值为基础的，而主要是以它的使用价值作为基础。一项油气技术或其产品的未来收益不仅由该技术的先进性、适用性、可靠性、成熟程度、收益周期等特性决定，还与其所应用对象的油气资源禀赋、油气市场需求与拓展、投入经营后的资金供给、企业管理水平、宏观软硬环境等条件密切相关。若条件好，则价格越高，反之则价格越低。另一方面，油气技术价格区间的实质是利润分享空间，是技术主体博弈的经济分享行为。绝大多数情况下，油气技术供需双方对技术转让的各项成本和预期收益的估计是不会相同的，加之油气科技价值构成本身的复杂性，应确定合理的议价区间，采用供需双方在可接受的上下限值之间进行谈判，而油气技术价格上限值是技术产品价格确定的关键。

（三）应对油气科技价值评估面临的重大挑战需要

1. 现有油气科技价值评价方法需要改进

目前，科技价值评估所运用的基本方法有收益法、市场法和成本法等，存在诸多局限性，如成本+利润定价模型没有体现技术产品的特点和价格形成机制，收益法的三大基本参数（技术产品所能产生的收益大小、技术产品收益的使用年限、收益的折现率等）确定难度很大，市场法应用中缺乏相关技术交易参考值。油气科技价值评估方法是基本评估方法的扩展，如中国石油的科技价值评估方法主要有油气科技成果效益剥离法、油气重大科技专项增量效益法、油气科技价值综合指标分成法等，这些方法总体表现出理论研究较强、实际操作难度较大的特点。其中，剥离法的剥离方式显得过于武断而依据不足，各级技术要素收益分成系数主要依靠专家打分法进行确定；科技专项效益评估法的科技生产增量效益评估偏大与科技生产增量投入估计不足，扩大了科技分享效益的比例；综合指标分成法的综合指标体系指向与技术要素投入特征指标的关联度不够高，以定性指标为主，并以专家打分法为计量依据。另外，油气科技价值评估的规范性、制度化建设不够健全和完善，第三方评估机构适应市场化发展较弱，也缺乏科技价值评估的决策支持系统。因此，油气科技价值评估方法需要改进已是客观现实，应当充分体现生产要素协同创造价值，促进科技价值分成向价值分享转变，以优化科技价值评估方法体系与指标参数。

2. 科技价值评估缺乏科技创新管理会计的支持

我国管理会计存在的主要问题是管理会计体系建设不完善，如管理会计体系缺乏统一的规范、学术研究薄弱、理论与实践脱节、缺乏专门的管理会计队伍等问题。油气技术创新需要大量的要素投入，包括技术、资金、人员、物资、设备、信息等。对技术创新管理问题解决路径的思考产生了对科技创新管理会计的需求，如油气技术创新全要素全成本、技术创新成果评奖、技术服务价格评估、技术产品销售提成、研发机构考评等，急需基于管理会计视角对科技要素进行投入和产出分析，采用科技价值分享理念，为科技价值评估指标优化与参数取值提供支持。

二、科技价值分享理论体系架构的设计

（一）设计思路与原则

根据分享经济理论、要素分配理论、技术创新理论和科技创新管理会计视角，油气科技价值分享理论体系构建思路为：①遵从油气生产要素协同创造价值机制，在分析油气技术创新过程及价值形成机制和油气技术级序及其技术经济特点基础上，积极推进科技价值分配（分成）向价值分享观念转化；②依据科技创新管理会计视角，集成创新优化油气科技价值评估方法体系和指标参数选择；③遵循油气技术主体地位平等、贡献与利益均衡、风险与收益均等、技术要素与激励目标相结合、技术级序与技术功能价值相匹配等原则，以技术投入密切相关的实际价值为基础进行价值分享；④坚持科技价值分享过程的社会公允性与统筹兼顾、动态性与循序渐进，推动油气技术创新驱动与价值分享协调发展，有效激励研发和技术应用人员的积极性和创造性（图2-4）。

（二）理论体系建设目标

油气科技价值分享理论建设总体目标是：形成具有中国特色的油气科技价值分享理论体系，为油气行业及国家有关政府部门关于油气科技绩效评估与激励水平提升提供方法理论支持和决策参考。具体目标是：①强化科技价值创造与价值分享的密切关系，建立油气科技价值分享机制；②积极推进油气科技创新管理会计体系建设，集成创新

科技价值分享方法体系；③适应油气科技体制机制改革深化，形成油气科技价值分享的配套政策体系；④促进技术主体建立新的利益分配关系，有效降低油气科技价值评估和分享过程中的管理成本。

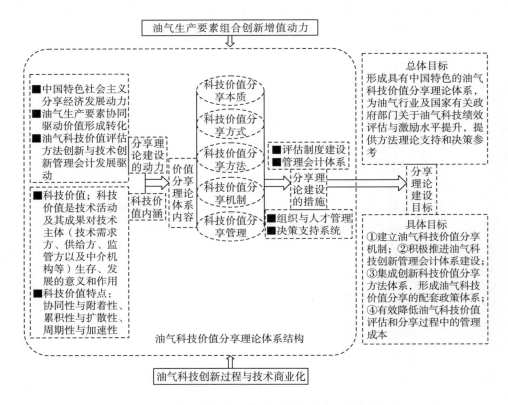

图2-4　油气科技价值分享理论体系建设结构图

三、科技价值分享理论体系的内容

（一）油气科技价值分享本质

油气科技价值分享本质是科技价值分享理论框架的逻辑起点，是科技价值分享理论中各要素有机统一的基础，其内涵体现在三个方面：①由于油气生产要素协同创造价值，油气科技资本所有者可以进行价值分享，科技劳动者权益通过价值分享可以得到保障；②进行科技价值分享要建立在价值创造活动与技术主体贡献之上，即必须有绩效才能有价值分享的基础，同时必须借助油气科技创新管理会计对科技全要素投入进行核算计量，价值分享才有会计基础与发展存续；③由于技术创新过程与价值分享过程的复杂性，加之内外部市场化条件下技术主体间是通过博弈方式进行科技价值分享，因而只有科学、合理、易操作的科技价值分享方法模型与相关科技价值分享制度建设并举，才能有效实现油气科技价值分享。

(二)油气科技价值分享方法

油气科技价值分享方法是指为了确定科技价值分享而采取的科技价值评估方法，它是科技价值分享理论的核心内容之一，主要包括技术要素基础价值全成本法、技术要素收益递进分成法、技术产品价值让渡定价法等。价值分享的核心技术包括非技术要素收益分割技术、其他技术要素收益分割技术、技术产品价值让渡技术等。油气科技价值分享方法的评估参数与取值依靠油气技术创新的要素投入和财务数据分析结果，以及技术成果本身的基本参数为依据。

(三)油气科技价值分享制度

收益分成包括经济利益的收缴部分、经济利益的分享部分和非经济利益的共享部分。没有科学、公平、有效的科技价值分享规则或制度，科技价值分享系统就是一部无法启动的机器。油气科技价值分享规则主要包括评估制度、交易制度、激励制度、价值管理制度、信息披露制度等。

(四)油气科技价值分享方式

油气科技价值分享方式是指科技价值分享实现路径的选择方式，是科技价值分享理论的重要内容,其主要方式包括工薪分享(岗位技能工资和技术人员特殊津贴等)、一次性科技奖励分享、科技项目承包奖励分享、技术入股分享、税后净利润提成分享、技术成果转让报酬分享、直接现金式利润分享、股票分配式利润分享等。

(五)油气科技价值分享机制

油气科技价值分享机制是指科技价值形成、转化、应用与考评全过程中，技术主体与投入要素间相互联系与作用的内在机理，它具有决定和影响科技价值分享运行与实现的功能，是科技价值分享理论的关键内容，主要机制包括：科技价值形成机制、科技价值实现机制、科技价值确认机制、科技价值交易机制、科技价值分享激励机制、价值分享信息管理机制等。其中，油气田企业要重视对创新技术的产权确认和收益安排，逐步将所有权确权的产权安排过渡到所有权、支配权、占有权、使用权和收益权等齐头并进的产权制度安排，形成技术资本化，保护内外部技术研发人员的合法权益，以提高其创新积极性。

(六)油气科技价值分享管理

油气科技价值分享管理是指价值分享方案的"制定—实施—评价—调整—深化"全过程的闭环管理，主要内容包括：①科技价值分享组织管理，包括企业内部科技价值评估中心管理、独建或合建第三方评估公司管理、科技价值评估的智库管理等；②决策支持系统建设管理，包括依托互联网+、大数据等技术，开发油气科技价值评估软件与决策支持系统(数据库、方法库、模型库、知识库、智库等)的建设管理；③科技价值法规管理，包括科技价值评估规范、科技价值认证流程和交易规则，外部科技价值评估的管理流程等合规性管理；④价值评估制度管理，如油气科技价值内外部认定逐级审核制度和内外部市场信息披露制度管理等。

第三章 油气勘探开发技术谱系
构建与科技成果分类

油气勘探开发投资风险巨大，其工艺技术流程和技术体系结构复杂、数量巨大，技术资源管理基础工作薄弱，使得油气勘探开发技术级序与赋权工作成为单项科技价值评估的瓶颈，制约着科技发展战略实施和科技价值化评估。本章以谱系学思想和科技价值化、商业化为主导，通过勘探专业和开发专业技术级序结构、级序应用领域、技术级序特征谱系构建，不仅为描述整个勘探开发技术级序及其技术级序间的基本能级关系，也为找到创新性技术基本功能"位置"，特别是为技术创新创效能力赋权解决技术要素收益递进分成基数奠定基础。同时，本章依据科技部科技成果分类，对油气科技成果类型和科技成果效益类型进行优化，为油气科技创新成果价值综合评价奠定基础。

第一节 天然气勘探开发技术谱系构建

"谱系"一词本意指对具有同根同源性事物或者宗族变化情况的描述，最常见就是家谱记载。技术产品由代系向谱系化发展，是一个由单一向多元化发展的过程。技术谱系不仅代表技术家谱上的系统，也喻指技术种类变化的系统，它有着双重逻辑概念，既是一种静态家谱似的图景展现，又是一种研究和探索方法。油气技术谱系是以谱系学思想为主导，在认知规律的基础上，通过分析天然气技术产品应用市场需求、技术产品以及发展趋势，梳理技术产品和特征谱系演进脉络，形成天然气技术谱系。它有利于明晰天然气开发领域的发展方向和实现目标所需的关键技术，也有利于厘清技术产品之间的关系，推进技术组合创新，扩大天然气技术产业链群规模，大幅提升油气田企业的技术水平、技术产品适应能力与国际竞争力。因此，天然气技术谱系研究，能为强化天然气技术级序、技术组合创新和技术资源战略管理奠定坚实的基础。

一、勘探开发业务流程与技术需求

油气行业属于资源采掘业，生产经营的核心是根据市场需求不断探索地下天然气资源，把投入资本转化为储量，采用先进的开采工艺技术，将气藏中的可采储量开采出来，成为可利用的商品天然气，并通过管道或其他方式输送给用户。因此，处于产业链上游的天然气勘探开发是一个综合性、系统性的资源开采建设与生产过程，包括气藏地质研究、资源勘探、气藏描述、开发设计、钻井作业、井下作业、采气作业以及油气集输与净化处理等多个作业流程。每个业务都需要大量的资金、资产、技术和相关专业人才投入。其中，天然气勘探业务和钻井业务并不直接产生利润。根据中国石油气勘探开发作业实际，天然气勘探开发作业流程与技术体系如图 3-1 所示。

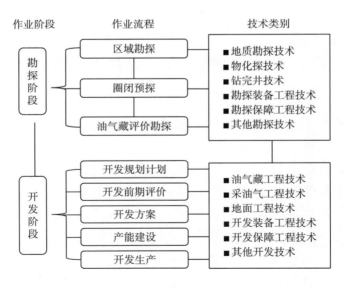

图 3-1　天然气勘探开发作业流程与技术体系图

(一)天然气勘探业务与技术需求

天然气勘探是指利用各种勘探手段了解地质状况,认识油气生成、储集、运移、聚集、保存等条件,综合评价含油气远景,确定油气聚集的有利地区,找到储集的圈闭,并探明油气面积,搞清油气层情况和产出能力的过程。根据了解地下情况的程序和工作特点,天然气勘探分为区域勘探、圈闭预探和油气藏评价勘探三个主要作业流程,地震勘探和钻(完)井业务贯穿这三个作业流程。

1. 区域勘探

油气区域勘探是对盆地或地区进行大范围的地质调查和地球物理、地球化学勘探,以及少量的区域探井钻探,并相应地开展地质综合研究,它是天然气勘探的第一阶段。目的是了解盆地或地区油气基本的地质条件,初步查明有利的生油气区、储集区,圈定有利含油气区带,进行早期油气资源评价与估算。区域勘探项目可由一个或几个项目工程组成。每个项目工程可由一个或若干个单项工程组成,主要单项工程内容可以包括:地震工程、探井工程、测井和试油等工程、综合研究区域评价和油气资源预测等工程。

2. 圈闭预探

圈闭预探是在区域勘探的基础上,在有油气远景的二级构造带或局部构造圈闭上进行天然气勘探工作。圈闭预探由确定预探项目、地震详查、预探井钻探、圈闭评价等四个步骤来完成。圈闭预探阶段的主要任务是:经过区域勘探后,以发现油气藏为目的进行钻探工作,探明圈闭的含油气性,推算含油气边界,提供评价钻探的对象。发现油气藏后,应取得气藏有关产量、压力、气层性质等初步资料,并推断气藏类型。

3. 油气藏评价勘探

预探阶段发现油气藏后,对所发现的油气藏进行评价,即进入油气藏评价勘探阶段。油气藏评价勘探的任务是查明已发现工业气藏的含气边界、含油气面积及其连通情况、含气高度、天然气储量，以及对气藏进行综合评价及经济效益预测分析，为编制气田开发方案做好准备。

4. 地震勘探

地震勘探已成为油气勘探中一种最有效的勘探方法。由于油气会使岩石反馈的声波发生变化，目前地震技术人员通常都是利用地震或地球物理技术来确定钻探目标和井位，间接发现油气。地震勘探与其他物探方法相比，具有精度高的优点，其他物探方法都不可能像地震方法那样详细而准确地了解地下由浅到深的构造特点。地震勘探与钻探相比，又有成本低以及可以了解大面积地下地质构造情况的特点。当然，在地质勘探工作中，物探方法不可能取代常规的地质方法，也不可能解决所有的问题，为了提高经济效益，物探必须与其他地质方法有机地配合才能取得较好的效果。地震勘探一般经过野外采集、室内资料处理和地震资料的解释及绘图三个环节。

5. 钻（完）井业务

钻（完）井业务涉及钻井设备的购买、调度和安装，配备钻井技术人员，以及前期对油气井结构、地质的相关分析。钻井业务使用的钻井各项设备，存在使用年限有限、设备每年累计折旧、设备损耗和维护费用巨大等特点，在开采工程完全建成运营开始之前无法产生直接收益。与此同时，钻井设备技术投入高，虽然为天然气开采行业提供了较高的准入门槛，但是设备一旦购置或投入使用，使用年限较长，购置成本可以分年摊销，只要保证运营时间和数量，可持续产生利润。

油气井完井工程是指从钻开生产层和探井目的层开始，直到油气井投入生产为止的全过程，它既是钻井工程的最终一道工序，又是采气工程的开始，钻井工程和采气工程起着承前启后的重要作用。油气井完井工程是采气工程非常重要的一个环节，因为它直接关系着油气井质量，是油气井生产的基础。油气井完井方法的选择，完井质量的好坏，直接关系探井能否反映井下情况、油气井能否长期稳定地生产，并直接影响气田开发方案的正确执行和气藏或气井的最终经济效益。

随着油气开采工艺技术的发展，修井的概念和内容在不断更新，一切为使油气井处于良好状态与保持正常工作的维护、维修作业和产、增注技术改造措施,以及为了达到某种特殊工程技术目的所采取的特殊手段等为修井。油气井在生产过程中,因地层出砂、沉淀,生产管柱窜漏,油管、抽液杆断落,油气井暂时水淹不能正常生产,或因严重井下事故,套管变形、腐蚀、破裂、油管腐蚀穿透、断落,油管堵塞等原因使油气井停产,甚至报废。为了使油气井处于良好生产状态,需要对油气井进行修井。因此,油气井修井是改善油气井生产条件、排除井下故障、保证井下设备正常运转、恢复或增加气井产气所必须进行的作业。

(二)油气开发业务与技术需求

天然气开发纲要根据产量将气田开发划分为上产、稳产、产量递减和低产 4 个阶段,划分节点分别为产量达到方案设计规模、产量开始递减和产量低于方案设计规模的 20%。随着气田开发的不断进行,多种类型的气藏(如低渗砂岩气藏、高含硫气藏、异常高压气藏、有水气藏等)相继投入开发。这些气藏具有不同的地质及开发动态特征,开发过程及效果存在较大差别。现有研究多参考油气田开发阶段的划分模式,利用产量等指标划分油气田开发阶段,并由此确定相应的开发规模。油气开发作业主要由气藏工程和采气工程来完成。

1. 气藏工程

气藏工程的作业对象是气藏。气藏工程业务包括气层划分、产能评价、设计优化、井网井距优化等工程方案,它具有复杂性,采气的方式多种多样,工程设置和实施耗时长,并且存在较大生产经营安全风险,气藏工程业务从方案制定和测量实施,都需要大量的资金、资产、技术和相关专业人才投入。针对气藏储层类型,制定恰当的开采方案。通过试井解释和储层边界评价,预测高产区范围。同时,理论和应用上相互印证,推导出具有实际意义的气藏产能公式,并计算求得气田废弃地层压力和气田的最终采收率。因此,气藏工程业务同样属于资金面密集型、资本密集型、知识密集型业务。

2. 采气工程

在钻井、射孔工作完成,油气穿过井壁套管流出之后,把油气从井筒采出需要的举升、抽吸、注水及为维持、提高产量而进行的气层改造技术，统称为采气工程。采气工程包括油气开采工程中有关气田开发的完井投产作业、井下作业工艺技术、试井及生产测井工艺技术、增产挖潜措施、油气生产、井下作业与修井、地面集输与处理等工艺技术及采气工程方案设计等。采气工程是气田开发的重要组成部分，是决定一口气井或一个气田生产能力、采收率、生产寿命和生产效益的关键环节。

3. 地面工程业务

地面工程业务是油气开发项目的重要支撑和保障，是油气开发管理和转化成商业产品的重要环节，具有前期成本投入大、耗时长、预期收益实现时间久、对资金链要求高等特点。与此同时，地面工程一旦建成，具有使用年限长，投资回报率稳定等特点。地面工程建设需结合油气开发整体项目部署、优化简化组织协调。①场站集输。气田各气井生产的油气，经分离、调压、计量后，在集气站收集汇总，再输送到天然气净化厂或者直接进入输气干线或炼油厂的全过程称为油气场站集输。油气场站集输包括的内容较多，主要有场站工艺流程、简单集输气管网、场站集输系统建设、油气节流调压、油气流量计算。②油气净化或处理。油气作为一种商品，各国对气质都有一定要求。油气通常是从各个不同的地区进入集输系统，许多小管径的管线将油气从不同的井口输送到某个中心地带。通常情况下都会有诸如水和硫等杂质，这样须经过油气净化厂或处理厂，脱除油气中所含水分、硫化氢、一氧化碳和固相杂质，回收有经济效益的硫黄和二氧化碳，以获得符合技术标准的油气，提高油气质量以满足管线输送或商品油气的要求。天然气净化处理是天然气工业的唯一独有工序。

二、勘探开发技术谱系构建的重要性

(一)油气技术资源战略管理的需要

目前，油气专业学科分类和专业职称序列已经形成规范，油气田企业把科技战略列入企业战略规划，并多举措保障规划实施，大多数油气田企业重视专利技术、著作权等无形资产管理。然而，主要从事油气勘探开发业务的油气田企业，对覆盖勘探开发全业务链的技术级序结构分布缺乏规范梳理，技术资源(包括技术级序、名称、分布、技术竞争力等)情况不够清晰,尚未建立以技术级序资源架构为主的"油气技术花名册"，更未对技术资源进行制度性规范管理，难以厘清技术基础结构与功能价值定位。这制约着油气技术资源战略管理水平提升，也制约着科技发展战略的有效实施。

油气产业具有上、中、下游一体化的鲜明特征，油气勘探开发具有"三高"特点(高风险、高收益、高投入)。未来中国将进入常规气与非常规气并重的发展阶段，表现为常规气稳定发展、油气长期稳产、页岩气快速上产、煤层气稳步推进的发展态势。为了适应不同勘探开发领域、不同油气勘探开发气藏类型的技术市场需求，需要不同的个性化、系列化油气勘探开发技术谱系与之适应，如适用于深层气藏、大型气藏、页岩气藏、煤层气藏等类型的勘探开发技术谱系，以支撑勘探开发工程技术升级发展，保障油气绿色低碳规模化效益开发。

(二)油气科技价值化与商业化发展的需要

中国石油重视科技价值化与商业化发展，按照"总体设计、突出特色、明确载体、形成资产、共享传承、重在应用"的思路进行技术有形化的探索与实践，建立了以技术手册、宣传手册和宣传片为主导的有形化技术产品，推广应用成效显著，实现了技术创新成果的科技价值和商业价值。油气技术有形化实际上是油气技术谱系的重要基础工作之一，其中专项技术有形化的技术树梳理是技术级序结构谱系的基础工作，技术手册是技术级序特征谱系的基础要素。

与有形化技术树不同，技术谱系并不只以勘探开发特色技术成果为对象，是对整个油气勘探开发行业的技术体系进行顶层设计，综合考虑其基本级序结构分布。显然，油气勘探开发技术树与技术谱系图的差异很大，主要表现在设计理念、定位与目标、结构与数量特征、主要用途等方面。例如，在设计理念方面，技术树逻辑起点自定，可为任一技术对象，重视技术纵横关系描述。技术谱系图逻辑起点为勘探开发行业，重视基础级序，尊重基础价值分享，系统和全面描述技术基本关系，直至单项创新性技术。

(三) 油气科技价值评估方法优化的需要

油气科技价值评估的基本方法是收益现值法、成本法、成本收益现值法，这些方法应用到具体油气科技价值评估时都有不同程度的优缺点。油气科技价值评估工作取得显著成效，如科技成果效益剥离法首创于中国石油"石油科技成果直接经济效益计算方法"(2002 年)，形成中国石油《石油石化行业技术创新成果评价方法》(2003 年)，2017年该方法又得以深化优化，其核心方法是增量收益法，通过对科技成果产生的效益进行逐层剥离，最终得到具体单项技术的效益贡献，主体思路值得借鉴，但在逐层剥离问题时技术级序设计和基本功能赋权不够规范，影响其推广应用。

研究与实践充分表明，油气技术都是有等级的，其基本结构定位决定其基本功能价值，技术级序与赋权成为实现单项技术创新成果收益分享评估的瓶颈。油气技术创效分享率的计算，必须遵从油气科技价值实现过程和技术特性，无论油气技术创造的效益是直接的还是间接的，其分享率都受控于基本结构功能价值与创效能力。因此，必须以油气技术谱系为基础才能解决好技术基本结构定位，否则从总体技术到单项技术分享率评估将成为长期难以突破的瓶颈问题。

三、勘探开发技术谱系结构设计

(一) 谱系构建的总体思路

应用谱系学的方法来分析我国复杂的油气技术系统，服务于油气技术资源战略管理和油气技术价值评估的迫切需要，建立由油气技术产品级序谱系、油气技术产品特性谱系、油气技术产品应用领域谱系等维度组成三角形关系的油气勘探开发技术总体谱系图(图 3-2)。

第一个谱系维度，油气勘探开发技术产品级序谱系，体现勘探开发技术产品级序与数量演化谱系、应用领域谱系之间的对应关系。根据油气技术产品顶层演化脉络，强化勘探开发技术资源梳理，充分依靠各油气田企业专家的智慧,构建"勘探开发技术基本花名册",建立技术产品级序和数量演化谱系。技术数量呈金字塔分布,低级序级别的技术分布有成千上万个单一技术。因此,勘探开发技术谱系设计应满足油气科技发展需求,充分体现技术的"基本地位与作用"。

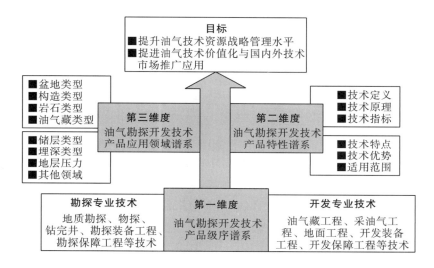

图 3-2 油气勘探开发技术总体谱系图

第二个谱系维度,油气勘探开发技术产品特性谱系主要服务于第一个和第三个谱系维度。首先对油气勘探开发技术产品的功能结构特征和关键性能结构特征进行提取,然后对模块特征方式进行归类,再对勘探开发技术产品主要的技术参数进行归纳总结,形成勘探开发技术产品的主要技术特征谱系,主要包括单项技术的技术定义、技术原理、技术指标、技术特点和优势、适用范围等内容,主要参考和依托中国石油现有有形化成果,本书暂不赘述。

第三个谱系维度,油气勘探开发技术产品应用领域谱系,也是油气技术市场需求谱系。随着勘探开发技术产品内外部市场的多样化、个性化需求发展,从行业角度对勘探开发技术产品市场需求进行细分,对勘探开发技术产品整个发展历史以及发展趋势建立油气技术产品的应用领域谱系。

(二)勘探开发技术谱系结构设计

1. 油气勘探开发技术产品级序谱系设计

油气勘探开发技术产品级序应采用四级序设计，主要依据是：①《中国石油天然气集团公司职称专业技术岗位系列(试行)》中工程技术类专业技术岗位系列(2014 年)，除石油炼化专业技术外，一级专业技术 9 个、二级专业技术 54 个、三级专业技术 221 个，三级专业技术存在下一级技术，即四级技术；②集团公司科技成果评奖经济效益计算办法(2017 年)，也为四级分类；③中国石油西南油气田天然气勘探开发技术有形化技术的一级(技术体系)5 个、二级(技术系列)26 个、三级(单项技术)131 个，其单项技术都是由若干项单一技术组合叠加形成，实际上也为四级分类。值得关注的是，有形化技术中的单项技术和工程技术类专业技术岗位系列中的三级技术，都是由四级及其下一级的几项单项技术组合或单一技术叠加的产物。实际上，四级及其以下的技术结构表现得更加复杂，数量众多。

油气勘探技术产品级序谱系重在解决储量发现与增储问题，主要包括油气资源分布(包含地质和物探技术体系)、资源发现(钻完井技术体系)。近些年来装备技术得到高度重视，而任何作业系统有效运行都需要基础保障体系，因此，应突出勘探装备和保障工程技术的地位与作用，形成 5 个同级序横列的一级技术体系，如天然气地质勘探技术、物探技术、钻完井技术、勘探装备工程技术、勘探保障工程技术。油气开发技术产品级序谱系重在解决产能建设与增产问题，主要包括气藏工程技术、采气工程技术、地面工程技术，同理应有涵盖整个油气开发作业的开发装备工程技术和开发保障工程技术予以支撑，也形成 5 个同级序横列的一级技术体系，如天然气开发技术体系，气藏工程技术、采气工程技术、地面工程技术、开发装备工程技术、开发保障工程技术。

在每个技术级序的数量设计上，依据自然界和社会都广泛存在分形分布和几何级数分布规律，按照分形理论和技术价值分享理论，充分尊重勘探开发相关技术的基本功能地位，在数量上应保持相对公平合理，故设每个级序的技术体系数量上都按照 $5n$ 等比级数(当然，也可以设为其他数量级分布)分裂形成下一级序的技术体系构成,勘探技术或开发技术分别设:5 个一级技术体系;每个一级技术下设 5 个二级技术体系,共计 25 个二级技术;每个二级技术下设 5 个三级技术体系,共计 125 个三级技术;每个三级技术下设 5 个四级创新性技术,共计 625 个创新性技术。这是勘探开发技术的基础数量谱系。值得重视的是,625 个单项创新性技术与油气地质要素结合,可衍生出成千上万个单一技术,构成油气技术结构和数量的复杂性。

2. 油气勘探开发技术产品应用领域谱系设计

分析表明,油气专业技术的名称多采用复合命名方式,即:单一技术名称=f(P,G,Y,C,Q,M,D,X),常常加以修饰语如特色、精细、复杂、集成、一体化、工厂化等,组合成若干单一技术系列,如前陆盆地背斜构造地震解释技术、碳酸盐岩孔隙性高压气藏精细描述技术(表 3-1)。

表 3-1 油气技术级序应用领域谱系表

油气地质类型	应用领域
P(盆地类型)	大陆内裂谷型盆地、大陆内拗陷型盆地、前陆盆地、克拉通盆地等
G(构造类型)	背斜、向斜、单斜、断块、盐丘、礁块、不整合、古潜山等
Y(岩石类型)	碳酸盐岩、碎屑岩、火山岩、变质岩等
C(储层类型)	孔隙、孔洞、裂缝、致密等
Q(气藏类型)	常规气藏、非常规气藏(页岩气藏、致密气藏、煤层气藏)等
M(埋深类型)	浅层、中层、深层、超深层等
D(地层压力)	超高压、高压、中压、低压等
X(单一技术)	若干单一性基础性名称

例如,中国石油西南油气田公司积极扩大勘探开发领域,推出五大天然气增储上产工程(川中地区多层系滚动勘探开发、川东北高含硫气田安全高效开发、川西北地区深层海相碳酸盐岩气藏勘探与开发示范、川东地区寒武系盐下大型构造气藏探索与发现、蜀南地区页岩气规模效益开发),以助推未来国内最大气区的早日建成。随着数字化 3D 多波地震、叠前深度偏移处理、长距离水平井、水平井分段压裂体积改造等一批先进技术的成熟和推广应用,将拓宽油气勘探开发技术

产品应用领域谱系构成。

四、勘探开发技术谱系的内容

油气勘探开发技术体系庞大、数量众多,使得构建油气勘探开发谱系成为一项系统工程。此处以天然气勘探开发为例,根据现有相关文献以及中国石油有形化技术成果资料(2008～2018 年)整理,按照 $5n$ 等比级数提出天然气勘探和开发技术级序谱系的内容。

(一)天然气勘探技术产品级序谱系的内容

1. 天然气地质勘探技术

天然气地质勘探技术主要包括 5 个二级技术:地质模型构建与模拟技术、天然气地质实验技术、天然气地质综合解释与评价技术、天然气勘探部署技术、天然气资源评价技术,其相应的三级技术如表 3-2 所示。

表 3-2　　天然气地质勘探技术的二级和三级技术体系表

二级技术	三级技术
(1)地质模型构建与模拟技术	①地层层序与沉积体系分析重建技术;②地质构造-沉积模式及重建技术;③地质模型数值模拟技术;④盆地综合模拟技术;⑤天然气成藏模拟技术
(2)天然气地质实验技术	①气源岩实验评价技术与气源对比技术;②储层物性分析测试技术;③盖层实验室评价技术;④天然气成藏实验评价技术;⑤天然气分布地质评价技术
(3)天然气地质综合解释与评价技术	①天然气成因判识与气源对比技术;②岩性与构造综合解释技术;③储层综合解释技术;④天然气成藏规律评价技术;⑤天然气富集规律评价技术
(4)天然气勘探部署技术	①天然气勘探风险分析技术;②天然气勘探规划部署技术;③天然气勘探项目设计技术;④天然气勘探项目管控技术;⑤天然气勘探部署效能评估技术
(5)天然气资源评价技术	①盆地天然气资源评价技术;②区带天然气资源评价技术;③勘探目标天然气资源评价技术;④天然气储量评价技术;⑤天然气储量价值评估技术

2. 天然气物探技术

天然气物探技术主要包括 5 个二级技术:地震勘探技术、地震勘探评价技术、测井技术、测井评价技术、录井技术等,其相应的三级技术如表 3-3 所示。

表 3-3　天然气物探技术的二级和三级技术体系表

二级技术	三级技术
(1)地震勘探技术	①地震采集与成像处理技术；②地震解释与描述技术；③地震检测与预测技术；④井中地球物理勘探技术；⑤地震勘探方法
(2)地震勘探评价技术	①地震岩性评价技术；②地震物性评价技术；③地震构造评价技术；④地震流体性质评价技术；⑤地震综合评价技术
(3)测井技术	①测井采集与处理技术；②测井解释与描述技术；③测井检测与预测技术；④井震一体化技术；⑤测井方法
(4)测井评价技术	①岩性测井评价技术；②储层物性测井评价技术；③测井构造评价技术；④流体性质测井评价技术；⑤测井综合评价技术
(5)录井技术	①地质录井技术；②钻井液录井技术；③钻时、气测录井技术；④录井方法；⑤综合录井解释评价技术

3. 天然气钻完井技术

天然气钻完井技术主要包括钻井工艺技术、完井技术、井下测量与控制术、钻完井实验技术、综合测试技术等 5 个二级技术，其相应的三级技术如表 3-4 所示。

表 3-4　天然气钻完井技术的二级和三级技术体系表

二级技术	三级技术
(1)钻井工艺技术	①钻井方案设计技术；②直井、水平井、多分支井技术；③定向钻井、智能钻井技术；④防漏治漏与井控技术；⑤钻井新技术
(2)完井技术	①完井工艺设计技术；②储层保护技术；③固井技术；④压裂与酸化技术；⑤工厂化钻完井技术
(3)井下测量与控制术	①井下信息测量与传输；②随钻测量及井眼轨迹控制；③闭环地质导向钻井系统；④井控工艺；⑤高含硫高温高压"三高"井控技术
(4)钻完井实验技术	①钻井实验技术；②完井实验技术；③控压钻井实验室技术；④固井实验技术；⑤岩石力学实验技术
(5)综合测试技术	①试油工程设计技术；②中途测试技术；③地层测试技术；④天然气产量测试技术；⑤测试资料综合解释技术

4. 天然气勘探装备工程技术

天然气勘探装备工程技术主要包括钻完井装备技术、钻完井液技术、物探装备技术、实验装备技术、勘探软件技术等 5 个二级技术，其相应的三级技术如表 3-5 所示。

表 3-5　天然气勘探装备工程技术的二级和三级技术体系表

二级技术	三级技术
(1)钻完井装备技术	①钻井机械装备；②钻井工具装备；③井控装备；④固井射孔装备；⑤压裂与测试装备
(2)钻完井液技术	①钻井液；②钻井处理剂；③完井液；④完井支撑剂；⑤压裂酸化材料
(3)物探装备技术	①地震采集装备；②地震处理与解释装备；③测井装备；④录井装备；⑤物探数据处理解释一体化装备
(4)实验装备技术	①地质实验装备；②物探实验装备；③钻井实验装备；④完井实验装备；⑤井控实验装备
(5)勘探软件技术	①地质软件；②物探软件；③钻完井软件；④勘探实验软件；⑤勘探综合评价软件

5. 天然气勘探保障工程技术

天然气勘探保障工程技术主要包括勘探安全与控制技术、勘探节能环保技术、勘探抢险应急救援技术、勘探信息技术、勘探自动化技术等 5 个二级技术，其相应的三级技术如表 3-6 所示。

表 3-6　天然气保障装备工程技术的二级和三级技术体系表

二级技术	三级技术
(1)勘探安全与控制技术	①勘探工艺安全技术；②勘探作业安全技术；③勘探设备安全技术；④勘探安全监管技术；⑤勘探消防安全技术
(2)勘探节能环保技术	①钻完井清洁生产技术；②钻完井气固液污染物治理技术；③放射污染治理技术；④钻完井环境风险评价与监测技术；⑤钻完井节能减排技术
(3)勘探抢险应急救援技术	①钻完井风险防控识别与预警技术；②钻井抢险应急救援技术；③完井抢险应急救援技术；④钻完井应急抢险调度技术；⑤钻完井应急抢险物资供应技术
(4)勘探信息技术	①天然气地质信息技术；②地震勘探信息技术；③钻完井信息技术；④测录井信息技术；⑤勘探数据库技术
(5)勘探自动化技术	①天然气地质分析自动化技术；②地震勘探自动化技术；③测录井自动化技术；④钻完井自动化技术；⑤勘探实验自动化技术

(二)天然气开发技术产品级序谱系的内容

1. 气藏工程技术

气藏工程技术主要包括地质综合评价技术、开发物探技术、开发规划方案设计技术、开发实验评价技术、开发综合评价技术等 5 个二级技术，其相应的三级技术如表 3-7 所示。

表 3-7　气藏工程技术的二级和三级技术体系表

二级技术	三级技术
(1) 地质综合评价技术	①地质数值建模技术；②气藏描述技术；③气藏流体评价与预测技术；④气藏地质开发方案编制技术；⑤天然气产能评价技术
(2) 开发物探技术	①地震采集与处理技术；②地震解释与描述技术；③地震检测与预测技术；④开发测录井技术；⑤开发地震测录综合评价技术
(3) 开发规划方案设计技术	①气层整体规划；②气田开发方案设计；③气藏开发方案调整与优化技术；④气藏开发方案监控技术；⑤气藏开发方案评价技术
(4) 开发实验评价技术	①气层物理实验评价技术；②气藏数值建模与评价技术；③气藏物性与流体渗流机理评价技术；④储层伤害机理实验评价技术；⑤井下防腐实验评价技术
(5) 开发综合评价技术	①气藏流体性质评价技术；②储层评价与预测技术；③气藏开发动态描述技术；④剩余天然气储量分布描述技术；⑤天然气藏储量评估

2. 采气工程技术

采气工程技术主要包括开发钻完井技术、采气工艺技术、井下作业技术、采气工程实验技术、增产改造工艺技术等 5 个二级技术，其相应的三级技术如表 3-8 所示。

表 3-8　采气工程技术的二级和三级技术体系表

二级技术	三级技术
(1) 开发钻完井技术	①开发钻完井方案设计技术；②开发钻完井工艺技术；③开发井控工艺技术；④开发压裂与酸化储层改造技术；⑤开发完井测试与评价技术
(2) 采气工艺技术	①排水采气工艺技术；②气举泡排采气工艺技术；③凝析气田采气技术；④气井动态测试技术；⑤气藏动态监控技术
(3) 井下作业技术	①气井试井分析技术；②气层保护技术；③气井分层作业；④井下节流采气工艺技术；⑤气井试井工艺技术
(4) 采气工程实验技术	①采气工艺实验评价技术；②流体渗流规律实验技术；③储层物理模拟实验技术；④压裂酸化评价技术；⑤增产实验评价技术
(5) 增产改造工艺技术	①储层压裂改造增产技术；②储层酸化增产改造技术；③老气田增产挖潜技术；④储层改造工厂化作业技术；⑤储层改造增产效果评价技术

3. 地面工程技术

地面工程技术主要包括内部集输工程技术，内部集输管网技术，天然气净化处理技术，酸性气田防腐监测与评价技术，天然气分析测试、计量与标准化技术等 5 个二级技术，其相应的三级技术如表 3-9 所示。

表 3-9　地面工程技术的二级和三级技术体系表

二级技术	三级技术
(1)内部集输工程技术	①集输工艺技术；②集输标准化、模块化、撬装化技术；③地面标准化设计技术；④地面计量技术；⑤集输完整性评价技术
(2)内部集输管网技术	①管网设计技术；②管网勘测技术；③管网施工技术；④管网建设生态保护技术；⑤管网完整性评价技术
(3)天然气净化处理技术	①天然气副产品脱除技术；②天然气副产品回收技术；③天然气处理技术；④天然气净化处理监控技术；⑤天然气净化处理效能评价技术
(4)酸性气田防腐监测与评价技术	①现场腐蚀试验工艺及评价技术；②腐蚀在线试验工艺及评价技术；③地面集输系统内腐蚀控制设计技术；④气田防腐蚀监测与检测技术；⑤气田腐蚀与防治及修复技术
(5)天然气分析测试、计量与标准化技术	①天然气分析测试技术；②地面测试计量技术；③天然气计量与检测技术；④天然气标准化技术；⑤天然气分析测试评价技术

4. 开发装备工程技术

开发装备工程技术主要包括气藏工程装备、采气工程装备、地面工程装备、开发实验装备、开发软件技术等 5 个二级技术，其相应的三级技术如表 3-10 所示。

表 3-10　开发装备工程技术的二级和三级技术体系表

二级技术	三级技术
(1)气藏工程装备	①开发地质装备；②开发物探装备；③气藏动态测试装备；④气藏工程诊断与改造工具；⑤气藏动态监测装备
(2)采气工程装备	①增产改造装备；②储层改造液体和支撑剂；③采气工艺装备；④开发钻完井装备；⑤储层保护装备
(3)地面工程装备	①内部集输装备；②长输管道装备；③净化与处理装备；④防腐监测与检测装备；⑤分析测试、计量与标准化装备
(4)开发实验装备	①气藏地质实验装备；②采气工程实验装备；③地面工程实验装备；④气藏动态监测实验装备；⑤气藏动态测试实验装备
(5)开发软件技术	①气藏工程软件；②采气工程软件；③地面工程软件；④开发工程实验软件；⑤开发数据库技术

5. 开发保障工程技术

开发保障工程技术主要包括天然气开发安全风险控制技术、天然气开发节能保护技术、天然气开发抢险应急救援技术、天然气开发信息技术、天然气开发工程自动化技术等 5 个二级技术，其相应的三级技术如表 3-11 所示。

表 3-11　开发保障工程技术的二级和三级技术体系表

二级技术	三级技术
(1)天然气开发安全风险控制技术	①气藏工程安全运行保障技术；②采气工程安全运行保障技术；③地面工程安全运行保障技术；④净化工程安全运行保障技术；⑤气藏开发安全风险防控完整性管理技术
(2)天然气开发节能保护技术	①开发生产系统节能降耗技术；②钻完井废弃物资源化处理技术；③压裂返排液循环利用技术；④气田开发清洁生产技术；⑤气田开发环境风险评价与防控技术
(3)天然气开发抢险应急救援技术	①气藏工程抢险应急救援技术；②采气工程抢险应急救援技术；③地面工程抢险应急救援保障技术；④开发工程应急抢险物资供应技术；⑤开发工程应急抢险调度技术
(4)天然气开发信息技术	①气藏工程信息技术；②采气工程信息技术；③地面工程信息技术；④数字化气田技术；⑤天然气开发数据库技术
(5)天然气开发工程自动化技术	①气藏工程自动化技术；②采气工程自动化技术；③地面工程自动化技术；④天然气开发安全风险监控自动化技术；⑤天然气开发抢险应急救援自动化技术

第二节　油气科技成果类型分类

一、科技成果分类依据

(一)科技成果的定义与特征

科技部对科技成果的定义是为解决某一科学技术问题，经过研究与开发完成的并通过技术认定具有一定实用价值或学术意义的结果，包括：研究课题结束取得的最终结果；研究课题未全部结束，但已取得可以独立应用或具有一定学术意义的阶段性成果。而参与收益分配的技术成果是研究开发成果的总称，包括新技术、新工艺、新方法、新设计、新产品、新材料、新品种、新发现等。主要是指以下内容：专利，包括发明、实用新型和外观设计；技术秘密，指研制或者以其合法的方式掌握的、未公开的、能带来经济效益或者竞争优势，具有实用性且采取了保密措施的技术；被授予品种权的植物新品种；计算机软件技术，集成电路布图及设计；法律、法规行为的其他类型的技术要素。

科技成果的特征主要包括：一是具有新颖性，创造性、先进性和经济性；二是必须经过技术认定(包括鉴定、评审、验收、检测、行业准入和授权发明专利等)。

(二)科技部科技成果分类

我国科学技术研究领域宽泛，对于科技成果研究较多，分类不统一。科技部的《科学技术评价办法》(试行)(国科发基字〔2003〕308 号)对科技成果的定义是：为解决某一科学技术问题，经过研究与开发完成的并通过技术认定具有一定实用价值或学术意义的结果，将其划分为基础理论成果、应用技术成果、软科学研究成果等。应用技术成果又分为技术开发类应用技术成果和社会公益类应用技术成果。

《科学技术成果评价暂行办法》(全联人才〔2013〕17 号)所指的科技成果评价主要针对技术开发类应用技术成果、社会公益类应用技术成果、软科学研究成果三种类型进行评价。应用技术成果主要指为提高生产力水平和促进社会公益事业而进行的科学研究、技术开发、后续试验和应用推广所产生的具有实用价值的新技术、新工艺、新材料、新设计、新产品及技术标准等。

(三)油气行业科技成果类型的划分

中国石油科技评估中心对科技成果的分类依据是：基于学科专业、研发阶段、能否计算直接经济效益等不同角度，对科技成果进行相应的分类。按照学科专业可分为油气勘探、气田开发、炼油化工、物探测井、钻井工程与装备、管道及地面工程、信息技术、综合管理等。按照能否计算直接经济效益，可分为"能计算直接经济效益的成果"(Ⅰ类成果)和"不能计算直接经济效益的成果"(Ⅱ类成果)。Ⅱ类成果主要包括经济管理、公益类等。

综上，根据科技部、油气行业的分类，依据油气科技创效属性和有利于科技成果的价值评价，可将油气行业科技成果划分为两类：一是应用技术成果，包括应用技术开发类和应用技术研究成果类，二是管理创新成果类。

二、科技成果主要类型

(一)应用技术开发成果类

应用技术开发成果主要指为提高油气田企业生产力水平而进行的技术开发、后续试验和应用推广所产生的具有实用价值的新技术、新工艺、新材料、新设计、新产品及技术标准等,包括可以独立应用的阶段性研究成果和引进技术、设备的消化、装备和改造、吸收再创新的成果。

(二)应用技术研究成果类

应用技术研究成果主要指为增强国际竞争力,提高油气田企业自主研发水平,而进行的应用科学理论、研究方法、技术原理、应用技术基础实验(试验)等,包括基础研究成果和引进高新技术、基础设备的消化、吸收再创新的应用科学技术研究成果。应用技术基础成果的作用不仅表现为成果的学术价值,更主要表现为对应用技术开发过程的指导作用。

(三)管理创新成果类

管理创新成果是指为决策科学化和管理现代化而进行的有关发展战略、政策、规划、评价、预测、科技立法以及管理科学与政策科学的研究成果,主要包括软科学研究报告和著作等。管理创新成果应具有创造性,对国民经济发展及国家、部门、地区和油气田企业的决策和实际工作具有指导意义。

第三节 油气科技成果效益类型划分

一、科技成果价值构成

根据劳动价值论,价值是人类抽象劳动的凝结,包括价值体、价值量、价值形式三个方面。科技价值是由科技人员劳动形成的价值，油气是科技价值的载体，同样包括价值体、价值量、价值形式三个方面。科技价值按照科技是否应用于生产实践分为科技内在价值与科技外在价值。科技价值是技术在满足主体需求、影响主体发展中起到的作用，科学技术是创造新价值的巨大源泉。

(一)科学价值

科学价值主要指自然科学、社会科学和人文科学满足人类需要的功能，主要包括物质需要和精神需要的满足情况。因为自然科学是一切科学的基础，所以科学价值最核心的内容是自然科学的价值，自然科学不仅可以满足人们精神上和逻辑心理上的需求，还可以通过技术，转化为直接生产力，创造物质财富，满足人们的物质需求。所以自然科学对人类具有永恒的价值，是人类存在和发展的基础，也是人类未来的希望。科学价值的全面认识是和市场经济分不开的。

(二)技术价值

技术价值是技术与主体(如个人、集团、社会、人类)之间的一种相互关系，它体现着技术对人的需要、发展的肯定或否定的性质、程度，并在技术与人的相互作用过程中不断展现开来。技术价值既包含对于主体整体的一般价值，又包含技术的使用价值，如技术的经济价值、政治价值、文化价值、生态价值等，其特点主要有三个方面：协同性与附着性、累积性与扩散性、周期性与加速性。

(三)经济价值

科技成果的经济价值指的是科技成果经过转化交易变成企业的技术资产，并经过企业的运作转变成产业化商品，最终通过市场交易实现的价值。油气科技运用所带来的经济增长是科技成果经济价值的最直接体现。

(四)社会价值

科技是油气生产发展的推动力,逐步改变着油气产业结构、油气生产方式和社会发展方向。科技成果的社会价值主要表现在三个方面:生产力的提高、生产方式的变革和产业结构的升级。随着油气技术的不断推广和应用,油气生产模式规模不断发展。

(五)生态价值

生态价值是指对生态环境客体满足其需要和发展过程中的经济判断、人类在处理与生态环境主客体关系上的伦理判断,以及自然生态系统作为独立于人类主体而存在的系统功能判断。科技成果作为客体被用于对自然的改造活动的过程中,对协调人类需求与自然环境的矛盾、维持油气生态系统的平衡所发挥出的积极作用即为其生态价值。科技成果生态价值主要体现在自然资源利用效率的提高、环境污染现象的治理与缓解、生物资源的保护等方面。

二、科技成果效益主要类型

科技成果创造的经济效益是经过研发、中间试验、生产应用、推广后创造的超额收益,是科技成果"经济性"的表现。油气勘探开发科技价值中的经济效益,是指油气勘探开发科技成果经过生产、应用后创造(带来)的超额收益,是油气勘探开发科技经济效益的本质所在。不同于现有技术或常规技术的价值,改进或创新后的油气科技,能够带来比使用之前技术更加明显的经济效益,这一部分超额收益,既是科技创新成果对经济效益的贡献,也是油气科技创新的经济性表现。

根据应用技术研究成果、应用技术开发成果、管理创新成果的特点,其科技成果创效类型可以分为具有明确的可以直接测算效益的直接经济效益类型,只能间接测算的经济效益、生态环境效益、社会效益等推广应用效益类型。

(一)油气技术直接经济效益类

科技成果的生产、应用及转化并形成生产力,为科技成果的持有方和应用方带来的一次性经济效益。提高直接经济效益的途径有两条:一是增加产出量(销售量),来提高产出投入比;二是在产出量不变的情况下降低生产要素直接投入量,来提高产出投入比。

直接经济效益是指一项科技成果投入到油气勘探开发的生产和应用中,并且转化为了生产力,为科技成果的持有方和应用方带来的一次性效益,叫直接经济效益,包括增加油气储量类、增加油气产量类、产品和服务类、节约成本类、提升质量类。提高直接经济效益的途径主要有两条:一是增加产出量(销售量),使单位投入的直接经济效益得到提高;二是在产出量不变的情况下降低生产要素直接投入量。直接效益是指科技成果转化为生产力后,直接为科技成果的持有者或应用者带来的一次性超额经济效益。气田科技成果的直接效益仅限于科技项目研发过程中所研究、应用和服务的工区。科技效益类型可划分为三大类,即增储增产类、非增储增产收益类、技术产品市场交易类。其中,非增储增产收益类包括降本降耗、节能降耗、科技产品替代效益、工程技术服务收益、提质增效等五个方面。

(二)油气技术推广应用效益类

1. 预期经济效益

预期经济效益是指科技成果在可能范围内扩大应用推广后,可能取得的预测经济效益。潜在效益不限于科技项目研发过程中所研究和服务的工区,可以是油田范围内的其他工区。科技成果的生产、应用对其他企业、领域、产品的带动和对市场的拉动效应,产生的二次或多次(间接)增加经济收益的效果。

提高预期经济效益的途径有两条:一是在油气勘探开发某个作业环节进行科技投入后,诱发了与之有技术经济联系的作业环节产出增加,从而带来预期经济效益增加;二是油气勘探开发某个作业环节进行科技投入后,与之有技术经济联系的作业环节的生产要素投入量降低，也会产生预期经济效益。

2. 生态环境效益

生态环境效益是生态效益和环境效益的总称。生态效益是指生命系统与环境之间有益于人类生产和生活的成果，也就是指人为的生态平衡带来的利益。环境效益是指人们采取一定的措施，减少和防止工农业生产对人类生产、生活环境的污染或提高环境质量方面所取得的成果。

3. 社会效益

社会效益是指最大限度地利用有限的资源满足人们日益增长的物质文化需求。社会效益难以用金钱来衡量，但是对社会和国家具有重要意义。国内外一般采用非价值量的定量和定性指标评价。社会效益不限于科技项目研发过程中所研究和服务的工区。

第四章　油气科技创新成果价值综合评价模型

　　油气科技成果价值综合评价是科技创新驱动发展的重要环节和核心工作内容之一。本章依据科技部《科技成果评价试点暂行办法》、油气田企业特点和科技成果评价体系结构，探讨油气科技成果综合评价体系构成，包括多元化的油气科技成果评价组织体系、规范化的油气科技成果评价操作体系、智能化的油气科技成果评价决策支持体系、制度化的油气科技成果评价保障体系等方面。在此基础上，分别对油气应用技术开发成果类、应用技术研究成果类、管理创新成果（包含软科学研究成果和企业管理现代化创新成果）的综合评价指标与赋权进行优化。综合评价指标中，以技术创新程度、先进程度、成熟程度指标表征技术水平，以直接经济效益、推广应用效益及表征效益等指标进行表征，进而按照综合评价方法对油气科技成果进行综合评价。

第一节　基于市场化的油气科技成果评价体系构建

一、科技成果评价体系构建

(一)构建思路

1. 依据国家科技评价法规和第三方评价相关制度

　　《中共中央关于全面深化改革若干重大问题的决定》《中共中央　国务院关于深化体制机制改革加快实施创新驱动发展战略的若干意见》《国务院关于大力推进大众创业万众创新若干政策措施的意见》《中华人民共和国科学技术进步法》《中华人民共和国促进科技成果转化法》等，

鼓励创办从事技术评估的中介服务机构，建立主要由市场决定评价成果的机制，从评价数量转向研究质量、原创价值和实际贡献，为科学技术成果转移、交易提供支撑服务，大力推动科学技术成果的推广和应用。

《科技成果评价试点暂行办法》包括总则、成果评价范围和内容、成果评价原则、评价形式、评价应当提交的资料、评价程序、评价机构、评价咨询专家、分类评价指标、评价报告、评价费用、附则等 12 项内容，要求建立第三方评价机构。该办法指出，科技成果评价的主要内容是：①技术创新程度、技术指标先进程度；②技术难度和复杂程度；③成果的重现性和成熟程度；④成果应用价值与效果；⑤取得的经济效益与社会效益；⑥进一步推广的条件和前景；⑦存在的问题及改进意见。

全国科技成果评价服务平台提出进行科技成果第三方评价，应当明确主要适用场景、面向评价对象、评价产出形式、主要评价依据、评价方式方法、评价指标。中国技术市场协会科技成果评价服务平台开展科技成果评价活动，相关要求基本同上。

科技成果评价属于事后绩效评价，应当按照《科技成果评价试点暂行办法》规定的方式和程序，接受项目完成单位的委托，开展科技成果评价。科技成果评价体系包含科技成果分类、评价指标、评价方法、科技成果评价结论、评价结果的运用、奖励体系、科技成果评价支持系统、科技成果评价形式和程序等。因此，促进科技成果评价的专业化及社会化，推动建立科学规范、系统健全、客观公正、职责明确、自律发展、可操作性强的科技成果评价体系，是建设创新型企业、发展高质量经济的必要条件。

2. 科技价值评估的推进必须突破科技评价制度与管理创新制度瓶颈

2005 年以来，中国石油科技评估中心编制的《技术创新成果经济效益评价方法》制度文件和培训材料，一直应用于科技项目验收和成果申报奖励方面，对中国石油科技项目管理起到了支持和促进作用。然而，在科技成果验收、鉴定及评奖过程中，经济效益计算数值不实、评价参数有误、评价方法不规范等问题比较突出，导致提交的科技成果经济效益较难核实、难以认定。一是经济效益计算结果被重复使用：针对同一研究目标的不同阶段、不同研究内容的研究项目，均以同一最终效益为各自经济效益结果，不仅重复计算而且还被无限夸大。二是经济效益计算范围扩大：未按科技项目实际研究对象作为经济效益计算依据，将其他投入产生的效益加入，使得成果效益计算范围与研究实际不符。三是经济效益计算方法不统一：科技成果经济效益原则上按照增量方法进行计算，但并未对各类项目进行计算方法的具体规定；同时由于同类项目使用的方法不统一，同类型项目取得的经济效益也无可比性。四是经济效益计算参数取值不规范：科技项目与各个气田生产紧密相关，不同气田、不同阶段的研究成果其经济效益的产生方式及产出物也不相同，投入与产出划分也不同。由于没有对可能涉及的参数进行取值规定，效益计算过程中参数使用不统一，计算结果可能不准确。因此，在科技成果评估方法优化的基础上，必须对评价制度和管理创新制度进行规制才能形成科技价值工作长效机制，促进科技价值评估可持续发展。

3. 有利于促进油气行业开展科技价值评价工作

科技成果评价是指按照委托者要求，由评价机构聘请同行专家，依照规定程序和标准，对被评价科技成果的学术水平、创造性、先进性、应用价值、经济效益和应用前景等多方面进行评价，由具有认证资质的、公信力较强的独立第三方科技机构负责组织评价工作。

《中华人民共和国促进科技成果转化法》明确规定：对于企业，按规定提取的奖酬金不受当年本单位工资总额限制。中国石油高度重视科技创新工作，明确将"创新"纳入公司总体发展战略，深入开展科技创新与管理创新，持续推进技术有形化与价值化工作。2017 年 10 月 18 日，中国石油正式发布《中国石油天然气集团公司科技成果转化创效奖励办法(试行)》(中油科〔2017〕406 号)，也对科技成果价值评估提出了更高要求。只有研究建立起科学的科技成果、专利价值评价体系，才能真正为成果转让、许可、资本化以及收益提成创造条件，提高技术和人才等创新要素在技术产品价值中的比例，从而实现研发与应用的有机衔接，使优秀创新人才"名利双收"。

(二)体系构建

科技成果评价发展历程表明：没有绝对正确的评价指标，只有不断进化发展、与时俱进的评价模式。鉴于油气技术体系结构复杂性、油气专业的独特性(技术应用对象主要在油气领域,一般不具有广泛性),同时油气技术研发是持续投入创新的过程,其发展阶段与技术生命周期划分难度较大。因此,应当采用"客观评价与主观评价相结合"的指标体系,靠气田客观的大数据积累,在合理分类评价的基础上,由第三方参与,并充分利用信息化手段,提高科技评价工作效率和开放程度。

根据科技成果评价体系构建思路和油气田企业特点,油气科技成果综合评价体系主要由多元化的油气科技成果评价组织体系、规范化的油气科技成果评价操作体系、智能化的油气科技成果评价决策支持体系、制度化的油气科技成果评价保障体系构成(图 4-1)。

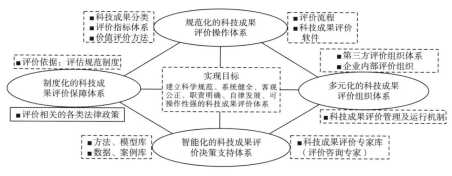

图 4-1　油气科技成果评价体系结构图

二、科技成果评价模型结构内容

(一)多元化的科技成果评价组织体系

1. 油气田企业内部科技成果评价组织

建立油气田企业内部的科技成果评价组织,包括三级组织体制:油气田企业直属科研院所自评组织、油气田企业科技评价组织、集团公司科技评价组织。

2. 社会化的第三方评价组织体系

建立多元化科技成果评价组织体系和运行机制,包括第三方具有独立法人的科技评估公司、咨询公司、国外科技评价中心或咨询公司。

3. 科技成果评价管理

科技成果评价管理包括：科技成果评价质量监管、评价成果的推广应用、科技成果评价工作考核与激励、科技评价智库管理等。

(二)规范化的科技成果评价操作体系

1. 科技成果类型

科技成果是指通过研究活动取得具有学术意义或实用价值的创造性结果。按照科技成果的功能划分为应用技术开发成果、应用技术研究成果、管理创新成果三类。

2. 评价方式方法

方式：企业内部专家现场会议评审、专家线上函评，第三方评价公司独立评价。

针对技术指标采用的主要方法：德尔菲法、层次分析法、模糊综合分析法、分值统合分析法、综合评价法等。

针对效益指标采用的主要方法：市场价值法、成本法(又称重置成本法)、收益分成法等。

辅助性方法：①大数据评估方法，如预测性分析、文献计量、行业分析等；②风险分析方法，如风险概率估计、风险解析法等；③用户调查，成果应用方调研等。

3. 评价指标体系

《科技成果评价试点暂行办法》指出，技术开发类应用技术成果评价指标主要包括：技术创新程度、技术经济指标的先进程度、技术难度和复杂程度、技术的重现性和成熟度、技术创新对推动科技进步和提高市场竞争能力的作用、取得的经济效益或社会效益。以此为基础，结合油气田企业实际情况，对指标体系进行优化。

4. 评估流程

完善的科技成果评估流程：①评价委托申请和受理；②组建科技成果评价小组；③科技成果评价方案；④评价信息采集；⑤报告内审或函审；⑥交付评价报告和登记备案。

5. 科技成果评价软件

科技成果评估软件开发：开发技术评估信息管理系统，并设置相关功能模块(包括专家查询库、邮件、评估任务发布与汇总统计、项目子任务发布与跟踪、评估工具库等五大部分)，最终开发完成评估系统。

(三)智能化的科技成果评价决策支持体系

智能化的科技成果评价决策支持体系由四库协同系统，即数据库、知识库、模型库和方法库，以及科技成果评价专家库(人机对话子系统)等构成，具有人机交互层、功能层、支撑层三层结构。系统是一个辅助决策支持系统，系统的数据库、知识库、模型库建立都是为了给科技成果评价提供决策支持。系统实现的基本流程和架构如图 4-2 所示。

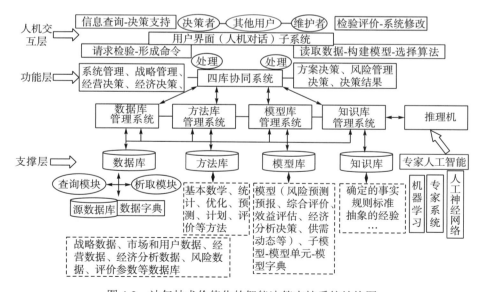

图 4-2　油气技术价值化的智能决策支持系统结构图

(四)制度化的科技成果评价保障体系

1. 相关法律政策环境

科技成果评价的相关法规制度，如科技部发布的《科学技术评价办法》(试行)、《中华人民共和国促进科技成果转化法》、《科学技术研究项目评价通则》(GB/T 22900—2009)、《关于完善科技成果评价机制、促进科技成果转化的指导意见》、《技术成果交易评价》(T/TMAC 002.F—2017)、《科技成果评价工作指南》(T/TMACXXX—2019)、《科技成果评价机构运营服务规范》(T/TMAC 020.F—2020)等。

2. 评价规范制度

评价规范制度包括科技成果的研制报告、科技检索分析报告(查新报告)、创新成果证明(知识产权、规范化文件、论文/论著等)、测试验证报告、应用报告、效益证明文件(成本分析表、销售合同及数据报表、产业评价报告)等。

第二节　油气科技成果综合评价指标体系设计与权重赋值

一、科技成果评价指标体系设计思路与原则

(一)科技成果评价思路

1. 依据《科技成果评价试点暂行办法》要求

《科技成果评价试点暂行办法》指出，技术开发类应用技术成果评价指标主要包括：技术创新程度，技术经济指标的先进程度，技术难度和复杂程度，技术重现性和成熟程度，技术创新对推动科技进步和提高市场竞争能力的作用，取得的经济效益或社会效益。管理创新

成果评价指标主要包括：创新程度，研究难度与复杂程度，科学价值与学术水平，对决策科学化和管理现代化的影响程度，取得的经济效益和社会效益，与国民经济、社会、科技发展战略的紧密程度。《科技评估基本术语》（Q/NCSTE 1001-2018），对科技成果的评估一般包括科技成果的创新性、先进性、成熟度、可行性、应用前景、潜在风险、社会效益、经济效益等内容。

2. 根据油气行业实际选择具体的指标体系

调研分析表明：地方政府、大部分行业协会和中国石油科技成果评价指标均以《科技成果评价试点暂行办法》为依据，对分类指标进行适当增减（表 4-1）。

表 4-1　科技成果评价指标体系比较表

建议指标	国家科技评估中心	全国科技成果评价服务平台	四川省科技厅认定的科技成果评价机构
①技术指标：技术创新程度、技术先进程度、技术成熟程度	①技术指标：技术创新程度、技术经济指标的先进程度、技术难度和复杂程度、技术重现性和成熟程度	①技术指标：技术创新程度、技术先进程度、技术成熟度、技术独占性、应用广泛性、技术生命周期	①技术指标：技术创新程度、技术关键度、技术先进程度、技术成熟度、学术价值
②效益指标：直接经济效益、推广应用效益	②经济指标：取得的经济效益或社会效益；③市场指标：技术创新对推动科技进步、提高市场竞争能力的作用	②经济指标：产业化可行度、技术实现成本、预计投入回报比、回报周期；③市场指标：市场规模、成长性、竞争强度、进入难度；④产业指标：技术关键度、产业带动性、产业发展能力	②效益指标：应用适用性、应用效果、实用价值、经济效益、社会效益

因而建议，主要以技术创新程度、技术先进程度、成熟程度指标表征技术水平；以直接经济效益和推广应用效益表征效益指标（油气市场指标可在推广应用效益中评价）。

（二）科技成果评价原则

1. 依法评价原则

科技成果评价主要涉及科技成果评价委托方、评价机构及评价咨询专家三方面。有关各方应当遵循科技部《科学技术评价办法》（试行）、《科技评估管理暂行办法》、《科技成果评价试点暂行办法》和本办法相关规定，按照评价委托协议约定，履行义务，承担责任。发生争议时，可通过相关方面协商解决，或依据有关法律程序解决。

2. 独立、客观、公正原则

(1)独立原则。科技成果评价活动依法独立进行，不受其他组织和个人的干预；评价机构独立地从事评价工作，评价咨询专家独立地向评价机构提供咨询意见，评价咨询专家提供咨询意见时不受评价机构和评价委托方的干预。所选取的各项指标间应该尽可能地独立，即每个指标能够单独地反映出成果转化的效益、技术难度、风险水平等。

(2)客观原则。评价咨询专家在提供评价意见的过程中，按照评价成果的客观事实情况进行评审和评议。评价报告和评价意见中的任何分析、技术特点描述、结论都应当以客观事实为依据。

(3)公正原则。评价机构必须站在公正的立场上完成评价工作。评价机构不得因收取评价费用而偏袒或者迁就评价委托方；评价咨询专家也不得因收取咨询费而迁就评价机构。

3. 分类评价、定性定量相结合原则

为保证评价结论的科学性、准确性，针对应用技术开发成果、应用技术研究成果、管理创新成果各自特点，采用不同的评价指标加权量化进行定量评分，然后在定量评分结果基础上进行综合评价。

4. 可操作性原则

构建科技成果转化的评价指标体系，目的就是为了能在科技成果的转化中得到应用，要求指标的选择具有可行性和可操作性。因此，指标的选取既要能客观地反映科技成果项目特征，又要能方便地从各种统计资料中直接或间接获取，这样指标选择才会相对简单，指标数据方便易得，计算公式科学合理，利于指标体系推广与应用。

指标体系设计时，在涵盖能够反映主要信息、独立性、可量化的指标情况下，力求使指标体系相对简洁易用，提高评价的可操作性。

二、科技成果综合评价指标体系结构

（一）综合评价指标体系结构

综合分析油气各专业领域常用的评价定义，可将油气科技成果评价划分成两大模块。一是技术经济指标，包括科技成果所实现的技术指标（技术创新程度、技术先进程度、技术成熟程度）、经济指标（投入产出比、性能价格比、成本、规模等）、环境生态指标等。二是效益指标：实际应用效果（表征技术创新对推动科技进步和提高市场竞争能力的作用）、直接经济效益、推广应用效益。

因油气技术体系结构复杂导致技术创新难度大，油气专业独特且多具有独占性，技术应用对象主要在油气领域，故一般不具有广泛性，油气技术创新必然要以油气学术价值基础为前提，油气技术研发是持续投入创新的过程，其发展阶段与技术生命周期划分难度较大。另外，油气市场指标可在推广应用效益中评价。结合油气行业特点，本书建议主要以技术创新程度、技术先进程度、技术成熟程度指标表征技术指标，以直接经济效益、推广应用效益表征效益指标（图 4-3）。

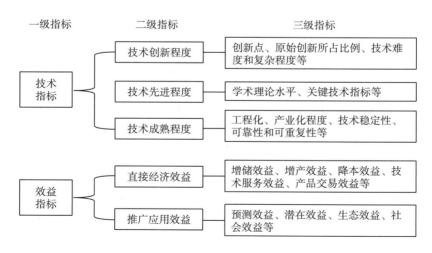

图 4-3　油气科技成果综合评价指标体系结构图

(二) 技术指标与效益指标间的关系

　　油气科技成果推广应用必须以技术自身价值、直接经济效益、推广应用价值评价为基础。技术产品市场定价是在供需双方对相关成本分析基础之上，在预期技术创效净值最小与最大之间博弈的产物。因此，技术指标和效益指标的关系体现在：以技术指标为基础，效益指标为重要应用评价的关键，协同服务于科技成果推广应用中的价值评价，有效推动科技成果转化为现实生产力 (图 4-4)。

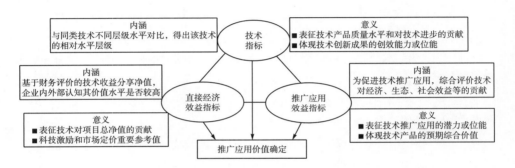

图 4-4　科技成果综合评价技术指标与效益指标间的关系图

三、科技成果综合评价指标体系内容与等级划分

(一) 技术指标与评价等级划分

1. 技术创新程度 (A_1)

1) 指标含义

　　根据熊彼特的观点，创新性就是建立一种新的生产函数，把关于生产要素和生产条件重新组合引入一种新的生产体系中。创新性指与国内外同类研究成果相比，科技成果是否具有突出的实质性特点和显著进步，包括理论创新性 (论文数量、级别)、方法创新性、工艺流程创新性。创新性的定义为核心技术方案属于原始创新、集成创新还是消化吸收后再创新提供了划分依据。创造性主要在于考察成果的研究

方法、设计思想、工艺技术特点等有无实质性的突破，技术应用对生产作业效能、效率、产品性能、核心参数等提高的作用及对科技进步的贡献，体现技术的运行效果和功能效用。理论创新贡献指技术实现对理论、模型、算法及其他技术的依赖程度，以及与现有技术相比较的超越程度。在自创的理论、模型等支撑下的技术实现，引入跨领域的技术才得以实现。应用领域贡献是指自主研发的关键技术对解决行业、区域发展的重点、难点和关键问题，推动产业结构调整和优化升级，提高企业和相关行业竞争能力，实现行业技术跨越和技术进步的作用和在市场竞争中发挥作用的情况，也就是科技成果目前已应用的领域、范围和规模及其产生的效果和影响。

创新性指标内容包括研究方法、设计思想、工艺技术特点及最终结果等是否属国际、国内或省内首创，或有无实质性的突破、改进和补充等。采用的方法和手段的难度和复杂程度越高，意味着应用技术类科技成果的创新程度越高，反之亦然。

因此，技术创新程度(A_1)指的是通过自主创新、组合创新、集成创新、引进吸收消化创新等方面，在技术开发中解决关键技术难题并取得技术突破，掌握核心技术并进行集成创新的程度，自主创新技术在总体技术中的比例。

2) 评价要点

评价要点：创新点、原始创新所占比例、技术难度和复杂程度等。解决技术难题的能力、掌握核心技术的程度、自主创新技术的比例等。具体在技术开发中解决关键技术难题并取得技术突破，掌握核心技术并进行集成创新的程度，自主创新技术在总体技术中的占比。

3) 评价等级

根据技术创新程度由大到小分为重大突破或创新、很大突破或创新、较大突破或创新、较少突破或创新四个等级。

重大突破或创新(A_{11})：技术或学术和理论上有重大的创造性，且完全自主创新，解决突破性技术问题，获得多项专利/标准；推动科技进步作用重大。

很大突破或创新(A_{12})：技术或学术和理论上有很大的创造性，且主体自主创新，解决关键瓶颈技术问题，获得多项专利/标准；推动科技进步作用很大。

较大突破或创新(A_{13})：技术或学术和理论上有较大的创造性，多项技术自主创新，获得多项专利/标准，解决技术关键问题；推动技术进步作用较大。

较少突破或创新(A_{14})：技术或学术和理论上有较少的创造性，单项技术有创新，获得多项专利，解决难度较大的技术问题；已在本地区、本企业、本部门范围内推广应用，并有较大作用。

2. 技术先进程度(A_2)

1）指标含义

技术先进性是指与国内外领先技术相比，其总体技术水平、主要技术(性能、性状、工艺参数等)、经济(投入产出比、性能价格比、成本、规模等)、环境、生态等指标所处的位置，用于反映该技术成果与同行业领先的技术相比较达到国际、国内或企业何种水平，也包括解决该领域的技术难题或行业的热点问题的情况，与同行业相比较达到国际、国内或企业何种水平。

2）评价要点

评价要点：学术理论水平、关键技术指标水平。在学术理论水平方面，它对促进科学理论的发展有很大贡献，其贡献大小可用建立新学科、建立新理论、有创见、有重大影响、有影响等级别评价。在关键技术指标水平方面，技术在学术的发展进程中所处的地位及影响程度越高，则科技成果先进水平相应也越高，反之则越低。

3）评价等级

科技成果先进程度与国内外和行业已有成果的比较，可描述为四类。

国际领先(A_{21})：技术对国际学术发展产生重大影响，或技术上有重大突破，主体技术指标达到国际领先水平。

国际先进(A_{22})：技术对国内外学术的发展产生重要影响，或技术上有突破，主体技术指标达到国际先进水平。

国内领先(A_{23})：技术对国内学术的发展有重大的影响，或技术上有明显进步，主体技术指标达到国内领先水平。

国内先进(A_{24})：技术对国内学术的发展产生重要影响，或技术上有较大创造性，主体技术具有国内先进水平。

3. 技术成熟程度(A_3)

1）指标含义

成熟程度是指科技成果的工程化、产业化程度，体现技术的稳定性、可靠性和可重复性，可从成果所处的阶段和应用范围予以表征。当取得应用技术类科技成果后，其应用推广程度高可以间接地证明科研立项正确、意义重大、可行性高、相应水平也高。

科技成果的应用价值是指一项成果的可应用领域及推广应用的情况，可分为适用于广泛的技术领域、适用于较多领域、适用于某几个领域、适用于本行业、适用于本专业等，并辅以技术有形化已在某领域得到推广的程度。

2）评价要点

评价要点：研发阶段（包括实验室、样品、中试和大规模生产等）、技术有形化（包括技术指南、操作手册、工法、规程、标准、规范）。

3）评价等级

根据科技成果有形化程度、应用领域与规模，可将技术成熟程度描述为四类。

技术成熟程度很高(A_{31})：已实现规模化应用，部分技术有形化并在国外应用。

技术成熟程度高(A_{32})：大部分技术已实际应用，主体技术有形化并在国内应用。

技术成熟程度较高(A_{33})：部分技术已实际应用，主体技术有形化并在集团公司应用。

技术成熟程度较低(A_{34})：部分技术已实际应用，基本成熟完备，主体技术在地区公司应用。

（二）效益指标与评价等级划分

科技成果的经济效益一般描述为：①科技、试制、投产费用的降低；②原材料节约得到的收益；③单位产品能耗降低；④劳动生产率提高节约的工时费；⑤产品产量提高得到的收益；⑥产品更新换代增加的收益；⑦产品质量提高的收益；⑧产品对环境保护应付费用的降低；⑨产品外贸增加的外汇收益。

在对一项应用技术类科技成果进行水平评价时，其经济和社会效益也是一个重要的衡量标准。它是指成果的应用或转让所取得的直接经济效益、间接经济效益，或在环境、生态、资源等保护与合理利用，提高人民生活质量和健康水平，防灾、减灾，保障经济、社会和谐，持久发展等方面所取得的社会效益。因此，除科技成果的技术指标（创新程度、先进程度、成熟程度）外，应用前景、潜在风险、社会效益、经济效益等可归结为效益指标，集中体现在财务效益、生态环境效益和社会效益等方面。结合油气田企业实际，效益指标包括两方面：①直接经济效益，主要体现技术的财务效益；②推广应用效益，表征推广应用技术后的市场预期经济效益、生态环境和社会效益。

1. 直接经济效益(A_4)

1）指标含义

直接经济效益包括主要完成单位已经通过技术转让、增收节支、提高效益、降低成本获得的新增利润、税收的金额。油气技术效益类型主要包括：增储类、增产类、降本类、技术服务类、产品交易类。

2）评价要点

评价要点包括增储增产、节约投资、增加收入、降低全寿命成本。

3）评价等级

取得特别重大经济效益(A_{41})：年经济效益（利税）大于 F_1 万元，或社会效益显著。

取得重大经济效益(A_{42})：年经济效益（利税）为 $F_2 \sim F_1$ 万元，或社会效益较大。

取得明显经济效益(A_{43})：年经济效益（利税）为 $F_3 \sim F_2$ 万元，或社会效益一般。

取得一般经济效益(A_{43})：年经济效益（利税）小于 F_3 万元，或社会效益较小。

其中，$F_1 > F_2 > F_3$。具体数值由油气田企业根据不同发展阶段，酌情确定。

2. 推广应用效益(A_5)

1）指标含义

推广应用效益，包括预测主要完成单位通过进一步技术转让、增收节支、提高效益、降低成本获得的新增利润、税收的金额及他人由于使用该项技术而产生的经济效益。推广应用效益可分为推广应用的经济效益、社会效益和生态环境效益。

社会效益是指在环境、生态、资源等保护与合理利用，提高人民生活质量和健康水平，防灾、减灾，保障经济、社会和谐，持久发展等方面所取得的社会效益。

2）评价要点

评价要点：预期收益分成、生态环境效益和社会效益，以及提高市场占有程度和竞争能力、提高科学研究基础建设水平等。

3）评价等级

科技成果产生的效益也是成果评价十分重要的指标，效益大小可以描述为四类。

取得特别重大效益(A_{51})：预期年经济效益（利税）大于 F_1 万元，或社会效益显著。

取得重大效益(A_{52})：预期年经济效益（利税）为 $F_2 \sim F_1$ 万元，或社会效益较大。

取得明显效益(A_{53})：预期年经济效益（利税）为 $F_3 \sim F_2$ 万元，或社会效益一般。

取得一般效益(A_{54})：预期年经济效益（利税）小于 F_3 万元，或社会效益较小。

其中，$F_1 > F_2 > F_3$。具体数值由油气田企业根据实际情况酌情确定。

第三节　油气科技成果综合评价

一、科技成果评价指标体系赋权方法

随着其他学科领域的进步，可以借鉴和运用的新方法也在不断涌现。对于不同的评价目的、不同的评价思路、不同的评价重点，分别适用的评价方法具有很大差异，且评价结果各有千秋。目前，科技成果评价方法主要有以下几种。

(一)德尔菲法

德尔菲法也称专家调查法，该方法由美国兰德公司创始实行。由企业组成一个专门的预测机构，其中包括若干专家和企业预测组织者，按照规定的程序，"背靠背"地征询专家对未来市场的意见或者判断，然后进行预测。该方法简单、易于操作，但受主观因素影响，对评价对象的判断容易产生误差。

(二)层次分析法

层次分析法是将与决策总是有关的元素分解成目标、准则、方案等层次，在此基础之上进行定性和定量分析的决策方法，多用于权重的计算。层次分析法虽然也依赖决策者的知识、经验和价值判断，但对各指标重要程度的判断更具逻辑性，从而减弱了主观影响因素。

主要步骤如下：①确定判定矩阵，对各个维度中指标体系的关联因素进行两两比较评判，给出定量结果并组成判断矩阵，计算出各个关联因素相对重要的权重；②确定权重的最大特征向量和特征根，将矩阵的每一行 n 个元素相乘再开 n 次方，再将得出的向量做归一化处理，即算出每个指标的特征向量；③一致性检验，权重计算完后对每个判断矩阵进行一致性检验，以保证所得权重合理且正确。

(三)模糊综合分析法

模糊综合分析法是一种基于模糊数学的综合评价方法。该综合评价法根据模糊数学的隶属度理论把定性评价转化为定量评价，即用模糊数学对受到多种因素制约的事物或对象做出一个总体的评价。模糊综合分析法具有结果清晰、系统性强的特点，能较好地解决模糊的、难以量化的问题，适合各种非确定性问题的解决。

(四)综合评价法

综合评价法是指运用多个指标对多个参评单位进行评价的方法，其基本思想是将多个指标转化为一个能够反映综合情况的指标来进行评价，现代综合评价方法包括主成分分析法、数据包络分析法、模糊评价法等。该方法较其他方法具有优势，但权重需要另外计算得出。

二、科技成果综合评价指标赋权

(一)应用技术开发成果的综合评价指标与赋权

对于不同类别的科技成果，因研究目的不同，成果内容和表现形式也不同，需要用不同的指标去评价，同时，即便是同一项评价指标，在评价过程中各评价指标所占的比例也不尽相同。因此，考虑评价极差均衡性，综合评价评分级别采用四级，为获取科学合理的指标体系赋值，采用国际通用的德尔菲法，咨询应用技术开发领域专家，最后利用算术平均法计算得到最终权重赋值结果，如表 4-2 所示。

表 4-2　应用技术开发成果的综合评价指标与赋权表

一级指标 (X_i)	二级指标 (X_{ij})	三级指标 (Φ_{ij})			
		I (90%～100%)	II (80%～<90%)	III (70%～<80%)	IV (<70%)
A_1: 技术创新程度 (30%)	A_{11}:解决技术难题的能力(40%)	突破性问题	关键瓶颈问题	关键问题	较难问题
	A_{12}:掌握核心技术的程度(35%)	A 项专利/国际标准	B 项专利/行业标准	C 项专利/企业标准	D 项专利/企业秘密
	A_{13}:自主创新技术的比例(25%)	大部分技术	主体技术	多项技术	单项技术
A_2: 技术先进程度 (20%)	A_{21}:总体技术先进水平(40%)	国际领先	国际先进	国内领先	国内先进
	A_{22}:主要技术指标水平(性能、性状、工艺参数等)(35%)	国际领先	国际先进	国内领先	国内先进
	A_{23}:经济指标水平(投入产出比、性能价格比、成本、规模、环境、生态等)(25%)	国际领先	国际先进	国内领先	国内先进

一级指标 (X_i)	二级指标 (X_{ij})	三级指标(Φ_{ij})			
		I (90%~100%)	II (80%~<90%)	III (70%~<80%)	IV (<70%)
A_3: 技术成熟 程度 (10%)	A_{31}:实际应用规模与转化 程度(40%)	国内外	国内	集团公司	地区公司
	A_{32}:推动科技进步与竞争 优势(35%)	国际优势 显著	国内优势 显著	行业优势 显著	行业优势 一般
	A_{33}:关键技术的稳定、可靠性、 有形化(25%)	非常高	高	较高	基本
A_4: 直接经济 效益 (30%)	A_{41}:技术成果在增储、增产方面 获得收益分成(100%) 或 A_{42}:降本、服务、产品销 售等获得收益分成(100%)	特别重大	重大	较大	一般
A_5: 推广应用 效益 (10%)	A_{51}:预期收益分成(100%) 或 A_{52}:预期生态环境效益、 社会效益等(100%)	特别重大	重大	较大	一般

(二)应用技术研究成果的综合评价指标与赋权

应用技术研究成果介于纯理论的基础型成果和应用技术开发成果之间,其转化形式既有公开发表,也有实际生产应用,所以其技术效益的评价既可用基础型的指标,也可用实际产生的作用或可能的效益来衡量。因此,考虑评价极差均衡性,综合评价评分级别采用四级,采用国际通用的德尔菲法,咨询应用技术研究领域专家,最后利用算术平均法计算得到最终权重赋值结果,如表 4-3 所示。

表 4-3　应用技术研究成果的综合评价指标与赋权表

一级指标 (X_i)	二级指标 (X_{ij})	三级指标(Φ_{ij})			
		I (90%~100%)	II (80%~<90%)	III (70%~<80%)	IV (<70%)
A_1: 科学技术 创新程度 (40%)	A_{11}:解决科学技术难题 的能力(40%)	突破性问题	关键瓶颈问题	关键问题	较难问题
	A_{12}:建立新技术、新方法、 新装置的程度(35%)	A 项专利/ 国际标准/ 论著	B 项专利/ 行业标准/ 论著	C 项专利/ 企业标准/ 论著	D 项专利/ 企业秘密/ 论著
	A_{13}:自主创新科学技术的 比例(25%)	大部分科学 技术	主体科学技术	多项科学技术	单项科学 技术

续表

一级指标 (X_i)	二级指标 (X_{ij})	三级指标 (Φ_{ij})			
		I (90%～100%)	II (80%～<90%)	III (70%～<80%)	IV (<70%)
A_2: 科学技术 先进程度 (25%)	A_{21}:总体科学技术先进水平(40%)	国际领先	国际先进	国内领先	国内先进
	A_{22}:主要技术性能、性状、工能参数等指标水平(35%)	国际领先	国际先进	国内领先	国内先进
	A_{23}:科学技术难度和复杂程度(25%)	难度非常大，非常复杂	难度很大,很复杂	难度很大，很复杂	难度和复杂程度一般
A_3: 科学技术 推广应用 成熟程度 (10%)	A_{31}:实用性、适应性程度(40%)	国内外	国内	集团公司	地区公司
	A_{32}:推动学科发展和产业发展的科学价值及程度(35%)	国际学科发展和产业发展	国内学科发展和产业发展	集团公司业务重要作用	集团公司业务一般作用
	A_{33}:科学规律和学术观点的公认和引用程度(25%)	非常高	高	较高	基本
A_4: 直接经济效益 (15%)	A_{41}:科学技术成果在增储、增产方面获得收益分成(100%)或 A_{42}:降本、服务、产品销售等获得收益分成(100%)	特别重大	重大	较大	一般
A_5: 推广应用 效益 (10%)	A_{51}:预期收益分成(100%)或 A_{52}:生态环境效益、社会效益或对提高科学研究基础建设水平等方面所取得的综合效益(100%)	特别重大	重大	较大	一般

(三)管理创新成果的综合评价指标与赋权

根据《科技成果评价试点暂行办法》第二十九条，管理创新成果评价指标主要包括：创新程度，研究难度与复杂程度，科学价值与学术水平，对决策科学化和管理现代化的影响程度，取得的经济效益和社会效益，与国民经济、社会、科技发展战略的紧密程度。因此，根据油气田企业软科学研究实际情况，考虑评价极差均衡性，综合评价评分级别采用四级，为获取科学合理的指标体系赋值，采用国际通用的德尔菲法，咨询油气田企业管理专家和软科学研究领域专家，最后利用算术平均法计算得到最终权重赋值结果，如表4-4所示。

表 4-4　管理创新成果的综合评价指标与赋权表

一级指标 (X_i)	二级指标 (X_{ij})	三级指标(Φ_{ij})			
		I (90%～100%)	II (80%～<90%)	III (70%～<80%)	IV (<70%)
A_1: 成果创新程度(40%)	A_{11}:解决决策科学技术难题的能力(40%)	突破性问题	关键瓶颈问题	关键问题	较难问题
	A_{12}:理论观点和研究方法上的创新程度(35%)	有重大突破或有实质性创新	有明显突破或创新	有较大突破或创新	创新程度一般
	A_{13}:自主创新科学技术的比例(25%)	全部科学技术	主体科学技术	多项科学技术	单项科学技术
A_2: 成果先进程度(20%)	A_{21}:总体科学技术先进水平(40%)	国际领先	国际先进	国内领先	国内先进
	A_{22}:项目提出的观点、理论、方法的科学价值与学术水平(35%)	国际领先	国际先进	国内领先	国内先进
	A_{23}:研究难度与复杂程度(25%)	难度非常大，非常复杂	难度很大，很复杂	难度很大，很复杂	难度和复杂程度一般
A_3: 成果推广应用成熟程度(10%)	A_{31}:决策实用性、适应性程度(40%)	国家部委	产业或集团公司	地方政府	地区公司
	A_{32}:对决策科学化和管理现代化的影响程度(35%)	影响和作用程度重大	影响和作用程度显著	影响和作用程度明显	影响和作用程度一般
	A_{33}:与国民经济、集团公司或行业发展相关需求的紧密程度(25%)	非常高	高	较高	基本
A_4: 已取得的经济效益和社会效益(20%)	A_{41}: 应用项目发挥的作用，取得的经济或社会效益(100%)	特别重大	重大	较大	一般
A_5: 推广应用效益(10%)	A_{51}:预期经济效益、生态环境效益、社会效益等方面所取得的综合效益(100%)	特别重大	重大	较大	一般

三、科技成果综合评价计算

(一)权重归一性设置

设: $A_1+A_2+A_3+A_4+A_5=1$; 其中, $A_1=A_{11}+A_{12}+A_{13}=1$, $A_2=A_{21}+A_{22}+A_{23}=1$, $A_3=A_{31}+A_{32}+A_{33}=1$, $A_4=A_{41}=1$; $A_5=A_{51}=1$。

（二）综合评价计算公式

$$A = \Sigma A_i \Sigma A_{ij} \Phi_{ij}$$
$$= A_1(A_{11}\Phi_{11} + A_{12}\Phi_{12} + A_{13}\Phi_{13}) + A_2(A_{21}\Phi_{21} + A_{22}\Phi_{22} + A_{23}\Phi_{23})$$
$$+ A_3(A_{31}\Phi_{31} + A_{32}\Phi_{32} + A_{33}\Phi_{33}) + A_4A_{41}\Phi_{41} + A_5A_{51}\Phi_{51} \quad (4\text{-}1)$$
$$(i = 1,2,3,4,5; \ j = 1,2,3)$$

根据表 4-2～表 4-4，具体根据 Φ_{ij} 实际取值，代入式（4-1）计算，得到该科技成果综合评价结果。

第五章 油气总体技术创新成果增储增产收益分成评估模型

社会主义市场经济要求按照劳动、资本、技术和管理四要素进行初次分配，如何科学合理地确定总体技术创新成果收益分成率，便成为使用技术要素收益分成法的难点和关键。油气采掘行业属于资金密集型和技术密集型行业，勘探开发技术创新是驱动发展的核心动力，油气储量产量是全生产要素协同作用的产物，也是技术体系协同创效的结果。本章以油气总体勘探开发技术要素为对象，围绕技术创新成果收益分成率关键问题，评析现有技术要素收益分成法的优点与不足，剖析生产要素对要素收益形成的影响机制，构建总体技术创新成果增储增产收益分成结构模型和数学模型，即通过建立非技术要素收益分割技术，利用全要素分成余值法、油气储量评价规范和油气藏核心要素特征指标，确定非技术要素收益分成率，应用科技成果的创新指标测算技术成果创新强度系数，进而确定总体技术创新成果收益分成率和净现值或净利润分成值，并进行实证评估。

第一节 油气增储增产净值评估

一、新增油气储量净现值评估

(一)新增油气储量净现值(R_{NPV})

新增油气储量是指通过油气地质勘探技术、物探技术、钻完井技术、勘探装备工程技术、勘探保障工程技术等成果，应用于油气藏勘探新发现的油气储量。新增油气储量的经济效益计算是采用折现现金流法，以此求得新增油气储量经济效益–税后财务净现值。

根据技术创新成果在生产项目中的应用情况，确定新增油气储量的区块储量，区块储量应是国家或油气集团企业储量主管部门审批或认定新增储量的，同一储量类别、同一油气藏类型、同一经济评价单元的油气田或含油气构造以及其内部划分的区块。以该区块储量评估报告中已经计算的财务净现值作为区块勘探增储净现值，如果没有储量评估报告，按照类似区块单位净现值计算。

（二）新增油气储量净值计算公式

新增油气储量净现值(R_{NPV})=Σ[新增探明可采储量×（类比探明可采储量净现值÷类比探明可采储量）]　　　　　　　　　(5-1)

（三）新增储量与类比区块经济评估参数确定

1. 区块储量选择要求与新增储量采集

通过技术创新成果与勘探生产项目对应性分析后，技术创新成果应用期间和应用领域内，采用科技成果的某一项或多项技术创新成果而获得的新增区块储量，未经科技成果应用的区块储量不得选择，未经审批的或开发区（层系）复核算的区块储量不得选择。油气田内不同年份、不同类型、不同经济评价单元的区块储量应分别选择。一个区块储量只是有不同储量类别，分别列出各类别新增储量即可。油气田内"三同一"的多个区块储量可合并作为一个区块选择。与往年已获奖成果应用的区块储量进行比较，重复区块储量不得选择。

根据上述要求选择科技成果应用的区块储量，从国家或油气集团企业的储量主管部门组织评审通过的储量报告和储量年报采集储量确认年份、油气类型以及新增油气储量。储量报告须是评审通过的，并按评审意见修改后的最终结果，不是评审前的初步结果。

2. 类比区块经济评价参数采集

1) 类比区块选择要求

区块储量已有经济评价资料。针对科技成果应用的区块储量新增储量进行了折现现金流法经济评价，类比区块应是科技成果应用的区块储量。科技成果应用的区块储量和其他区块储量构成一个经济评价单元进行折现现金流法经济评价，类比区块选择含科技成果应用的区块储量的经济评价单元。只针对科技成果应用的区块储量内次一级单元进行了经济评价，类比区块选择本区块内次一级经济评价单元。

区块储量未进行经济评价。类比区块选择与科技成果应用的区块储量"三相似"（油气藏地质特征相似、油气性质和产能相似、开发状态相似）的、能代表科技成果应用的区块储量平均水平的、有经济评价资料的区块储量或气田或项目。

符合上述类比条件的折现现金流法经济评价的其他区块储量，最好选择本气田同年份或相近年份储量报告中的区块储量。

2) 经济评价参数采集

根据上述要求选择科技成果应用的区块储量对应的类比区块，从国家或油气集团企业的储量主管部门组织评审通过的类比区块储量报告，或储量评估公司的经济评价资料采集经济评价参数。①采集类比区块的类比可采储量和类比可采储量净现值，分别是储量报告经济评价资料的动用技术可采储量和税后财务净现值；或分别是SEC（secucrities and exchange commission）储量评估结果的未开发证实储量和净现值；或分别是储量交易市场的单位储量和市场价格。②采集类比区块的储量确认年份，以及评价期、油气销售价格。③类比区块经济评价参数采集完成，填写《新增油气储量类经济效益参数取值表》，如表 5-1 所示。

表 5-1　新增油气储量类经济效益参数取值表

应用单位	应用探区	油气田名称	区块名称	油气藏类型	类比储量净现值/万元	类比储量/$10^8 m^3$	评价期/年	储量确认年份	新增探明开采储量/$10^8 m^3$

二、新增油气产量净利润评估

(一)新增油气产量净利润(P_{NP})

以获取新增油气产量为主要目的,应用油气开发技术体系,油气藏工程技术、采油气工程技术、地面工程技术、开发装备工程技术、开发保障工程技术等成果,应用于气田开发生产,取得超出常规技术措施产油量的超额油气产量。提高油气产量有两种形式,一是老区新增的和弥补自然递减的油气产量的效益;二是新区块新增油气产量,指实施新技术后实际油气产量的效益。

(二)新增产量净利润计算公式

增产净利润(P_{NP})=Σ[新老区提高产量×商品率×(单位油气价格-单位油气成本-单位油气税费)]　　　　　　　　　　　(5-2)

(三)新增产量及经济评估参数确定

增加油气产量经济效益(生产效益)以区块产量为计算单元,需要采集区块产量经济效益参数——增加油气产量及经济参数(油气成本、油气价格)。

1. 开发增产净利润

根据技术创新成果在生产项目中的应用情况确定新增油气区块产量,采集区块在实施新技术后油气产量、实施新技术前油气产量、实施新技术前当年自然递减率、单位油气价格、单位油气成本等相关数据,按照式(5-2)计算区块开发增产净利润。

区块产量选择原则:①区块产量应是同一油气藏类型或开发方式的、同一经济评价单元的气田或气田内划分的区块;②按不同的油气藏类型或开发技术分别选择区块产量;③区块产量以油气藏管理单元为基础,充分考虑财务核算的相对独立性;④较大规模油气藏或不同经济评价参数的区块产量,可按油气藏类型、财务核算资料划分为若干区块产量;较小规模的气田或经济参数相同的多个区块产量,可以合并为一个区块产量；⑤应是成果实际应用的区块产量，不是成果新技术应用的区块产量不得选择；⑥区块产量数据来源于市场运行数据系统。

2. 新老区块增加油气产量采集

新老区块增加油气产量包括老区块实施新技术后比实施新技术前新增的油气产量和弥补自然递减的产量，根据各个区块产量的生产报表采集实际的油气产量、实施前的油气产量和自然递减率；新区块新增油气产量是指实施新技术后实际油气产量，根据各个区块产量的生产报表得到。

根据采集的数据，按照式(5-3)求得增加油气产量：

增加油气产量=(实施新技术后油气产量-实施新技术前油气产量)+
(实施新技术前油气产量×实施新技术前当年自然递减率)　　　(5-3)

3. 产量经济参数采集

按上述确定的区块产量，采集油气生产单位成本、油气价格(表5-2)。

表 5-2　科技成果增量效益测算表(老区或者新区)

序号		项目	单位	实际值			合计
				第 1 年	…	第 n 年	
1		增产量	$10^4 m^3$				
	1.1	实施新技术以前期产量	$10^4 m^3$				
	1.2	实施新技术以前递减率	%				
	1.3	实施新技术后期产量	$10^4 m^3$				
2		商品率	%				
3		单位油气价格	万元/$10^3 m^3$				
4		单位油气成本	万元/$10^3 m^3$				
5		税金及附加	万元				
6		所得税	万元				
7		净利润	万元				

(1)油气成本。根据各个区块产量的生产财务报表采集当年平均单位生产成本和单位油气税费，单位油气税费包括城建税、教育附加、

资源税、矿产资源补偿费、特别收益金以及所得税。按照公式：

$$单位油气成本=单位油气生产成本+单位油气税费 \qquad (5-4)$$

（2）油气价格。根据各个区块产量的生产财务报表采集当年平均单位价格（不含税）。

根据下列原则：选择与目标油气藏（区块）邻近的一个或多个油气藏作为类比油气藏（区块），并应具有以下条件：具有相同的地质层位、相近的开发阶段、相似的储层物性、流体性质，相似的井网、井型及开发方式。

第二节　总体技术创新成果收益分成率模型

总体技术创新成果是指从油气总体技术要素中分离出常规性技术成果后，具有创新性的技术成果。相应地，在油气项目中按照科学合理的分享方式，从劳动、资本、技术和管理等生产要素中获得总体技术要素收益分成率，扣除常规技术要素收益分成率后，其分成率余值为总体技术创新成果收益分成率。

一、技术要素收益分成研究现状评析

（一）技术要素收益分成法现状与评析

党和国家长期坚持按照劳动、资本、技术和管理等四要素进行初次分配，中共十八届三中全会指出，"让一切劳动、知识、技术、管理、资本的活力竞相迸发"。我国油气行业应积极推动油气科技成果转化，积极探索科技重大专项效益评估、科技成果奖励效益测算、技术服务与技术产品销售价格确定等科技价值评估活动。然而，油气技术创新成果收益分成的科学合理计算方法长期都是一项重大瓶颈，这迫切需要拓展油气科技价值形成与实现的评估模型，建立有影响力和公信力较强的油气技术创新成果收益分成评估方法，为油气技术产品市场化定价、收益提成、成果转让、技术资本化等创造基础条件。

技术市场化交易无法规避科技价值的评价与评估，但长期以来这都是一个攻关难题。现有科技价值评估的主要方法有收益现值法、成本法、成本收益现值法以及实物期权法。其中，收益分成法是通过适当的折现率，将被评估技术产品产生的未来收益折算为现值的评估方法，适用于集中考虑技术在使用过程中所能带来收益的能力，要求合理的技术分成率。它的优点是方法成熟度高、参考案例多、市场接受度高，是技术资产评估普遍采用的合适方法。

评估界在确定技术要素收益分成率时通常采用经验数据法、行业惯例法、约当投资分成法、德尔菲法、边际分析法、层次分析法、可比案例法等方法，这些方法也是学者自主设计新模型的基础。国际或行业惯例法在技术资产交易中确定利润分成率的主要依据是"三分说"和"四分说"。"四分说"认为企业获得由资金、组织、劳动和技术这四个因素综合形成，作用权重各占 1/4。惯例法确定的技术贡献率的缺点在于主观性太强，参数的确定完全依靠评估工作者的主观经验，直接确定为 33%或 25%显然是不合理的，不能体现不同技术在获利过程中所起的作用或贡献的差别。其他评估方法针对行业专业技术特性和技术应用过程分析较弱，评估参数缺乏稳定性和公允性，专家打分法主观性太强，造成目前尚没有相对统一的计算方法。

(二)油气技术要素收益分成法及局限性

目前，油气技术要素收益分成法主要有三种类型。一是科技成果效益剥离法。剥离法的核心思路是从实际经济收益总额出发分解，辅之以专家评估后按各类科技成果收益值大小排序，对生产全要素进行剥离的方法。剥离法的基本思路值得借鉴，但其中总体技术分成率和技术体系内逐级分成率赋权还值得改进。二是油气重大科技专项增量效益法。基本评估思路是增量效益是增量产出与增量投入的差额。仅考虑科技生产增量投入贡献，而忽略其他生产要素投入贡献，高估了科技增效能力。

二、技术创新成果收益分成率模型设计思路与原则

(一)思路

总体构建思路:一是勘探开发技术要素创效的本质是在项目全生命周期内,全生产要素和技术体系协同创造价值。坚持油气生产要素共同合理分享收益,技术要素只能分享获得利润的一部分,分享激励比例应根据技术本身在创效过程中所起的作用和贡献来确定。二是技术要素收益分成率与其基础贡献和技术要素创效能力密切相关。三是由于技术要素所创造出无法精确测算或明确分离出初始价值,故提取油气项目资本、管理、劳动生产要素的特征值,应用余值法获得分成剩余部分,作为技术要素的收益分成调整数值。

1. 坚持油气生产要素协同创造价值,共同合理分享全要素的增量经济效益

科技绩效评估首先应创新价值与评估理念。价值分配(形式)不是由价值创造者决定,而是由生产要素所有权决定,技术、劳动、资本、管理四要素共同决定生产要素收益。生态文明建设必须尊重自然资源的价值,尊重生产要素的基本贡献就是尊重自然资源价值、管理价值、劳动要素价值。评价油气科技成果的经济效益需要确定上述全要素的增量经济效益,这才能发展和创新科技绩效评估方法,才能有效推进科技绩效评估工作顺利进行,才能获得更大范围的认知、认同、价值让渡。

众所周知,气田或工区的经济效益是油气地质、物探、钻井工程、测井工程、录井工程、油气藏工程、采油工程、地面工程、管理工程等多个专业共同协作的结果。影响技术创新成果收益分成率的因素太多,增量经济效益并不全是油气科技成果的增量经济效益,因为油气田或工区经济效益的取得离不开科技、管理、资本、劳动力等生产要素的作用,直接计算法计算的增量经济效益是生产过程中全要素的增量经济效益。因此,计算油气科技成果经济效益时,必须在全要素增量经济效益的基础上减去非科技因素的增量经济效益,即将全要素增量经济效益减去管理、资本、劳动力等生产要素的增量经济效益,以

及因价格变化、资源禀赋和经济地理环境差异导致的经济效益的变动，可以得出科技生产要素的增量经济效益，如果该工区、该时间段有多项科技成果，那么还要剥离各科技成果的增量经济效益。

2. 技术创新成果收益分成率与基础贡献和特殊贡献密切相关

油气生产过程具有连续性,油气科技成果的经济效益往往是地质、物探、钻井、测井、录井、油气藏、采油气、储运、净化等多个专业的复合体，需要按专业进行分解，以明确每一专业的贡献大小；同时，同一个项目的经济效益往往具有多维性，需要按影响因素进行分解，以求得某一因素产生的经济效益；当然，对于同一个单位效益关联性很强的多个项目,也需要按项目进行分解,以避免交叉效益(共同效益)的重复计算。

由于技术类无形资产与其他无形资产的协同效应，又因技术要素所创造出无法精确测算或明确分离出初始价值，所以应根据资本、管理、劳动生产要素的基本特性提取其要素分成率，剩余部分为技术要素收益分成基准值。

(二)原则

油气勘探开发技术创新成果收益分成率的确定对评估结论有着重大影响，如何正确、合理地确定技术创新成果收益分成率，便成为使用技术创新成果收益分成法的难点和关键。科技价值分享应当遵循的总原则是效率优先，兼顾公平。具体来说，在确定分成率时应当遵循以下原则。

1. 生产要素主体地位平等原则

生产要素主体地位平等原则是生产要素投入创造效益，作为价值分享的主体，其地位是平等的，这也是坚持生产要素科学合理分享收益的前提。

2. 注重要素对收益贡献与利益均衡原则

勘探开发要素价值分享要在保证效率的前提下做到公平，没有公平就会挫伤资本要素所有者的积极性，不利于油气勘探开发价值创造活动的顺利进行，在价值分享中应当均衡分享勘探开发要素的贡献与利益。

3. 力求方法简单与可操作性原则

在建立分成率方法模型时，评价指标在保证系统性和完整性的前提下，要尽可能地简捷，尽可能地减少指标数量，避免繁杂。根据油气勘探开发项目业务流程实际，依据经典理论方法，充分依据国家和油气行业规范，实现技术要素的子要素特征指标统计标准化或规范化，从而能够较为科学、合理地评价勘探开发科技成果的价值和贡献，为科技价值评估提供科学、准确、有效的数据。

三、技术创新成果收益分成率数学模型

(一)总体技术创新成果增储增产收益分成结构模型

根据生产要素分配理论、技术要素价值分享理论、国内外利润分享法的经验、技术要素收益分成的主控因素等，并依据技术创新成果收益分成计算模型构建思路与原则，本章建立了总体技术创新成果增储增产收益分成结构模型(图 5-1)。

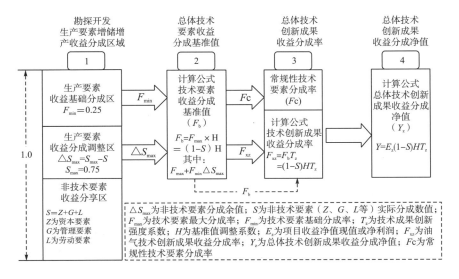

图 5-1　总体技术创新成果增储增产收益分成结构模型图

从图 5-1 看出，油气技术创新成果收益分成分四个步骤。①首先将技术要素收益分成模型结构分为三个区：技术要素收益分成基础区、非技术要素(资本、管理、劳动)收益分成区、技术要素收益分成调整区，形成"控两头，调中间"的要素收益分成结构模型。②确定技术要素收益分成基准值。在确定非技术要素收益余值的基础上，形成技术要素收益最大分成率，并依据不同类型油气藏的勘探开发阶段对技术要素的需求变化，引入技术要素收益基准值调整系数，最后形成技术要素收益分成基准值。③技术创新成果收益分成率确定。通过技术成果创新强度系数，分离出常规性技术和创新性技术成果收益分成率。④技术创新成果增储(增产)(净利润)分成评估，即项目净现值(净利润)与技术创新成果收益分成率。

(二)技术创新成果收益分成率数学模型

根据技术要素收益分成法，总体勘探开发技术创新成果收益分成等于项目收益与技术创新成果收益分成率之积，项目收益(E_z)，如储量净现值(R_{NPV})、产量净利润(P_{NP})等，由总体技术应用项目后的相关收益所确定。故：

$$Y_z = E_z F_{xz} \tag{5-5}$$

其中，

$$F_{xz} = F_b T_z \tag{5-6}$$

$$F_b = F_{max} \times H = (1-S)H \tag{5-7}$$

$$F_{max} = F_{min} + \Delta S_{max} \tag{5-8}$$

$$\Delta S_{max} = S_{max} - S \tag{5-9}$$

$$S_{max} = Z_{max} + G_{max} + L_{max} \tag{5-10}$$

$$S = Z + G + L \tag{5-11}$$

根据式(5-7)～式(5-11)，因 $Z_{max} + G_{max} + L_{max} = 0.75$，$F_{min} = 0.25$，代入式(5-6)，得

$$
\begin{aligned}
F_{xz} &= (F_{min} + Z_{max} + G_{max} + L_{max} - Z - G - L)HT_z \\
&= (1 - Z - G - L)HT_z \\
&= (1 - S)HT_z
\end{aligned}
\tag{5-12}
$$

式中，Y_z 表示总体技术创新成果增储增产收益分成；E_z 表示油气项目

收益；F_{xz} 表示总体技术创新成果增储增产收益分成率；F_b 表示技术要素收益分成基准值；T_z 表示总体技术成果创新强度系数；F_{max} 表示总体技术要素最大收益分成率；H 表示技术要素收益分成调整系数；F_{min} 表示技术要素收益基础分成率（$F_{min}=0.25$）；ΔS_{max} 表示非技术要素收益分成率余值；S_{max} 表示非技术要素最大分成率，即资本要素（Z_{max}）、管理要素（G_{max}）、劳动要素（L_{max}）等最大分成率之和；S 表示非技术要素（资本 Z、管理 G、劳动 L 等要素）实际分成数值。

四、技术创新成果收益分成率主要参数确定

（一）技术创新成果收益基础分成率（F_{min}）和非技术要素最大分成率（S_{max}）

"四分法"认为企业所获利润是资金、组织、劳动和技术这四个因素的综合成果，因而技术所获利益应占总收益的 25%左右，并根据具体情况进行修正。为了尊重油气生产要素在初次收益分配中的基本地位，设技术创新成果收益基础分成率 $F_{min}=0.25$，而资本、管理、劳动等要素最大收益分成上限为 0.25，据式（5-10）：$S_{max}=Z_{max}+G_{max}+L_{max}=0.75$。

（二）以资本、劳动、管理要素权重叠加计算 S

资料分析表明，我国地方政府促进科技成果转化的技术权益多为 70%，故资本、管理、劳动等三个要素最小值权重之和为 30%，即每个子要素最低级为 2%，5 个子要素之和为 10%。分别赋权Ⅰ、Ⅱ、Ⅲ、Ⅳ级的权重为 5%、4%、3%、2%。因而，非技术要素收益分成率（S）等于具体油气勘探开发项目的资本、管理、劳动要素权重之和。按照表 5-3～表 5-5 中每个子要素的Ⅰ级权重赋值为 5%，其权重之和为 25%。

根据油气勘探开发技术要素上限值的取值思路，油气勘探开发技术要素收益形成的主控因素，勘探开发项目具体情况，在表 5-3～表 5-5 中提取资本要素（Z_b）、管理要素（G_b）、劳动要素（L_b）收益分成

相关参数级别和权重。具体计算如下：

$$S=Z_b+G_b+L_b \qquad (0.30 \leqslant S \leqslant 0.75) \qquad (5\text{-}13)$$

$$Z_b=Z_{bf}+Z_{bg}+Z_{bn}+Z_{bc}+Z_{bp} \qquad (Z_b \leqslant 0.25) \qquad (5\text{-}14)$$

$$G_b=G_{bq}+G_{bg}+G_{bz}+G_{bj}+G_{bs} \qquad (G_b \leqslant 0.25) \qquad (5\text{-}15)$$

$$L_b=L_{bf}+L_{bz}+L_{bm}+L_{bw}+L_{bp} \qquad (L_b \leqslant 0.25) \qquad (5\text{-}16)$$

表 5-3　油气勘探开发资本子要素贡献级别与赋权表

资本子要素类型	资本子要素贡献级别与赋权			
	一级 (5%)	二级 (4%)	三级 (3%)	四级 (2%)
1. 油气储量丰度(Z_{bf})	高	中	低	特低
(1)原油可采储量丰度/(10^4m^3/km^2)	≥80	25～<80	8～<25	<8
(2)天然气可采储量丰度/(10^8m^3/km^2)	≥8	2.5～<8	0.8～<2.5	<0.8
2. 油气储量规模(Z_{bg})	特大型	大型	中型	小型
(1)原油可采储量/10^4m^3	≥25000	2500～<25000	250～<2500	25～<250
(2)天然气可采储量/10^8m^3	≥2500	250～<2500	25～<250	2.5～<25
3. 油气开发产能(Z_{bn})	高	中	低	特低
(1)油气藏千米井深稳定产量/[m^3/(km·d)]	≥15	5～<15	1～<5	<1
(2)气藏千米井深稳定产量/[10^4m^3/(km·d)]	≥10	3～<10	0.3～<3	<0.3
4. 油气人才资源结构(Z_{bc})	高	较高	中	低
(1)勘探人才资源投入比例				
(2)开发人才资源投入比例				
5. 油气研发投资结构(Z_{bp})	高	较高	中	低
(1)勘探研发费投入比例	≥20	10～<20	8～<10	5～<8
(2)开发研发费投入比例	≥20	10～<20	8～<10	5～<8

注：根据《石油天然气储量计算规范》（DZ/T 0217—2005）整理。

表 5-4　天然气勘探开发项目管理子要素贡献级别与赋权表

项目管理子要素类型	项目管理子要素贡献级别与赋权			
	一级 (5%)	二级 (4%)	三级 (3%)	四级 (2%)
1. 项目启动管理(G_{bq})	持续创新	促进发展	有特色	较传统
(1)勘探项目组织管理方式、地质综合评价与部署、项目内控制度建设与执行合规性等				
(2)开发项目组织管理方式、开发地质综合评价与部署、项目内控制度建设与执行合规性等				

项目管理子要素类型	项目管理子要素贡献级别与赋权			
	一级 (5%)	二级 (4%)	三级 (3%)	四级 (2%)
2. 项目计划管理(G_{bg})	杰出	优秀	良好	较好
(1)勘探项目决策和部署和单项工程设计管理等				
(2)开发前期评价和开发方案编制质量等				
3. 项目执行管理(G_{bz})	杰出	优秀	良好	较好
(1)勘探地震和钻探工程施工、经营与投资管理及技术应用管理等				
(2)开发开采和地面建设工程施工,产能建设与清洁开发生产及技术应用管理等				
4. 项目监督管理(G_{bj})	杰出	优秀	良好	较好
(1)勘探项目监理、圈闭成果与探井井位管理、项目年度储量考核等				
(2)开发新增产能与采收率,项目年度产量考核等				
5. 项目收尾管理(G_{bs})	超额完成/ 国家级嘉奖	完成优秀/ 省部级或 集团公司 嘉奖	完成良好/ 集团公司 嘉奖	基本完成/ 油气田 嘉奖
(1)勘探目标实现程度(储量、产量、投资完成效果)、工程实施的成功度和项目的持续能力,以及实施效果嘉奖等				
(2)开发目标实现程度(开发储量与矿权、产能、投资完成效果)、工程实施的成功度和项目的持续能力,以及实施效果嘉奖等				

表 5-5　油气勘探开发劳动子要素贡献级别与赋权表

劳动子要素类型	劳动子要素贡献级别与赋权			
	一级 (5%)	二级 (4%)	三级 (3%)	四级 (2%)
1. 勘探开发劳动组织方式(L_{bf})	优秀	良好	好	较好
(1)勘探信息化与人才组织方式				
(2)开发信息化与人才组织方式				
2. 油气工程装备(L_{bz})	精良	良好	好	较好
(1)勘探地震与钻探工程装备				
(2)油气开采与地面工程装备				
3. 油气产层埋深(L_{bm})	中浅层	中深层	深层	超深层
气藏中部埋藏深度/m	500～<2000	2000～<3500	3500～<4500	≥4500

续表

劳动子要素类型	劳动子要素贡献级别与赋权			
	一级 (5%)	二级 (4%)	三级 (3%)	四级 (2%)
4. 油气储层物性（L_{bw})	特高	高	中	低
（1）储层孔隙度	特高	高	中	低
碎屑岩孔隙度/%	≥30	25～<30	15～<25	10～<15
非碎屑岩基质孔隙度/%		≥10	5～<10	2～<5
（2）储层渗透率	特高	高	中	低
气藏空气渗透率/mD*	≥500	100～<500	10～<100	1.0～<10
5. 油气品质类型（L_{bp})	高/中	较低	低	特低
天然气硫化氢含量/(g/m³)	<0.02	0.02～<5	5～<30	≥30

* $1mD=0.986923×10^{-15}m^2$。

根据《项目管理指南》（GB/T 37507—2019/ISO 21500：2012），并结合《中国石油天然气股份有限公司油气勘探项目实施管理办法》（油勘字〔2004〕6 号）、《石油天然气勘探项目管理验收规范》（SY/T5976-94）（1995 年 7 月 1 日实施）、《中国石油天然气股份有限公司天然气开发管理纲要》整理管理子要素内容，主要包括项目启动、项目计划、项目执行、项目监督、项目收尾等管理五要素结构。具体根据项目市场化管理、智能化管理、变革管理、基础管理等管理程度指标，确定管理子要素贡献级别与赋权。

劳动要素包括以勘探开发劳动组织方式表征劳动力，以工程装备表征劳动资料，以油气产层埋深、油气储层物性、油气品质类型表征劳动对象，其数据可根据具体油气勘探开发项目提取数据。从上述规范中，油气勘探开发项目要素应当是容易获取的数据和相对稳定的参数，参数特征与油气勘探开发项目主控因素主成分密切相关。

（三）以油气藏核心要素替代叠加方式计算 S

为了从不同类型油气藏（常规油气藏、页岩油气藏、致密油气藏、高含硫油气藏、煤层气藏）勘探开发视角，进一步简化分成参数取值，资本要素中人才资本构成（Z_z）和研发投资比例（Z_t），劳动要素中人才资源配置（L_s）和工程装备（L_z），以及管理 5 个子要素等，它们投入结构与数量都主要与储量规模(S_{Zg})、储量丰度(S_{Zf})、储层物性(S_{Lw})、产层埋深(S_{Lm})、开发产能(S_{Zn})、油气品质(S_{Lp})等油气藏核心要素密切关联，所以，以油气藏核心要素的子要素结构来表征资本、劳动、管理要素的分成率变化，即

$$S=f(Z,\ L,\ G)\qquad(0.3\leqslant S\leqslant0.75)\qquad(5\text{-}17)$$

将表 5-3～表 5-5 子要素归集形成以油气藏核心要素为主导的子要素集(S)，并根据《石油天然气储量计算规范》（DZ/T 0217—2005），赋权形成表 5-6。

表 5-6　非技术要素级别与权重表

非技术子要素(S)类型	子要素级别/权重/%			
1. 油气储量规模(S_{Zg})	特大型/20	大型/17	中型/14	小型/11
原油可采储量/(10^4m^3)	≥25000	2500～<25000	250～<2500	25～<250
天然气可采储量/(10^8m^3)	≥2500	250～<2500	25～<250	2.5～<25
2. 油气储量丰度(S_{Zf})	高/17	中/14	低/11	特低/8
原油可采储量丰度/($10^4\text{m}^3/\text{km}^2$)	≥80	25～<80	8～<25	<8
天然气可采储量丰度/($10^8\text{m}^3/\text{km}^2$)	≥8	2.5～<8	0.8～<2.5	<0.8
3. 油气储层物性(S_{Lw})	特高/14	高/11	中/8	低/6
（1）储层孔隙度	特高	高	中	低
碎屑岩孔隙度/%	≥30	25～<30	15～<25	10～<15
非碎屑岩基质孔隙度/%	—	≥10	5～<10	2～<5
（2）储层渗透率	特高	高	中	低
油气藏空气渗透率/mD	≥1000	500～<1000	50～<500	5～<50
气藏空气渗透率/mD	≥500	100～<500	10～<100	1.0～<10
4. 油气产层埋深(S_{Lm})	中浅层/11	中深层/8	深层/6	超深层/4
油(气)藏中部埋藏深度/m	500～<2000	2000～<3500	500～<4500	≥4500
5. 油气开发产能(S_{Zn})	高/8	中/6	低/4	特低/1
油气藏千米井深稳定产量/[$\text{m}^3/(\text{km·d})$]	≥15	5～<15	1～<5	<1
气藏千米井深稳定产量/[$10^4\text{m}^3/(\text{km·d})$]	≥10	3～<10	0.3～<3	<0.3
6. 油气品质类型(S_{Lp})	高或中/5	较低/4	低/2	特低/0
（1）含硫量	不含/微含硫	低含硫	中含硫	高含硫
原油含硫量/%	<0.01	0.01～<0.5	0.5～<2	≥2
天然气硫化氢含量/(g/m^3)	<0.02	0.02～<5	5～<30	≥30
（2）原油性质	轻质	中质	重质	超重
原油密度/(g/cm^3)	<0.87	0.87～<0.92	0.92～<1.0	≥1.0
综合评价	Ⅰ/75	Ⅱ/60	Ⅲ/45	Ⅳ/30

前已述及，资本要素、管理要素、劳动要素等最大收益分成数为 0.25，$S_{max}=0.75$，据表 5-6，提取 S 数值，代入 $S=\Sigma S_i$ 计算。

(四)总体勘探开发技术要素收益分成基准值(F_b)

根据式(5-7)，计算 F_b，$F_b=(1-S)H$。其中，H 由表 5-7 确定，非技术要素(S)可由三种方式确定：①以资本、劳动、管理要素权重叠加计算 S。根据具体勘探开发技术成果实际，依据表 5-3～表 5-5 提取参数值，代入式(5-7)计算(F_b)。②以油气藏核心要素替代叠加计算(S)，依据表 5-6，代入式(5-7)计算(F_b)。③采用行业技术级别贡献率分布区间确定基准值，油气采掘业属于资金与技术密集型行业：30%～40%，由于非常规油气勘探开发对高科技的依赖性增大，勘探开发技术要素基准值为 30%～50%，并根据表 5-7 确定 H，进一步调整分成基准值。

表 5-7　不同油气藏开发阶段的技术要素收益分成基准值(H)参考表

类型	常规油气藏			非常规油气藏		
	早	中	晚	早	中	晚
H	$0.8F_{max}$	$0.9F_{max}$	$1.0F_{max}$	$1.0F_{max}$	$0.9F_{max}$	$0.8F_{max}$

(五)技术要素收益分成调整系数(H)

不同油气藏类型的勘探开发阶段的技术要素创效具有较大差别。总体而言，技术要素创效贡献呈"U"形分布，也就是在早期创效高，中期较低，后期提升，这也反映了勘探开发业务的特点。但常规与非常规油气藏创效贡献有区别，例如，对页岩气勘探开发阶段的贡献，早期阶段的贡献要大些，故应酌情调整，如表 5-7 所示。值得指出的是，以油气藏核心要素计算非技术要素余值 S，已经包含油气藏特征指标，又因勘探阶段早中晚划分难度大，故仅考虑开发阶段的基准值调整系数。

（六）技术成果创新强度系数(T)确定

依据《中国石油天然气集团公司科学技术奖励办法》（中油科〔2017〕189 号），技术要素收益分成调整的关键因素是技术自身的创效能力，它与油气技术创新、技术先进性、技术成熟水平等子要素的技术指标密切相关。根据科技成果类型，依据表 4-2、表 4-3，剔除相应的效益指标，即技术指标，它体现技术成果创新强度：$T=f(T_1、T_2、T_3)$，得到表 5-8、表 5-9。具体取值根据该科技成果类型和实际情况，获取 T_i、T_{ij}、Φ_{ij} 实际取值，代入式(5-18)计算，得到该技术成果创新强度系数(T)：

$$
\begin{aligned}
T &= \Sigma T_i \Sigma T_{ij} \Phi_{ij} \\
&= T_1(T_{11}\Phi_{11} + T_{12}\Phi_{12} + T_{13}\Phi_{13}) + T_2(T_{21}\Phi_{21} + T_{22}\Phi_{22} + T_{23}\Phi_{23}) \\
&\quad + T_3(T_{31}\Phi_{31} + T_{32}\Phi_{32} + T_{33}\Phi_{33}) \\
&\quad (i = 1,2,3;\ j = 1,2,3)
\end{aligned}
\tag{5-18}
$$

表 5-8　应用技术开发成果创新强度指标表

一级指标 (T_i)	二级指标 (T_{ij})	三级指标(Φ_{ij})			
		I (70%～80%)	II (60%～<70%)	III (50%～<60%)	IV (<50%)
T_1:技术创新程度(50%)	T_{11}:解决技术难题的能力(40%)	突破性问题	关键瓶颈问题	关键问题	较难问题
	T_{12}:掌握核心技术的程度(35%)	A 项专利/国际标准	B 项专利/行业标准	C 项专利/企业标准	D 项专利/企业秘密
	T_{13}:自主创新技术的比例(25%)	大部分技术	主体技术	多项技术	单项技术
T_2:技术先进程度(30%)	T_{21}:总体技术先进水平(40%)	国际领先	国际先进	国内领先	国内先进
	T_{22}:主要技术指标水平(性能、性状、工艺参数等)(35%)	国际领先	国际先进	国内领先	国内先进
	T_{23}:经济指标水平(投入产出比、性能价格比、成本、规模、环境、生态等)(25%)	国际领先	国际先进	国内领先	国内先进
T_3:技术成熟程度(20%)	T_{31}:实际应用规模与转化程度(40%)	国内外	国内	集团公司	地区公司
	T_{32}:推动科技进步与竞争优势(35%)	国际优势显著	国内优势显著	行业优势显著	行业优势一般
	T_{33}:关键技术的稳定、可靠性、有形化(25%)	非常高	高	较高	基本

表 5-9　应用技术研究成果创新强度指标表

一级指标 (T_i)	二级指标 (T_{ij})	三级指标（Φ_{ij}）			
		I (70%~80%)	II (60%~<70%)	III (50%~<60%)	IV (<50%)
T_1:科学技术创新程度(50%)	T_{11}:解决科学技术难题的能力(40%)	突破性问题	关键瓶颈问题	关键问题	较难问题
	T_{12}:建立新技术、新方法、新装置的程度(35%)	A 项专利/国际标准/论著	B 项专利/行业标准/论著	C 项专利/企业标准/论著	D 项专利/企业秘密/论著
	T_{13}:自主创新科学技术的比例(25%)	大部分科学技术	主体科学技术	多项科学技术	单项科学技术
T_2:科学技术先进程度(40%)	T_{21}:总体科学技术先进水平(40%)	国际领先	国际先进	国内领先	国内先进
	T_{22}:主要技术性能、性状、工能参数等指标水平(35%)	国际领先	国际先进	国内领先	国内先进
	T_{23}:科学技术难度和复杂程度(25%)	难度非常大，非常复杂	难度很大，很复杂	难度很大，很复杂	难度和复杂程度一般
T_3:科学技术推广应用成熟程度(10%)	T_{31}:实用性、适应性程度(40%)	国内外	国内	集团公司	地区公司
	T_{32}:推动学科发展和产业发展的科学价值及程度(35%)	国际学科发展和产业发展	国内学科发展和产业发展	集团公司业务重要作用	集团公司业务一般作用
	T_{33}:科学规律和学术观点的公认和引用程度(25%)	非常高	高	较高	基本

五、技术创新成果收益分成率与科技贡献率的关系

(一)内涵与对象

科技进步贡献率中的科学技术进步除包括自然科技进步外，还包括管理水平、决策水平、智力水平等软科技内容的社会科技进步，即广义科学技术进步。目前运用"增长速度方程"计算所测定的科技贡献率，实质就是广义科技进步对经济增长的贡献份额。以工业企业或行业具体科技进步项目作为统计单位，其结果反映的是某行业或某企业在规定时间内科技进步项目的总效果，即狭义的科技进步贡献率。

技术要素收益分成率是针对具体项目收益分成，扣除资本要素、管理要素、劳动要素等生产要素的贡献，技术要素对总收益的贡献率，即技术要素收益分成率。技术要素收益分成率属于狭义的科技进步贡献率。

（二）理论依据与测算方法

科技进步贡献率的计算公式为

$$Ea=(A/Y)\times100\% \tag{5-19}$$

$$a=Y-\alpha K-\beta L \tag{5-20}$$

式中，Ea 表示科技进步对总产出增长速度的贡献率；A 表示科技的年均增长速度；Y 表示产出量的年均增长速度；K 表示资金投入量的年均增长速度；L 表示劳动力投入量的年均增长速度；α 表示资金产出弹性系数；β 表示劳动力的产出弹性系数。

技术要素收益分成率测算的理论依据：分享理论、要素功能价值、要素贡献理论等，它运用系统理论和层次分析法建立的评价指标体系确定。结合油气勘探开发项目的全要素投入特点设立指标体系，利用非技术要素收益分割技术，确定技术要素收益分成率。

（三）功能价值

从生产函数的若干前提假设可以知道，用增长速度方程测算科技进步的作用，适用于宏观部门。宏观部门综合性较强，很多因素的相互影响抵消了某些具体因素引起的大的经济波动。科技进步贡献率主要用于测算一个地区或一个行业的科技进步对经济增长的作用。科技进步贡献率由于涉及多个影响因素，因此不适合作为考核企业的指标，而应仅作为一个评价指标。

技术要素收益分成率的功能价值是针对油气勘探开发项目的科技绩效评估。技术要素收益分成率反映的是技术要素投入油气勘探开发项目后，在项目实际产出的增量绩效中，扣除资本要素、管理要素、劳动要素对收益贡献后，测算技术要素对总收益的贡献，它是针对具体勘探开发项目绩效的后评价。

（四）总体技术要素收益分成率小于科技贡献率

根据式(5-12)表 5-6 可知，$0.30\leqslant S\leqslant0.75$，多数情况下，非技术要素收益分成率取值为Ⅲ级以上，设 $S=50\%$，考虑总体技术，设：

$H=T=1.0$。则：总体技术要素收益分成率 $0.3 \leqslant F_x \leqslant 0.5$，若加上管理要素 $G=20\%$，在数值上油气勘探开发行业的科技贡献率为 70%，故总体技术要素收益分成率小于科技贡献率，技术创新成果收益分成率更小于科技贡献率。

通过以上分析，可以得出三点结论。一是测算对象差异很大。在概念与评估对象方面，科技进步贡献率针对的是产业或行业科技进步变化速率，技术创新成果收益分成率针对的是油气勘探开发项目的科技绩效后评估。二是测算方法不同。科技贡献率测算理论方法依据是索洛–道格拉斯生产函数，技术创新成果收益分成率测算方法主要是非技术要素收益分割法和余值法。三是数值上技术创新成果收益分成率都低于科技贡献率。技术创新成果收益分成率本质上考虑技术要素对项目收益贡献大小，它剔除了资本要素、管理要素、劳动要素的贡献率，因此在数值上技术创新成果收益分成率比科技进步贡献率要小得多。

第三节　总体技术创新成果增储增产收益分成评估模型

一、总体勘探技术创新成果增储净现值分成评估

(一)总体勘探技术创新成果增储净现值分成计算模型

按照分享理论和要素分配原理，从油气勘探生产要素(资本、管理、劳动、技术)中分离出总体勘探技术贡献，并依据油气藏类型和勘探阶段，确定总体勘探技术要素增储收益分成基准值，再按照总体技术成果创新强度，根据式(5-5)评估总体勘探技术创新成果增储净现值分成值。

总体勘探技术创新成果增储净现值分成值(Y_{zr})=区块勘探增储净现值(R_{NPV})×总体勘探技术创新成果增储净现值分成率(F_{zk})　　　　(5-21)

式中，

总体勘探技术创新成果增储净现值分成率(F_{zk})＝勘探技术要素收益分成基准值(F_{bk})×总体技术成果创新强度系数(T_{zk}) (5-22)

(二)总体勘探技术创新成果增储净现值分成计算主要参数

1. 新增油气储量净现值(R_{zr})

新增油气储量净现值(R_{zr})＝$\sum$[新增探明可采储量
×(类比探明可采储量净现值
÷类比探明可采储量)] (5-23)

勘探技术创新成果增储净现值分成值：科技成果应用于生产获得的新增油气采用折现现金流法经济评价求得税后财务净现值，按科技成果贡献程度分得的净现值，万元；新增探明可采储量：科技成果应用的区块储量新增的探明可采储量，亿立方米；类比探明可采储量净现值：科技成果应用区块储量的类比区块动用可采储量采用折现现金流法经济评价求得的税后财务净现值，万元；类比探明可采储量：科技成果应用区块储量的类比区块动用可采储量，亿立方米。

2. 勘探技术要素收益分成基准值(F_{bk})

勘探技术要素收益分成基准值的确定有两种方法。一是根据具体勘探项目，采用全生产要素收益分成法确定。根据式(5-7)，$F_{bk}=F_{max}\times H=(1-S)H$。式中，$F_{max}$表示最大非技术要素；$H$表示不同油气藏类型(常规油气藏、高含硫油气藏、页岩油气藏、致密油气藏等)勘探开发阶段技术要素收益分成基准值调整系数；S表示非技术要素(资本Z、管理G、劳动L等要素)实际分成数值。二是根据油气采掘行业技术要素贡献分布特征及各个地区公司勘探实际，由勘探专家依据不同技术应用领域在0.30～0.45区间选择(表5-10)，确定具体分成基准值。

表 5-10 勘探技术要素收益分成基准值表(××地区公司)

应用领域	常规油气藏	高含硫油气藏	页岩油气藏	致密油气藏	煤层气藏
收益分成基准值	0.30～0.45	0.35～0.50	0.35～0.50	0.35～0.50	0.35～0.45

3. 勘探技术成果创新强度系数(T_{zk})

依据总体勘探技术创新成果类型，选择表 5-6 或表 5-7，并根据式(5-18)，计算总体技术成果创新强度系数(T_{zk})。

(三)勘探技术创新成果增储净现值分成评估流程

评估流程如图 5-2 所示。

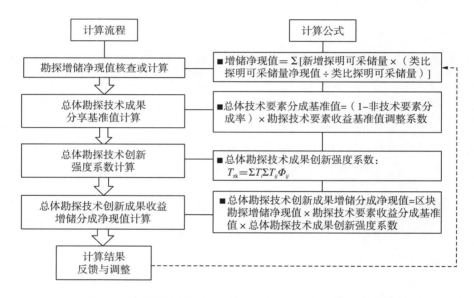

图 5-2　总体勘探技术创新成果增储净现值分成评估流程图

二、总体开发技术创新成果增产净利润分成评估

新增油气产量的经济效益(生产效益)采用余值法，按照分享理论和要素分配原理，从油气开发生产要素(资本、管理、劳动、技术)中剥离出总体开发技术创新贡献，再依据油气开发技术体系结构进行逐级分成，最后按照开发技术成果创新强度来评估开发技术创新成果贡献的经济效益。

(一)总体开发技术创新成果增产净利润分成计算公式

按照分享理论和要素分配原理,从油气开发生产要素(资本、管理、劳动、技术)中分离出总体开发技术贡献,并依据油气藏类型和开发阶段,确定总体开发技术要素增产收益分成基准值,再按照总体开发技术成果创新强度,根据式(5-5)评估总体开发技术创新成果增储增产净利润分成值。

总体开发技术创新成果增产净利润分成值(Y_{zp})=区块开发增产净利润(P_{NP})×总体开发技术创新成果增储增产收益分成率(F_{zf})　　(5-24)

式中,

总体开发技术创新成果增产收益分成率(F_{zf})=开发技术要素收益分成基准值(F_{bf})×总体开发技术成果创新强度系数(T_{zf})　　　　(5-25)

(二)总体开发技术创新成果增产净利润分成计算的主要参数

1. 区块开发增产净利润(P_{NP})

可依据总体开发技术成果应用区块,根据式(5-2)计算确定P_{NP}。

增产净利润=Σ[新老区提高产量×商品率×(单位油气价格-单位油气成本-单位油气税费)]　　　　　　　　　　　(5-26)

2. 开发技术要素收益分成基准值(F_{bf})

开发技术要素收益分成基准值的计算与取值方式参见开发技术要素增储收益分成基准值(F_{bk})。

3. 总体技术成果创新强度系数(T_{zf})

依据开发技术成果类型,选择表 5-8 或表 5-9,并根据式(5-18),计算 T_{zf}。

(三)开发技术创新成果收益分成评估流程

开发技术创新成果增产净利润分成评估流程如图 5-3 所示。

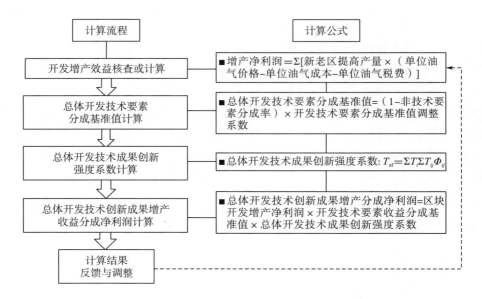

图 5-3　开发技术创新成果增产净利润分成评估流程图

第四节　应用：A 气田总体技术创新成果收益分成评估

一、A 气田勘探技术创新成果增储净现值分成评估

(一)勘探技术创新成果收益分成率确定

1. 勘探非技术要素收益分成率(S)确定

根据该油气藏勘探情况，对非技术要素(资本、管理、劳动)的分成级别与权重取值如表 5-11 和式(5-11)，测算出勘探非技术要素收益分成率：

$$S = Z_b + G_b + L_b \approx S_{Zg} + S_{Zf} + S_{Lw} + S_{Lm} + S_{Zn} + S_{Lp}$$
$$= 20\% + 14\% + 8\% + 4\% + 8\% + 4\% = 58\%$$

表 5-11 勘探非技术要素级别与权重表

非技术子要素(S)类型	子要素级别/权重/%			
1. 天然气储量规模(S_{zg})	特大型/20	大型/17	中型/14	小型/11
天然气可采储量/(10^8m^3)	≥2500	250~<2500	25~<250	2.5~<25
2. 天然气储量丰度(S_{zf})	高/17	中/14	低/11	特低/8
天然气可采储量丰度/($10^8m^3/km^2$)	≥8	2.5~<8	0.8~<2.5	<0.8
3. 储层物性(S_{Lw})	特高/14	高/11	中/8	低/6
(1)储层孔隙度	特高	高	中	低
碎屑岩孔隙度/%	≥30	25~<30	15~<25	10~<15
非碎屑岩基质孔隙度/%		≥10	5~<10	2~<5
(2)储层渗透率	特高	高	中	低
气藏空气渗透率/mD	≥500	100~<500	10~<100	1.0~<10
4. 产层埋深(S_{Lm})	中浅层/11	中深层/8	深层/6	超深层/4
气藏中部埋藏深度/m	500~<2000	2000~<3500	3500~<4500	≥4500
5. 天然气开发产能(S_{zn})	高/8	中/6	低/4	特低/1
气藏千米井深稳定产量($10^4m^3/km\cdot d$)	≥10	3~<10	0.3~<3	<0.3
6. 天然气品质类型(S_{Lp})	高或中/5	较低/4	低/2	特低/0
天然气硫化氢含量/(g/m^3)	<0.02	0.02~<5	5~<30	≥30

2. 勘探阶段技术要素收益分成基准值调整系数(H_{zk})确定

据式(5-7)和表 5-7，因该成果属于常规气藏并处于勘探早期，H=1.0。

3. 勘探技术成果创新强度系数(T_{zk})

根据该气藏勘探开发情况，对技术要素的分成级别与权重取值如表 5-12 和式(5-18)，测算出勘探技术成果创新强度系数。

表 5-12　A 气田勘探技术成果创新强度指标表

一级指标 (X_i)	二级指标 (X_{ij})	三级指标 (Φ_{ij})			
		I (70%～80%)	II (60%～<70%)	III (50%～<60%)	IV (<50%)
T_1: 技术创新程度 (50%)	T_{11}:解决技术难题的能力 (40%)	突破性问题	关键瓶颈问题	关键问题	较难问题
	T_{12}:掌握核心技术的程度 (35%)	A 项专利/国际标准	B 项专利/行业标准	C 项专利/企业标准	D 项专利/企业秘密
	T_{13}:自主创新技术的比例 (25%)	大部分技术	主体技术	多项技术	单项技术
T_2: 技术先进程度 (30%)	T_{21}:总体技术先进水平 (40%)	国际领先	国际先进	国内领先	国内先进
	T_{22}:主要技术指标水平(性能、性状、工艺参数等) (35%)	国际领先	国际先进	国内领先	国内先进
	T_{23}:经济指标水平(投入产出比、性能价格比、成本、规模、环境、生态等) (25%)	国际领先	国际先进	国内领先	国内先进
T_3: 技术成熟程度 (20%)	T_{31}:实际应用规模与转化程度 (40%)	国内外	国内	集团公司	地区公司
	T_{32}:推动科技进步与竞争优势 (35%)	国际优势显著	国内优势显著	行业优势显著	行业优势一般
	T_{33}:关键技术的稳定、可靠性、有形化 (25%)	非常高	高	较高	基本

$$
\begin{aligned}
T_{zk} &= \Sigma T_i \Sigma T_{ij} \Phi_{ij} \\
&= T_1(T_{11}\Phi_{11} + T_{12}\Phi_{12} + T_{13}\Phi_{13}) + T_2(T_{21}\Phi_{21} + T_{22}\Phi_{22} + T_{23}\Phi_{23}) \\
&\quad + T_3(T_{31}\Phi_{31} + T_{32}\Phi_{32} + T_{33}\Phi_{33}) \\
&= 50\% \times (40\% \times 75\% + 35\% \times 75\% + 25\% \times 75\%) \\
&\quad + 30\% \times (40\% \times 55\% + 35\% \times 65\% + 25\% \times 65\%) \\
&\quad + 20\% \times (40\% \times 75\% + 35\% \times 65\% + 25\% \times 65\%) \\
&= 37.5\% + 18.3\% + 13.8\% = 69.6\%
\end{aligned}
$$

根据式(5-12)，总体勘探技术创新成果增储净现值分成率：

$$
F_{xzk} = (1-S)H_{zk}T_{zk} = (1-58\%) \times 1.0 \times 69.6\% = 29.23\%
$$

(二)勘探技术创新成果增储净现值分成计算

根据《A 气田新增天然气探明储量报告》评价结果，在考虑勘探

开发全部投资的情况下，财务内部收益率为 25.09%，累计财务净现值
133.263 亿元。根据式(5-21)：

$$Y_{zk}=R_{NPV}F_{xzk}=133.263\times29.23\%=38.95（亿元）$$

因此，A 气田勘探技术创新成果收益分成参考值为 38.95 亿元。

二、A 气田开发技术创新成果增产净利润分成评估

(一)开发技术创新成果收益分成率确定

考虑 A 气田开发处于早期阶段，$H=0.9$，设 S 与 T_{xf} 与勘探阶段数
值上一致，$S=58\%$，$T_{xf}=69.6\%$，根据天然气开发技术创新成果收益分
成率模型式(5-12)，总体开发技术创新成果增产净利润分成率为

$$F_{xzf}=(1-S)H_{zk}T_{xf}=42\%\times0.9\times69.6\%=26.31\%$$

(二)开发技术创新成果增产净利润分成计算

按照 A 气田建成目标产能规模范围进行评价，2013～2019 年该气
藏开发营业收入为 3944310 万元，生产成本费用为 1893321 万元，税
后利润为 1523923 万元，如表 5-13 所示。

表 5-13　2013～2019 年 A 气田开发利润情况表　　（单位：万元）

序号	项目	2013 年	2014 年	2015 年	2016 年	2017 年	2018 年	2019 年	合计
1	营业收入	49672	338275	682639	683954	729923	729923	729923	3944310
2	生产成本费用	50482	140314	188297	283366	401455	410688	418718	1893321
3	营业税金及附加	3138	22371	45841	45107	47244	47229	47207	258138
4	所得税	0	25746	67275	53322	42183	40801	39599	268927
5	税后利润	-3947	149844	381225	302159	239040	231206	224397	1523923

根据式(5-5)，开发技术创新成果收益分成：

$$Y_{zf}=P_{NP}F_{xzf}=E_{zf}(1-S)H_{zk}T_{xf}=152.39\times26.31\%=40.09（亿元）$$

因此，A 气田总体开发技术创新成果增产净利润分成参考值为
40.09 亿元。

第五节　应用：页岩气总体技术创新成果收益分成评估

一、页岩气勘探技术创新成果增储净现值分成评估

(一)页岩气勘探技术创新成果收益分成率确定

1. 页岩气勘探非技术要素收益分成率(S)确定

根据页岩气勘探情况，通过表 5-4 分别测算出页岩气勘探非技术要素收益分成系数，如表 5-14 所示。

表 5-14　页岩气勘探开发非技术要素级别与权重表

非技术子要素(S)类型	子要素级别/权重/%			
1. 储量规模(S_{Zg})	特大型/20	大型/17	中型/14	小型/11
可采储量/($10^8 m^3$)	≥2500	250～<2500	25～<250	2.5～<25
2. 储量丰度(S_{Zf})	高/17	中/14	低/11	特低/8
可采储量丰度($10^8 m^3/km^2$)	≥8	2.5～<8	0.8～<2.5	<0.8
3. 储层物性(S_{Lw})	特高/14	高/11	中/8	低/6
(1)储层孔隙度	特高	高	中	低
非碎屑岩基质孔隙度/%		≥10	5～<10	2～<5
(2)储层渗透率	特高	高	中	低
气藏空气渗透率/mD	≥500	100～<500	10～<100	1.0～<10
4. 产层埋深(S_{Lm})	中浅层/11	中深层/8	深层/6	超深层/4
气藏中部埋藏深度/m	500～<2000	2000～<3500	3500～<4500	≥4500
5. 开发产能(S_{Zn})	高/8	中/6	低/4	特低/1
气藏千米井深稳定产量/[$10^4 m^3$/(km·d)]	≥10	3～<10	0.3～<3	<0.3
6. 页岩气品质类型(S_{Lp})	高或中/5	较低/4	低/2	特低/0
天然气硫化氢含量/(g/m³)	<0.02	0.02～<5	5～<30	≥30

$$S = Z_b + G_b + L_b \approx S_{Zg} + S_{Zf} + S_{Lw} + S_{Lm} + S_{Zn} + S_{Lp}$$
$$= 17\% + 11\% + 6\% + 8\% + 6\% + 5\% = 53\%$$

2. 页岩气勘探阶段技术要素收益分成基准值调整系数(H_{zk})确定

据式(5-7)和表 5-5，又因页岩气属于非常规气藏，并处于勘探中期，$H=0.9$。

3. 页岩气勘探技术成果创新强度系数(T_{zk})

页岩气勘探技术解决页岩气勘探中的技术问题，实现了安全清洁、规模效益开发。掌握了页岩气勘探开发六大技术并在国内应用，主体技术国内领先。根据页岩气勘探开发情况，对技术要素的分成级别与权重取值如表 5-15 和式(5-18)，测算出技术成果创新强度系数：

$$T_{zk} = \Sigma T_i T_{ij} \Phi_{ij}$$
$$= T_1(T_{11}\Phi_{11} + T_{12}\Phi_{12} + T_{13}\Phi_{13}) + T_2(T_{21}\Phi_{21} + T_{22}\Phi_{22} + T_{23}\Phi_{23})$$
$$+ T_3(T_{31}\Phi_{31} + T_{32}\Phi_{32} + T_{33}\Phi_{33})$$
$$= 50\% \times (40\% \times 75\% + 35\% \times 75\% + 25\% \times 75\%)$$
$$+ 30\% \times (40\% \times 55\% + 35\% \times 55\% + 25\% \times 55\%)$$
$$+ 20\% \times (40\% \times 65\% + 35\% \times 65\% + 25\% \times 65\%)$$
$$= 37.5\% + 16.5\% + 13\% = 67\%$$

表 5-15　页岩气勘探技术成果创新强度指标表

一级指标(X_i)	二级指标(X_{ij})	三级指标(Φ_{ij})			
		I (70%~80%)	II (60%~<70%)	III (50%~<60%)	IV (<50%)
T_1:技术创新程度(50%)	T_{11}:解决技术难题的能力(40%)	突破性问题	关键瓶颈问题	关键问题	较难问题
	T_{12}:掌握核心技术的程度(35%)	5项专利/国际标准	4项专利/行业标准	3项专利/企业标准	2项专利/企业秘密
	T_{13}:自主创新技术的比例(25%)	大部分技术	主体技术	多项技术	单项技术
T_2:技术先进程度(30%)	T_{21}:总体技术先进水平(40%)	国际领先	国际先进	国内领先	国内先进
	T_{22}:主要技术指标水平(性能、性状、工艺参数等)(35%)	国际领先	国际先进	国内领先	国内先进
	T_{23}:经济指标水平(投入产出比、性能价格比、成本、规模、环境、生态等)(25%)	国际领先	国际先进	国内领先	国内先进

一级指标 (X_i)	二级指标 (X_{ij})	三级指标 (Φ_{ij})			
		I (70%~80%)	II (60%~<70%)	III (50%~<60%)	IV (<50%)
T_3: 技术成熟程度 (20%)	T_{31}:实际应用规模与转化程度 (40%)	国内外	国内	集团公司	地区公司
	T_{32}:推动科技进步与竞争优势 (35%)	国际优势显著	国内优势显著	行业优势显著	行业优势一般
	T_{33}:关键技术的稳定、可靠性、有形化(25%)	非常高	高	较高	基本

4. 页岩气勘探技术创新成果增储净现值分成率

根据式(5-12)：

$$F_{xzk}=(1-S)H_{zk}T_{zk}=(1-53\%)\times0.9\times67\%=28.34\%$$

(二)页岩气总体勘探技术创新成果增储净现值分成计算

根据《页岩气田新增页岩气探明储量报告》评价结果，该页岩气田财务净现值为 56.62 亿元。根据式(5-5)，页岩气勘探技术创新成果增储净现值分成值：

$$Y_{zk}=R_{NPV}F_{xzk}=56.62\times28.34\%=16.05（亿元）$$

因此，该页岩气勘探技术要素收益分成参考值为 16.05 亿元。

二、页岩气开发技术创新成果增产净利润分成评估

(一)页岩气开发技术创新成果收益分成率确定

考虑页岩气开发处于早期阶段，$H=1.0$，设 S 与 T_{xf} 与勘探阶段数值上一致，$S=53\%$，$T_{xf}=67\%$，根据开发技术创新成果收益分成率数学模型式(5-12)，总体开发技术创新成果增产净利润分成率为

$$F_{xzf}=(1-S)H_zT_{zf}=47\%\times1.0\times67\%=31.49\%$$

(二)页岩气总体开发技术创新成果增产净利润分成净利润计算

2009～2019 年页岩气田开发营业净利润为 107.55 亿元。根据式(5-5)，

页岩气开发技术创新成果净利润分成值：
$$Y_{zf}=P_{NP}F_{xzf}=107.55×31.73\%=34.13（亿元）$$
因此，页岩气开发技术创新成果收益分成参考值为 34.13 亿元。

第六章　油气单项技术创新成果增储增产收益分成评估模型

　　长期以来，收益分成法是技术价值评估的主要方法之一，评估实践中，技术创新成果的创效能力放大或缩小成为常态，特别是对单项技术创新成果收益分成率的计算成为科技价值评估的攻关课题。我国油气行业通过建立技术结构模板，采用逐级剥离法进行单项技术创新成果收益分成率计算，因多种因素造成其推广应用难度大。油气技术创新成果创效不仅是全生产要素协同作用的产物，更是复杂的油气技术体系协同作用的结果，应遵从油气技术价值实现过程、技术体系基本结构功能级序和创新性技术特性，建立不同油气藏勘探开发的一级、二级、三级技术级序，及其分成基数体系，依据技术创新成果的技术创新程度、先进程度、成熟程度等指标，确定单项或单一技术成果创新强度系数,实现从整体技术体系到单项或单一创新性技术逐级分成，即收益递进分成法，并以单项技术创新成果收益分成实证。

第一节　技术创新成果收益递进分成模型

　　单项技术创新成果由多(或单一)专业、多个(或单一)技术创新成果构成。因油气总体技术体系具有多技术级序和多专业性，其中包含若干单项常规技术成果和单项技术创新成果。单项技术存在两种类型。一是单项复杂技术：当项目效益由多专业技术与多级序协同作用时，单项技术贡献表现出多专业、多级序、创效周期较长的特点。二是单项独占技术：当项目效益由少数几项或几项单一技术作用形成时，单项技术贡献表现出专业和级序相对单一、周期短的特点。

一、技术创新成果收益递进分成法提出的依据

党和国家长期强调按照要素分配,提出完善要素市场化配置以实现要素自由流动和价格灵活反应等目标,为技术作为一种重要的生产要素参与市场交易与劳动分配提供了政策支撑。科技成果价值评估是技术价值市场化、商业化和量化考评, 有效激励科技人员的科学手段。然而,受技术价值取向、价值判断方式和评估方法的影响,在技术价值评估中,如何确定评估技术体系中的单项技术要素收益分成率,成为技术价值评估的重大攻关课题。因此, 如何在现有研究成果基础上, 集成创新适合油气勘探开发项目的技术价值评估方法体系,逐步改变勘探开发科技成果价值评估以宏观指标评判具体油气项目、参数权重平均化和过度简单化、科技创效高估现象等问题, 成为一项任重而道远的科技使命。

(一)技术创新价值实现路径与主控因素

从技术创新过程来看, 技术创新价值实现路径可以划分为科学研究、技术应用与转化、内外部市场化或商业化三个阶段, 相应的时间逻辑关系包括应用技术研究、工程技术应用研究、现场试验、技术规模化应用推广和内外部市场技术运营等环节, 其中技术推动和市场拉动是主要技术创新形式。技术价值形成和实现包括技术价值形成、技术评估、技术确权、技术交易、技术经营等关键业务流程, 同时技术支撑与价值增值管理为企业创造收益。评估实践中不可预见性很强,无论是对未来收益的预测和对资产获利能力的判断, 还是对技术要素收益分成率评估都存在主观性和随意性,从而导致评估方法的局限性。因此, 在考虑各种生产要素利益时需对多种因素进行综合分析, 特别是对技术体系内部的基础功能价值进行分析, 这样才能确定较为合理的、切合实际的技术要素收益分成比例。

(二)勘探开发业务流程与技术联合推广应用

根据我国油气勘探开发实际, 主要作业流程有四个。①油气勘探

业务。该业务所涉及的地质调查、地质测试和复杂地区地震勘探技术等耗费较大的人力、财力、物力和技术资源，勘探前期周期长，耗时长，属于工程投入阶段。②钻井业务。涉及钻井设备的购买、调度和安装及配备技术人员，以及前期对油气井结构、地质的相关分析。钻井业务具有投入成本大，设备安装耗时周期长的特点。其中，油气勘探业务和钻井业务并不直接产生利润。③油气藏工程业务。该业务包括气层划分、产能评价、设计优化、井网井距优化等工程方案，它具有复杂性，工程设置和实施耗时长的特点，并且存在较大生产经营安全风险。④地面工程业务。该业务是油气开发项目的重要支撑和保障，是油气开发管理和转化成商业产品的重要环节，具有前期成本投入大、耗时长、预期收益实现时间久、对资金链要求高等特点。值得提倡的是，4个主要业务都需要大量的资金、资产、技术和相关专业人才投入。

油气生产系统中一般采用多专业技术体系，技术体系主要呈一级、二级、三级、四级金字塔结构分布，四级以下级别的技术分布有成千上万个单项技术。油气技术有形化基于油气主要作业流程构建油气技术树，对专项油气技术级序进行较为科学性与合理性的划分，但技术树的技术结构模板顶层设计不够规范，未较为全面体现勘探开发领域、区块和阶段特点，导致油气技术级序设计较随意。因此，应建立各个油气田企业各层级的勘探开发技术级序和相应的递进分成基数，规范技术应用领域、技术级序与功能权重确定，合理规范获取技术创新成果收益分成率，进而保障递进分成法有效实施。

（三）技术创效机制的特性提升技术价值评估难度

油气技术创效机制具有四大特性。①油气技术创效的生命周期性与阶段性，主要表现为油气勘探开发项目和技术的全生命周期性，油气勘探或开发业务和技术创效的阶段性。②油气技术创效的协同性与级序性，主要体现在油气生产要素和技术体系协同创效性，油气技术体系和单项技术创效的级序性。③油气技术创效的依附性与延时性，具体表现为油气资源、油气产品、勘探开发业务流程等载体的依附性，油气技术要素投入产出和技术创效实现的延时性。例如，同一油气技术在不同应用领域（如常规油气藏、页岩油气藏、致密油气藏等），其基础功能价值和创效能力差别较大。又如，技术增量效益并不完全体现当期技术创效的贡献，如勘探技术价值要在开发阶段才得以实现，实践证明大型油气藏的发现是多年坚持勘探实践和持续科技创新投入的产物，也就是整个勘探技术体系协同、持续、波浪式应用的结果，如四川盆地大天池气田、龙王庙特大型气田的发现。④油气技术创效的多维性与间接性，主要表现在油气技术创效的效益类型和效益指标的多维性，技术创效的效益分割和效益计算的间接性方面。另外，过去应用的技术效用、在用技术的效用、特案技术的效用都很难确定。这些特性增大了精细评估技术创效难度，严重制约油气科技价值评估方法拓展，长期困扰着科技绩效评估人员。

二、技术创新成果收益递进分成率结构模型

单项技术创新成果收益分成需要解决三个主要问题：一是区块勘探开发所获得增储增产净现值或净利润；二是单项技术所属的技术级序收益递进分成基数；三是单项技术成果创新强度系数。对油气项目增储增产所创造的净现值或净利润，因取值较容易，其确定故不再赘述。对单项技术成果创新强度的评价，在科技成果评价中表述较为清楚，论证较为充分，可以直接提取相关参数为评估所用。然而，技术体系基础功能价值是以油气技术级序为依托，分析技术级序结构和确定谱系级序递进分成基数非常必要。

综合分析表明，油气勘探和开发技术分别包括 5 个一级、二级、三级技术体系，如表 6-1、表 6-2 所示。其中，一级、二级、三级技术都属于专业技术体系，具有整体性或技术集合性，而四级技术及其以下级序才具有单项或单一技术，它是技术经济价值评估的主要对象。

表 6-1　一级、二级、三级天然气勘探技术级序结构参考表

级别项目	一级技术（D_{k1}）	二级技术（D_{k2}）	三级技术（D_{k3}）
勘探技术体系	地质勘探技术	如天然气勘探部署技术	如天然气勘探规划部署技术
	物探技术	如地震勘探技术	如地震采集与成像处理技术
	钻完井技术	如钻井工艺技术	如钻井方案设计技术
	勘探装备工程技术	如钻完井装备技术	如钻井机械装备
	勘探保障工程技术	如勘探安全与控制技术	如勘探消防安全技术

表 6-2　一级、二级、三级天然气开发技术级序结构参考表

级别项目	一级技术(D_{k1})	二级技术(D_{k2})	三级技术(D_{k3})
开发技术体系	气藏工程技术	如地质综合评价技术	如气藏描述技术
	采气工程技术	如增产改造工艺技术	如储层压裂改造开发技术
	地面工程技术	如内部集输工程技术	如地面标准化设计技术
	开发装备工程技术	如采气工程装备技术	如增产改造装备技术
	开发保障工程技术	如天然气开发安全风险控制技术	如气藏工程安全运行保障技术

因此，若只考虑一级、二级技术级序，忽略了三级技术级序，这将夸大单项或单一技术的级序功能价值，也放大了技术创新成果创效的贡献度。四级技术也可能是技术体系，它是技术创新成果的主要分布级，技术成果创新强度系数是对创新性技术与常规技术剥离的主要工具，它也表征创新性技术占相同技术体系的比例。值得注意的是，同级序的技术功能价值都有归一性，如一级技术级序的递进分成基数之和等于 1.0，如图 6-1 所示，勘探单项开发技术创新成果增产净利润分成结构模型如图 6-2 所示。

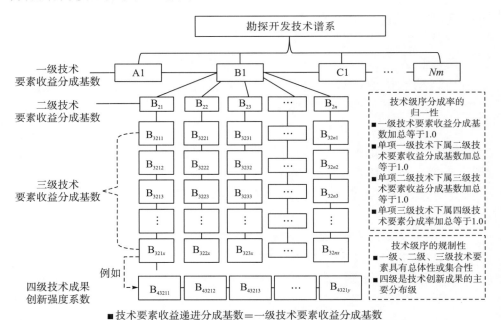

图 6-1　油气勘探开发技术级序与分成基数关系图

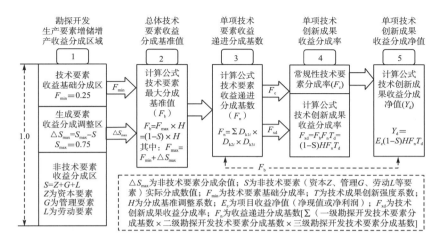

图 6-2　勘探单项开发技术创新成果增产净利润分成结构模型图

三、技术创新成果收益递进分成率计算模型

（一）单项勘探技术创新成果增储净现值分成率计算公式

按照分享理论和要素分配原理，从生产要素（资本、管理、劳动、技术）中剥离出整体勘探开发技术贡献，再依据勘探开发技术级序结构进行逐级分成，并以技术成果创新强度系数，最终确定勘探开发技术创新成果收益分成。

由于单项勘探技术创新成果包含于总体技术体系中，引入勘探技术要素收益递进分成基数参数（F_{nk}），根据式（5-5）和式（5-13）、表 6-1 和表 6-2、图 6-1，有

$$F_{xdk} = F_{bk}F_{nk}T_{dk} \tag{6-1}$$

其中

$$F_{bk} = F_{max} \times H_{zk} = (1-S)H_{zk} \tag{6-2}$$

$$F_{nk} = \Sigma D_{k1i} \times D_{k2i} \times D_{k3i} \qquad (i=1,2,\cdots,m) \tag{6-3}$$

将式（6-2）、式（6-3），代入式（6-1）得

$$F_{xdk} = F_{bk}F_{nk}T_{dk} = (1-S)H_{zk}\Sigma D_{k1i} \times D_{k2i} \times D_{k3i}T_{dk} \tag{6-4}$$

式中，F_{xdk} 表示单项勘探技术创新成果增储净现值分成率；F_{bk} 表示总体勘探技术要素收益分成基准值；F_{nk} 表示单项勘探技术要素收益递进

分成基数；T_{dk} 表示单项勘探技术成果创新强度系数；S 表示非技术要素(资本 Z、管理 G、劳动 L 等要素)实际分成数值；H_{zk} 表示不同气藏勘探阶段技术要素收益分成基准值调整系数。D_{k1i} 表示级勘探技术要素收益递进分成基数：第 i 项一级勘探技术增储贡献占一级勘探技术体系的比例；D_{k2i} 表示二级勘探技术要素收益递进分成基数：第 i 项二级勘探技术增储贡献占二级勘探技术体系的比例；D_{k3i} 表示三级勘探技术要素收益递进分成基数：第 i 项三级勘探技术增储贡献占三级勘探技术体系的比例。T_{dk} 表示勘探技术成果创新强度系数。

(二)单项开发技术创新成果增产净利润分成率计算公式

根据图 6-2 和式(6-4)，单项开发技术创新成果增产净利润分成率(F_{xdf})为

$$F_{xdf} = F_{bf}F_{nf}T_{df} = (1-S)H_{zf}\Sigma D_{f1i} \times D_{f2i} \times D_{f3i}T_{df} \tag{6-5}$$

式中，F_{xdf} 表示单项开发技术创新成果增产净利润分成率；F_{bf} 表示总体勘探开发技术收益分成基准值；F_{nf} 表示单项开发技术要素收益递进分成基数；T_{df} 表示单项开发技术成果创新强度系数；S 表示非技术要素(资本 Z、管理 G、劳动 L 等要素)实际分成数值；H_{zf} 表示技术要素收益分成基准值调整系数。D_{f1i} 表示级开发技术要素收益递进分成基数：第 i 项一级开发技术增储贡献占一级开发技术体系的比例；D_{f2i} 表示二级开发技术要素收益递进分成基数：第 i 项二级开发技术增储贡献占二级开发技术体系的比例；D_{f3i} 表示三级开发技术要素收益递进分成基数：第 i 项三级开发技术增储贡献占三级开发技术体系的比例。T_{df} 表示开发技术成果创新强度系数。

四、技术创新成果收益递进分成率评估参数取值

(一)勘探开发技术收益分成基准值

单项技术要素收益分成基准值计算，依照总体勘探开发技术要素收益分成基准值(F_b)计算方式确定。具体参见第五章第一节中，技术创新成果收益分成率主要参数确定相关内容。

(二)一级、二级、三级勘探开发技术要素收益递进分成基数取值

根据油气勘探开发项目特点，由油气田企业勘探开发的专家，应用价值工程原理，依据气藏类型、勘探开发阶段和实践经验评估出一级勘探开发技术体系的具体递进分成基数，形成油气勘探开发技术要素收益递进分成基数体系。参照一级勘探技术要素收益递进分成基数取值方式，确定二级和三级勘探开发技术要素收益递进分成基数。

1. 一级、二级、三级天然气勘探技术

1)天然气地质勘探技术(一级勘探技术)

天然气地质勘探技术主要包括 5 个二级技术：地质模型构建与模拟技术、天然气地质综合解释与评价技术、天然气资源评价技术、天然气勘探部署技术、天然气地质实验技术。相应的三级技术如表 6-3 所示。

表 6-3　天然气地质勘探技术体系的名称与递进分成基数建议表

一级技术		二级技术		三级技术	
名称	分成基数	名称	分成基数	名称	分成基数
天然气地质勘探技术	0.40	(1)地质模型构建与模拟技术	0.40	①地层层序与沉积体系重建技术	0.40
				②地质构造-沉积模式及重建技术	0.30
				③天然气成藏模拟技术	0.15
				④地质模型数值模拟技术	0.10
				⑤盆地综合模拟技术	0.05
		(2)天然气地质综合解释与评价技术	0.30	①岩性与构造综合解释技术	0.40
				②储层综合评价技术	0.30
				③天然气富集规律评价技术	0.15
				④天然气成藏规律评价技术	0.10
				⑤天然气分布地质评价技术	0.05
		(3)天然气资源评价技术	0.15	①盆地天然气资源评价技术	0.40
				②区带天然气资源评价技术	0.30
				③勘探目标天然气资源评价技术	0.15
				④天然气储量评价技术	0.10
				⑤天然气储量价值评估技术	0.05

续表

一级技术		二级技术		三级技术	
名称	分成基数	名称	分成基数	名称	分成基数
天然气地质勘探技术	0.40	(4)天然气勘探部署技术	0.10	①天然气勘探规划部署技术	0.40
				②天然气勘探风险分析技术	0.30
				③天然气勘探项目设计技术	0.15
				④天然气勘探项目管控技术	0.10
				⑤天然气勘探部署效能评估技术	0.05
		(5)天然气地质实验技术	0.05	①天然气成藏实验评价技术	0.40
				②储层物性分析测试技术	0.30
				③盖层实验室评价技术	0.15
				④天然气源岩实验评价技术	0.10
				⑤天然气源实验对比技术	0.05

2)天然气物探技术(一级勘探技术)

天然气物探技术主要包括 5 个二级技术:地震勘探技术、地震勘探评价技术、测井技术、测井评价技术、录井技术等。相应的三级技术如表 6-4 所示。

表 6-4 天然气物探技术体系的名称与递进分成基数建议表

一级技术		二级技术		三级技术	
名称	分成基数	名称	分成基数	名称	分成基数
天然气物探技术	0.30	(1)地震勘探技术	0.40	①地震采集与成像处理技术	0.40
				②地震地质解释与描述技术	0.30
				③地震流体检测与预测技术	0.15
				④井中地球物理勘探技术	0.10
				⑤地震勘探方法	0.05
		(2)地震勘探评价技术	0.30	①地震构造评价技术	0.40
				②地震岩性评价技术	0.30
				③地震物性评价技术	0.15
				④地震综合评价技术	0.10
				⑤地震流体性质评价技术	0.05

续表

一级技术		二级技术		三级技术	
名称	分成基数	名称	分成基数	名称	分成基数
天然气物探技术	0.30	(3)测井技术	0.15	①测井采集与处理技术	0.40
				②测井解释与描述技术	0.30
				③测井流体检测与预测技术	0.15
				④井震一体化技术	0.10
				⑤测井方法	0.05
		(4)测井评价技术	0.10	①岩性测井评价技术	0.40
				②储层物性测井评价技术	0.30
				③流体性质测井评价技术	0.15
				④测井综合评价技术	0.10
				⑤测井构造评价技术	0.05
		(5)录井技术	0.05	①钻时、气测录井技术	0.40
				②钻井液录井技术	0.30
				③地质录井技术	0.15
				④综合录井解释评价技术	0.10
				⑤录井方法	0.05

3)天然气钻完井技术(一级勘探技术)

天然气钻完井技术主要包括：钻井技术、完井技术、井下测量与控制技术、综合测试技术、钻完井实验技术等 5 个二级技术。相应的三级技术如表 6-5 所示。

表 6-5　天然气钻完井技术体系的名称与递进分成基数建议表

一级技术		二级技术		三级技术	
名称	分成基数	名称	分成基数	名称	分成基数
天然气钻完井技术	0.15	(1)钻井技术	0.40	①定向钻井、智能钻井技术	0.40
				②直井、水平井、多分支井技术	0.30
				③防漏治漏与井控技术	0.15
				④钻井方案设计技术	0.10

一级技术		二级技术		三级技术	
名称	分成基数	名称	分成基数	名称	分成基数
天然气钻完井技术	0.15	(1)钻井技术	0.40	⑤钻井新技术	0.05
		(2)完井技术	0.30	①工厂化钻完井技术	0.40
				②压裂与酸化技术	0.30
				③固井技术	0.15
				④储层保护技术	0.10
				⑤完井工艺设计技术	0.05
		(3)井下测量与控制技术	0.15	①高含硫高温高压"三高"井控技术	0.40
				②闭环地质导向钻井系统	0.30
				③井控工艺	0.15
				④随钻测量及井眼轨迹控制	0.10
				⑤井下信息测量与传输	0.05
		(5)综合测试技术	0.10	①中途测试技术	0.40
				②地层测试技术	0.30
				③试油工程设计技术	0.15
				④天然气产量测试技术	0.10
				⑤测试资料综合解释技术	0.05
		(4)钻完井实验技术	0.05	①钻井实验技术	0.40
				②完井实验技术	0.30
				③控压钻井实验室技术	0.15
				④固井实验技术	0.10
				⑤岩石力学实验技术	0.05

4)天然气勘探装备工程技术(一级勘探技术)

天然气勘探装备工程技术主要包括：钻完井装备技术、钻完井液技术、物探装备技术、勘探软件装备技术、实验装备技术等 5 个二级技术。相应的三级技术如表 6-6 所示。

表 6-6　天然气勘探装备工程技术体系的名称与递进分成基数建议表

一级技术		二级技术		三级技术	
名称	分成基数	名称	分成基数	名称	分成基数
天然气勘探装备工程技术	0.10	(1)钻完井装备技术	0.40	①钻井机械装备	0.40
				②钻井工具装备	0.30
				③井控装备	0.15
				④固井射孔装备	0.10
				⑤压裂与测试装备	0.05
		(2)钻完井液技术	0.30	①钻井液	0.40
				②完井液	0.30
				③压裂酸化材料	0.15
				④钻井处理剂	0.10
				⑤完井支撑剂	0.05
		(3)物探装备技术	0.15	①地震采集装备	0.40
				②地震处理与解释装备	0.30
				③测井装备	0.15
				④录井装备	0.10
				⑤物探数据处理解释一体化装备	0.05
		(4)勘探软件装备技术	0.10	①物探软件	0.40
				②钻完井软件	0.30
				③地质评价软件	0.15
				④勘探综合评价软件	0.10
				⑤勘探实验软件	0.05
		(5)实验装备技术	0.05	①钻井实验装备	0.40
				②完井实验装备	0.30
				③井控实验装备	0.15
				④物探实验装备	0.10
				⑤地质实验装备	0.05

5)天然气勘探保障工程技术(一级勘探技术)

天然气勘探装备工程技术主要包括：勘探自动化技术、勘探信息技术、勘探安全与控制技术、勘探抢险应急救援技术、勘探节能环保技术等 5 个二级技术。相应的三级技术如表 6-7 所示。

表 6-7   天然气勘探保障工程技术体系的名称与递进分成基数建议表

一级技术		二级技术		三级技术	
名称	分成基数	名称	分成基数	名称	分成基数
天然气勘探保障工程技术	0.05	(1)勘探自动化技术	0.40	①钻完井自动化技术	0.40
				②地震勘探自动化技术	0.30
				③测录井自动化技术	0.15
				④地质分析自动化技术	0.10
				⑤勘探实验自动化技术	0.05
		(2)勘探信息技术	0.30	①地质勘探信息技术	0.40
				②地震勘探信息技术	0.30
				③钻完井信息技术	0.15
				④勘探数据库技术	0.10
				⑤测录井信息技术	0.05
		(3)勘探安全与控制技术	0.15	①勘探作业安全技术	0.40
				②勘探设备安全技术	0.30
				③勘探工艺安全技术	0.15
				④勘探安全监管技术	0.10
				⑤勘探消防安全技术	0.05
		(4)勘探抢险应急救援技术	0.10	①钻井抢险应急救援技术	0.40
				②完井抢险应急救援技术	0.30
				③钻完井应急抢险物资供应技术	0.15
				④钻完井风险防控识别与预警技术	0.10
				⑤钻完井应急抢险调度技术	0.05
		(5)勘探节能环保技术	0.05	①钻完井清洁生产技术	0.40
				②钻完井气固液污染物治理技术	0.30
				③钻完井节能减排技术	0.15
				④放射污染治理技术	0.10
				⑤钻完井环境风险评价与监测技术	0.05

2. 一级、二级、三级天然气开发技术

1)气藏工程技术(一级开发技术)

气藏工程技术主要包括:开发地质综合评价技术、气藏工程评价技术、开发物探技术、开发规划方案设计技术、开发实验评价技术等5 个二级技术。相应的三级技术如表 6-8 所示。

表 6-8　气藏工程技术体系的名称与递进分成基数建议表

一级技术		二级技术		三级技术	
名称	分成基数	名称	分成基数	名称	分成基数
气藏工程技术	0.40	(1)开发地质综合评价技术	0.40	①开发地质数值建模技术	0.40
				②气藏地质与储量分布描述技术	0.30
				③气藏流体评价与预测技术	0.15
				④天然气产能地质评价技术	0.10
				⑤气藏地质开发方案编制技术	0.05
		(2)气藏工程评价技术	0.30	①气藏开发动态描述技术	0.40
				②储层评价与预测技术	0.30
				③气藏渗流状态评价技术	0.15
				④剩余天然气储量分布描述技术	0.10
				⑤气藏储量评估技术	0.05
		(3)开发物探技术	0.15	①地震采集与处理技术	0.40
				②地震解释与描述技术	0.30
				③地震流体检测与预测技术	0.15
				④开发地震测录井综合评价技术	0.10
				⑤开发测录井技术	0.05
		(4)开发规划方案设计技术	0.10	①气层整体开发规划技术	0.40
				②气田开发方案设计	0.30
				③气藏开发方案调整与优化技术	0.15
				④气藏开发方案评价技术	0.10
				⑤气藏开发方案监控技术	0.05
		(5)开发实验评价技术	0.05	①气藏数值建模与评价技术	0.40
				②储层伤害机理实验评价技术	0.30
				③气藏物性与流体渗流机理评价技术	0.15
				④井下防腐实验评价技术	0.10
				⑤气层物理实验评价技术	0.05

2)采气工程技术(一级开发技术)

采气工程技术主要包括：增产改造技术、采气工艺技术、开发钻完井技术、井下作业技术、采气工程实验技术等 5 个二级技术。相应的三级技术如表 6-9 所示。

表 6-9　采气工程技术体系的名称与递进分成基数建议表

一级技术		二级技术		三级技术	
名称	分成基数	名称	分成基数	名称	分成基数
采气工程技术	0.30	(1) 增产改造技术	0.40	①储层改造工厂化作业技术	0.40
				②储层压裂改造开发技术	0.30
				③储层酸化增产改造技术	0.15
				④老气田增产挖潜技术	0.10
				⑤储层改造增产效果评价技术	0.05
		(2) 采气工艺技术	0.30	①排水采气工艺技术	0.40
				②气举泡排采气工艺技术	0.30
				③气井动态测试技术	0.15
				④气藏动态监控技术	0.10
				⑤凝析气田采气技术	0.05
		(3) 开发钻完井技术	0.15	①开发钻完井工艺技术	0.40
				②开发钻完井储层保护技术	0.30
				③开发井控工艺技术	0.15
				④开发钻完井方案设计技术	0.10
				⑤开发完井测试与评价技术	0.05
		(4) 井下作业技术	0.10	①气井分层作业	0.40
				②气层保护技术	0.30
				③气井试井工艺技术	0.15
				④气井试井分析技术	0.10
				⑤井下节流采气工艺技术	0.05
		(5) 采气工程实验技术	0.05	①流体渗流规律实验技术	0.40
				②储层物理模拟实验技术	0.30
				③增产实验评价技术	0.15
				④压裂酸化评价技术	0.10
				⑤采气工艺实验评价技术	0.05

3) 地面工程技术(一级开发技术)

地面工程技术主要包括：内部集输工程技术，内部集输管网技术，酸性气田防腐监测与评价技术，天然气分析测试、计量与标准化技术，天然气净化处理技术等 5 个二级技术。相应的三级技术如表 6-10 所示。

表 6-10　地面工程技术体系的名称与递进分成基数建议表

一级技术		二级技术		三级技术	
名称	分成基数	名称	分成基数	名称	分成基数
地面工程技术	0.15	(1)内部集输工程技术	0.40	①集输标准化、模块化、撬装化技术	0.40
				②集输工艺技术	0.30
				③地面标准化设计技术	0.15
				④地面计量技术	0.10
				⑤集输完整性评价技术	0.05
		(2)内部集输管网技术	0.30	①管网设计技术	0.40
				②管网建设生态保护技术	0.30
				③管网施工技术	0.15
				④管网完整性评价技术	0.10
				⑤管网勘测技术	0.05
		(3)酸性气田防腐监测与评价技术	0.15	①气田防腐蚀监测与检测技术	0.40
				②地面集输系统内腐蚀控制技术	0.30
				③现场腐蚀试验工艺及评价技术	0.15
				④气田腐蚀与防治及修复技术	0.10
				⑤腐蚀在线试验工艺及评价技术	0.05
		(4)天然气分析测试、计量与标准化技术	0.10	①天然气计量与检测技术	0.40
				②地面测试计量技术	0.30
				③天然气分析测试技术	0.15
				④天然气标准化技术	0.10
				⑤天然气分析测试评价技术	0.05
		(5)天然气净化处理技术	0.05	①天然气处理技术	0.40
				②天然气净化处理监控技术	0.30
				③天然气净化处理效能评价技术	0.15
				④天然气副产品脱除技术	0.10
				⑤天然气副产品回收技术	0.05

4)开发装备工程技术(一级开发技术)

开发装备工程技术主要包括:气藏工程装备、采气工程装备、地面工程装备、开发软件装备技术、开发实验装备等 5 个二级技术。相应的三级技术如表 6-11 所示。

表 6-11　开发装备工程技术体系的名称与递进分成基数建议表

一级技术		二级技术		三级技术	
名称	分成基数	名称	分成基数	名称	分成基数
开发装备工程技术	0.10	(1)气藏工程装备	0.40	①气藏动态测试装备	0.40
				②气藏动态监测装备	0.30
				③气藏工程诊断与改造工具	0.15
				④开发物探装备	0.10
				⑤开发地质装备	0.05
		(2)采气工程装备	0.30	①增产改造装备	0.40
				②储层改造液体和支撑剂	0.30
				③采气工艺装备	0.15
				④开发钻完井装备	0.10
				⑤储层保护装备	0.05
		(3)地面工程装备	0.15	①内部集输装备	0.40
				②长输管道装备	0.30
				③分析测试、计量与标准化装备	0.15
				④净化与处理装备	0.10
				⑤防腐监测与检测装备	0.05
		(4)开发软件装备技术	0.10	①气藏工程软件	0.40
				②采气工程软件	0.30
				③地面工程软件	0.15
				④开发工程综合评价软件	0.10
				⑤开发工程实验软件	0.05
		(5)开发实验装备	0.05	①采气工程实验装备	0.40
				②地面工程实验装备	0.30
				③气藏动态测试实验装备	0.15
				④气藏动态监测实验装备	0.10
				⑤气藏地质实验装备	0.05

5)开发保障工程技术(一级开发技术)

开发装备工程技术主要包括:天然气开发工程自动化技术、天然气开发信息技术、天然气开发安全风险控制技术、天然气开发抢险应急救援技术、天然气开发节能保护技术等 5 个二级技术。相应的三级技术如表 6-12 所示。

表 6-12 开发保障工程技术体系的名称与递进分成基数建议表

一级技术		二级技术		三级技术	
名称	分成基数	名称	分成基数	名称	分成基数
开发保障工程技术	0.05	(1) 天然气开发工程自动化技术	0.40	①采气工程自动化技术	0.40
				②地面工程自动化技术	0.30
				③气藏工程自动化技术	0.15
				④天然气开发安全风险监控自动化技术	0.10
				⑤天然气开发抢险应急救援自动化技术	0.05
		(2) 天然气开发信息技术	0.30	①数字化气田技术	0.40
				②采气工程信息技术	0.30
				③气藏工程信息技术	0.15
				④地面工程信息技术	0.10
				⑤天然气开发数据库技术	0.05
		(3) 天然气开发安全风险控制技术	0.15	①采气工程安全运行保障技术	0.40
				②地面工程安全运行保障技术	0.30
				③气藏工程安全运行保障技术	0.15
				④净化工程安全运行保障技术	0.10
				⑤气藏开发安全风险防控完整性管理技术	0.05
		(4) 天然气开发抢险应急救援技术	0.10	①采气工程抢险应急救援技术	0.40
				②地面工程抢险应急救援保障技术	0.30
				③气藏工程抢险应急救援技术	0.15
				④开发工程应急抢险物资供应技术	0.10
				⑤开发工程应急抢险调度技术	0.05
		(5) 天然气开发节能保护技术	0.05	①气田开发清洁生产技术	0.40
				②开发生产系统节能降耗技术	0.30
				③钻完井废弃物资源化处理技术	0.15
				④压裂返排液循环利用技术	0.10
				⑤气田开发环境风险评价与防控技术	0.05

如果单项技术创新成果涉及勘探和开发，应根据勘探或开发创新成果的重要性，进行权重分配，确保分成基数归一化。

（三）勘探开发技术成果创新强度系数

根据技术成果类型，选择表 5-6、表 5-7，依据该单项技术成果的技术指标，获取 T_i、T_{ij}、Φ_{ij} 实际取值，代入式（5-19）计算，得到该单项技术成果创新强度系数（T）结果。

五、单项复杂技术和独占技术创新成果的
最大分成率

油气技术级序具有多技术级序和多专业性，其中包含若干单项常规技术成果和单项技术创新成果。单项技术创新成果由多个或单个一级技术要素构成。单项技术存在两种类型。一是单项复杂技术。当项目效益由多个一级技术与多级序技术要素协同作用时，单项技术创新成果贡献表现出多专业、多级序、创效周期较长的特点。例如，增储技术创新成果主体表现出技术复杂性，部分增产技术创新成果也表现出复杂性。二是单项独占技术。当项目效益由单个一级技术要素的技术体系协同作用形成时，单项技术创新成果贡献表现出技术要素和级序技术要素相对单一、创效周期短的特点。例如，非油气增储和增产类（降本降耗类、技术服务收益类、科技产品换代和替代进口产品类），大部分属于单项独占技术创新成果；另外，部分增产技术创新成果也表现出技术独占性。

（一）单项复杂技术创新成果的最大分成率为 18%

按照"二八原则"，设单项复杂技术创新成果的一级、二级、三级技术要素收益递进分成基数 $F_{nk}=F_{nf}=0.8$，$H_{zk}=H_{zf}=1.0$，技术成果创新强度系数为特高，$T_{dk}=T_{df}=80\%$，非技术要素收益分成率中值 $S=0.5$（$0.3 \leqslant S \leqslant 0.75$），上已述及，$F_{bk}$ 小于或等于 0.45，代入式（6-4）或式（6-5），单项复杂技术创新成果的最大分成率为

$$F_{xdk}=F_{bk}F_{nk}T_{dk}=(1-S)H_{zk}\Sigma D_{k1i} \times D_{k2i} \times D_{k3i} \times T_{dk}$$

$$F_{xdk}=F_{xdf}=0.45 \times 0.8 \times 0.8 \times 0.8 \times 0.8=18.43\%$$

因一级、二级、三级技术分成率都等于 0.8 的情况是极端事件，故单项复杂技术创新成果的最大分成率应控制在 18%以内。这可解决单项复杂技术创新成果的最大分成率上限值控制问题。

（二）单项独占技术创新成果的最大分成率为 56%

针对单项独占技术创新成果特点，设勘探或开发技术一级、二级、三级技术中的最大递进分成基数 $D_{k1}=D_{k2}=D_{k3}=100\%$，或 $D_{f1}=D_{f2}=D_{f3}=D_{f4}=1.0$，$H_{zk}=H_{zf}=1.0$，$T_{dk}=T_{df}=0.8$，非技术要素收益分成率中值 $S=0.5（0.3\leqslant S\leqslant 0.75）$，上已述及，单项独占技术创新成果分成基准值 F_b 分布：0.5～0.7，代入式（6-4）或式（6-5），单项独占技术创新成果的最大分成率为

$$F_{xdk} = F_{xdf} = F_{bk}F_{nk}T_{dk} = (1-S)H_{zk}\Sigma D_{k1i} \times D_{k2i} \times D_{k3i} \times T_{dk}$$
$$= 0.7 \times 1.0 \times 1.0 \times 1.0 \times 80\% = 56\%$$

因而单项独占技术创新成果的最大分成率计算，可有效解决如非增储增产收益项目效益、油气增产类科技重大专项效益评估中，最大分成率的上限（56%以内）控制问题。

第二节　单项技术创新成果增储增产收益分成评估模型

一、单项勘探技术创新成果增储净现值分成评估

（一）单项勘探技术创新成果增储净现值分成计算公式

按照分享理论和要素分配原理，从油气勘探生产要素（资本、管理、劳动、技术）中剥离出总体勘探技术要素分成基数，再依据勘探技术体系结构进行逐级分享，获取递进分成基数，按照单项勘探技术成果创新强度的大小，计算出单项勘探技术创新成果增储净现值分成率，最后将增储净现值乘以单项勘探技术创新成果增储净现值分成率，可计算出单项勘探技术创新成果增储净现值分成值。

根据式(5-1)和式(6-4)可知：

单项勘探技术创新成果增储净现值分成值(Y_{zR})＝区块勘探增储净现值(R_{NPV})×单项勘探技术创新成果增储净现值分成率(F_{xdk})　　(6-6)

式中，

$$F_{xdk} = F_{bk}F_{nk}T_{dk} = (1-S)H_{zk}\Sigma(D_{k1i} \times D_{k2i} \times D_{k3i})T_{dk} \qquad (6-7)$$

(二)单项勘探技术创新成果增储净现值分成计算主要参数

1. 区块勘探增储净现值(R_{NPV})

根据勘探单项技术创新成果应用区块勘探增储相应的参数，代入式(5-1)计算。具体参见第五章第一节内容，计算区块新增油气储量净现值(R_{NPV})。

2. 单项勘探技术收益分成基准值(F_{bk})

基于勘探单项技术创新成果应用区块的总体勘探技术要素收益分成基准值，具体取值方式参见第五章第二节内容，计算勘探技术要素收益分成基准值(F_{bk})。

3. 区块单项勘探技术要素收益递进分成基数(F_{nk})

根据区块单项勘探技术成果实际，由勘探技术专家依据不同应用领域，确定某一级、二级、三级勘探技术在一级技术级序中的贡献，参见表6-3～表6-7，确定各级序的具体勘探技术要素收益递进分成基数，代入式(6-3)计算(F_{nk})。

4. 区块单项勘探技术成果创新强度系数(T_{dk})

根据表5-8、表5-9，具体取值根据勘探技术成果和实际情况，获取T_i、T_{ij}、Φ_{ij}实际取值，代入式(5-19)计算，得到该技术成果创新强度系数(T_{dk})。

(三)单项勘探技术创新成果增储计算流程

单项勘探技术创新成果增储净现值分成评估流程如图 6-3 所示。

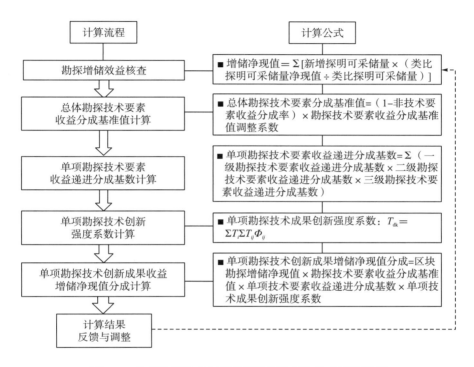

图 6-3　单项勘探技术创新成果增储净现值分成评估流程

二、单项开发技术创新成果增产净利润分成评估

(一)单项开发技术创新成果增产净利润分成计算公式

由式(5-24)和式(6-5)可知:

单项开发技术创新成果增产净利润分成值(Y_{dp})=区块开发增产净利润(P_{NP})×单项开发技术创新成果增产净利润分成率(F_{xdf})　　(6-8)

其中,

$$F_{xdf} = F_{bf}F_{nf}T_{df} = (1-S)H_{zf}\Sigma(D_{f1i} \times D_{f2i} \times D_{f3i})T_{df} \qquad (6\text{-}9)$$

（二）增产递进分成基数与创新强度系数确定

1. 区块开发增产净利润（P_{NP}）

根据单项开发技术创新成果应用区块开发增产相应的参数，代入式（5-1）计算。

增产净利润=Σ[新老区提高产量×商品率×（单位油气价格−单位油气成本−单位油气税费）] （6-10）

具体参见第五章第一节，计算区块新增油气产量净利润（P_{NP}）。

2. 单项开发技术收益分成基准值（F_{bf}）

根据单项开发技术创新成果应用区块的总体开发技术要素收益分成基准值，具体取值方式参见第五章第二节，计算开发技术要素收益分成基准值（F_{bf}）。

3. 区块单项开发技术要素收益递进分成基数（F_{nf}）

根据区块单项开发技术创新成果实际，由开发技术专家依据不同应用领域，确定某一级、二级、三级开发技术在一级技术级序中的贡献，参见表 6-8～表 6-12，确定各级序的具体开发技术要素收益递进分成基数，代入式（6-3）计算 F_{nf}。

4. 区块单项开发技术成果创新强度系数（T_{df}）

根据表 5-8、表 5-9，具体取值根据开发技术创新成果的创新实际情况，获取 T_i、T_{ij}、Φ_{ij} 实际取值，代入式（5-19）计算，得到该技术成果创新强度系数（T_{dk}）：

$$T_{df} = \Sigma T_i \Sigma T_{ij}\Phi_{ij} \qquad (6\text{-}11)$$

（三）开发技术创新成果收益计算流程

单项开发技术创新成果增产净利润分成流程如图 6-4 所示。

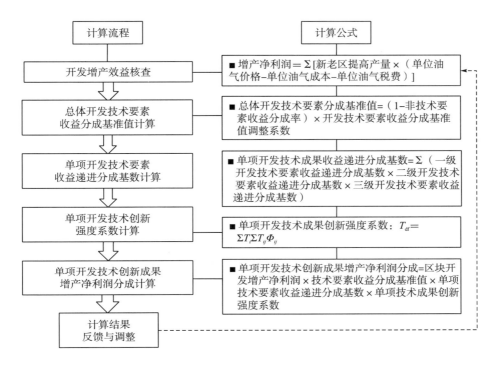

图 6-4　单项开发技术创新成果增产净利润分成评估流程

第三节　应用：A 气田单项技术创新成果增储净现值分成评估

一、勘探技术创新成果增储净现值分成率确定

（一）勘探技术要素收益分成基准值

A 气田勘探单项技术创新成果应用对象属于常规油气藏勘探，与第五章第四节应用对象一致。根据表 5-11，其非勘探技术要素收益分成值：$S=58\%$，因常规油气藏处于勘探早期，据表 5-7，$H_k=1.0$，按式（6-2），勘探技术要素收益分成基准值 F_{bk}：

$$F_{bk}=(1-S)H_k=42\%$$

（二）区块单项勘探技术要素收益递进分成基数（F_{nk}）

创新内容：创新了 A 气田特大型气藏高效勘探评价技术，创新了 A 地区 DY 储层迁移分布规律把握，创新了优质储层精细刻画技术，创新了钻完井和试油配套工艺技术，包括形成井身结构设计优化、"个性化钻头+长寿命螺杆+优质钻井液"提速、高压气井尾管防窜固井、裸眼封隔器分段酸化压裂等四项（表 6-13）。

表 6-13　A 气田某气藏一级、二级、三级勘探技术要素收益递进分成基数表

一级技术 /递进分成基数	二级技术 /递进分成基数	三级技术 /递进分成基数	勘探技术创新成果的主要创新点
天然气地质勘探/0.40	天然气地质综合解释与评价技术/0.30	储层综合评价技术/0.30	A 气田特大型气藏高效勘探评价。 创新内容：创新建立了 DY 储集类型识别评价模板；建立等时地层格架下优质储层发育模型
	地质模型构建与模拟技术/0.40	地质构造-沉积模式及重建技术/0.3	A 地区 DY 储层迁移分布规律。 创新内容：创新形成多信息融合海平面升降分析技术，新发现灯四早期台缘带；建立层序控制下丘滩相+早成岩期岩溶成储新模式
物探/0.30	地震勘探技术/0.40	地震地质解释与描述技术/0.30	优质储层精细刻画技术。 创新内容：建立了储层精细预测、优质缝洞储集体地震识别技术
天然气钻完井技术/0.15	钻井技术/0.40	钻井方案设计技术/0.10	形成井身结构设计优化
	井下测量与控制技术/0.15	高含硫高温高压"三高"井控技术/0.40	高压气井尾管防窜固井
	完井技术/0.30	压裂与酸化技术/0.30	裸眼封隔器分段酸化压裂
天然气勘探装备工程技术/0.10	钻完井装备技术/0.40	钻井工具装备/0.30	"个性化钻头+长寿命螺杆+优质钻井液"提速

根据式（6-3），区块单项勘探技术要素收益递进分成基数（F_{nk}）：

$$
\begin{aligned}
F_{nk} &= \Sigma D_{k1i} \times D_{k2i} \times D_{k3i} \\
&= 0.4 \times (0.3 \times 0.3 + 0.40 \times 0.3) + 0.3 \times 0.40 \times 0.3 \\
&\quad + 0.15 \times (0.40 \times 0.1 + 0.15 \times 0.40 + 0.3 \times 0.3) + 0.10 \times 0.40 \times 0.3 \\
&= 0.084 + 0.036 + 0.0285 + 0.012 \\
&= 16.05\%
\end{aligned}
$$

(三)勘探技术成果创新强度系数

A 气田勘探单项总体技术创新成果增储增产的主要科技创新点如下。

第一，首次揭示 A 地区 DY 储层迁移分布规律，明确气藏内部不同区块储层发育特征，指导分级评价勘探区带。所属学科：油气地质。该成果授权国家专利 1 项、受理国家专利 1 项，发表论文 6 篇。

第二，首次明确 DY 孔洞型储层发育程度是控制产能的主要地质因素，揭示孔洞型优质储层地质特征及其展布规律，指导 A 气田高效勘探评价。所属学科：油气地质。该成果授权国家专利 2 项、受理国家专利 2 项，发表论文 10 篇。

第三，创新建立储层定量预测技术体系，优质储层精细刻画技术取得突破。所属学科：油气物探工程。该成果授权国家专利 3 项、受理国家专利 3 项，获软件著作权 3 件，发表论文 2 篇。

第四，创新形成适用于 DY 储层地质特点的钻完井和试油配套工艺技术，保障 DY 储层高效勘探。所属学科：石油钻井工程。该成果授权国家专利 1 项，发表论文 3 篇。

专家鉴定认为，A 气田某气藏精细勘探评价取得的理论技术成果总体达到了国际先进水平，其中基于高分辨率层序地层学的碳酸盐岩储层精细研究、储层地震精细描述和预测方法达到国际领先水平。参考表 6-14，并按照勘探技术成果创新强度系数取值参考表。依据式(5-19)：

$$
\begin{aligned}
T_{\mathrm{df}} &= \Sigma T_i \Sigma T_{ij} \Phi_{ij} \\
&= T_1(T_{11}\Phi_{11} + T_{12}\Phi_{12} + T_{13}\Phi_{13}) + T_2(T_{21}\Phi_{21} + T_{22}\Phi_{22} + T_{23}\Phi_{23}) \\
&\quad + T_3(T_{31}\Phi_{31} + T_{32}\Phi_{32} + T_{33}\Phi_{33}) \\
&= 50\% \times (40\% \times 75\% + 35\% \times 75\% + 25\% \times 75\%) \\
&\quad + 30\% \times (40\% \times 65\% + 35\% \times 65\% + 25\% \times 65\%) \\
&\quad + 20\% \times (40\% \times 65\% + 35\% \times 65\% + 25\% \times 65\%) \\
&= 37.5\% + 19.5\% + 13\% \\
&= 70\%
\end{aligned}
$$

表 6-14　勘探技术成果创新强度指标表

一级指标 (T_i)	二级指标 (T_{ij})	三级指标 (Φ_{ij})			
		I (70%~<80%)	II (60%~<70%)	III (50%~<60%)	IV (<50%)
T_1: 技术创新程度 (50%)	T_{11}:解决技术难题的能力 (40%)	突破性问题	关键瓶颈问题	关键问题	较难问题
	T_{12}:掌握核心技术的程度 (35%)	5 项专利/国际标准	4 项专利/行业标准	3 项专利/企业标准	2 项专利/企业秘密
	T_{13}:自主创新技术的比例 (25%)	大部分技术	主体技术	多项技术	单项技术
T_2: 技术先进程度 (30%)	T_{21}:总体技术先进水平 (40%)	国际领先	国际先进	国内领先	国内先进
	T_{22}:主要技术指标水平 (性能、性状、工艺参数等)(35%)	国际领先	国际先进	国内领先	国内先进
	T_{23}:经济指标水平(投入产出比、性能价格比、成本、规模、环境、生态等)(25%)	国际领先	国际先进	国内领先	国内先进
T_3: 技术成熟程度 (20%)	T_{31}:实际应用规模与转化程度(40%)	国内外	国内	集团公司	地区公司
	T_{32}:推动科技进步与竞争优势(35%)	国际优势显著	国内优势显著	行业优势显著	行业优势一般
	T_{33}:关键技术的稳定、可靠性、有形化(25%)	非常高	高	较高	基本

(四)单项勘探技术创新成果增储净现值分成率(F_{xdk})

根据式(6-7)，单项勘探技术创新成果增储净现值分成率(F_{xdk})：

$$F_{xdk}=F_{bk}F_{nk}T_{dk}=42\%\times16.05\%\times70\%=4.72\%$$

二、勘探技术创新成果增储净现值分成值计算

(一)区块净现值测算

按照类比法的要求，选取 DY 四段天然气探明储量及净现值作为类比区块，按照 70%的地质储量为可采储量进行测算，技术创新成果类比区块的储量及净现值，每亿立方米净现值为 96.38 万元。该科技创新成果应用新增储量的净现值为

区块勘探增储净现值=Σ[新增探明可采储量×(类比探明可采储量净现值/类比探明可采储量)]=1281.16×70%×96.38=86435(万元)

(二)勘探技术创新成果增储净现值分成计算

根据式(6-6),天然气勘探技术创新成果增储净现值分成计算公式:

单项勘探技术创新成果增储净现值分成值(Y_{zR})=区块勘探增储净现值(R_{NPV})×单项勘探技术创新成果增储净现值分成率(F_{xdk})=86453×4.71%=4071.94(万元)

因此,A气田单项勘探技术创新成果分成效益为4071.94万元。

第四节　应用:A气田单项技术创新成果增产净利润分成评估

一、开发技术创新成果增产净利润分成率确定

(一)开发技术要素收益分成基准值

A气田单项开发技术创新成果应用对象为属于气藏开发早期,据表5-7,H=0.9,与第五章第四节应用对象一致。根据表5-11,其非开发技术要素收益分成值:S=58%,按式(6-2),勘探技术要素收益分成基准值 F_{bk}:

$$F_{bk}=(1-S)H_f=42\%×0.9=37.8\%$$

(二)开发技术要素收益递进分成基数(F_{nk})

A气田单项开发技术创新成果的主要科技创新点有三个。①创新建立复杂多重介质岩溶气藏储量分级评价技术,实现了储量动用程度定量评价。所属学科:气藏工程。该成果授权发明专利2件,授权实用新型专利1件,公开发表论文10篇,修订企业标准1项。②创新形

成白云岩岩溶缝洞储集体多因素精细刻画技术，指导了开发目标优选和实施。所属学科：气藏工程、物探技术、测井技术。该成果授权发明专利 5 件，申报发明专利 1 件，公开发表论文 15 篇，修订行业标准 1 项，制定软件著作权 4 件。③创新建立了强非均质气藏开发新模式及同储渗体优化开发技术，确保气藏开发指标最优化。所属学科：气藏工程。该成果出版专著 1 部、公开发表论文 5 篇，申报发明专利 3 件、修订行业标准 1 项，制定软件著作权 1 件（表 6-15）。

表 6-15　A 气田气藏一级、二级、三级开发技术要素收益递进分成基数表

一级技术 /递进分成基数	二级技术 /递进分成基数	三级技术 /递进分成基数	开发技术创新成果的主要创新点
气藏工程技术 /0.40	开发地质综合评价技术/0.40	气藏地质与储量分布描述技术/0.30	创新建立复杂多重介质岩溶气藏储量分级评价技术
	气藏工程评价技术/0.30	气藏开发动态描述技术/0.40	创新建立了强非均质气藏开发新模式及同储渗体优化开发技术
	开发物探技术/0.15	地震解释与描述技术/0.30 开发测录井综合评价技术/0.10	创新形成白云岩岩溶缝洞储集体多因素精细刻画技术

根据式（6-3），区块单项开发技术要素收益递进分成基数（F_{nf}）：

$$F_{nf} = \Sigma D_{f1i} \times D_{f2i} \times D_{f3i}$$
$$= 0.40 \times [0.40 \times 0.30 + 0.30 \times 0.40 + 0.15 \times (0.30 + 0.10)] = 12\%$$

（三）开发技术成果创新强度系数

A 气田单项开发技术创新成果的主要科技创新点，填入表 6-16 中，应用技术开发成果创新强度指标。依据式（5-19）：

$$T_{df} = \Sigma T_i \Sigma T_{ij} \Phi_{ij}$$
$$= T_1(T_{11}\Phi_{11} + T_{12}\Phi_{12} + T_{13}\Phi_{13}) + T_2(T_{21}\Phi_{21} + T_{22}\Phi_{22} + T_{23}\Phi_{23})$$
$$+ T_3(T_{31}\Phi_{31} + T_{32}\Phi_{32} + T_{33}\Phi_{33})$$
$$= 50\% \times (40\% \times 65\% + 35\% \times 75\% + 25\% \times 65\%)$$
$$+ 30\% \times (40\% \times 55\% + 35\% \times 55\% + 25\% \times 55\%)$$
$$+ 20\% \times (40\% \times 65\% + 35\% \times 65\% + 25\% \times 65\%)$$
$$= 34.25\% + 16.5\% + 13\% = 63.75\%$$

表 6-16　开发技术成果创新强度指标表

一级指标 (T_i)	二级指标 (T_{ij})	三级指标(Φ_{ij})			
		I (70%～80%)	II (60%～<70%)	III (50%～<60%)	IV (<50%)
T_1: 技术创新 程度 (50%)	T_{11}:解决技术难题的能力(40%)	突破性问题	关键瓶颈问题	关键问题	较难问题
	T_{12}:掌握核心技术的程度(35%)	5 项专利/ 国际标准	4 项专利/ 行业标准	3 项专利/ 企业标准	2 项专利/ 企业秘密
	T_{13}:自主创新技术的比例(25%)	大部分技术	主体技术	多项技术	单项技术
T_2: 技术先进 程度 (30%)	T_{21}:总体技术先进水平(40%)	国际领先	国际先进	国内领先	国内先进
	T_{22}:主要技术指标水平(性能、性状、工艺参数等)(35%)	国际领先	国际先进	国内领先	国内先进
	T_{23}:经济指标水平(投入产出比、性能价格比、成本、规模、环境、生态等)(25%)	国际领先	国际先进	国内领先	国内先进
T_3: 技术成熟 程度 (20%)	T_{31}:实际应用规模与转化程度(40%)	国内外	国内	集团公司	地区公司
	T_{32}:推动科技进步与竞争优势(35%)	国际优势显著	国内优势显著	行业优势显著	行业优势 一般
	T_{33}:关键技术的稳定、可靠性、有形化(25%)	非常高	高	较高	基本

(四)开发技术创新成果增产净利润分成率(F_{xdf})

根据式(6-10)，单项开发技术创新成果增产净利润分成率(F_{xdk})：

$$F_{xdf}=F_{bf}F_{nf}T_{df}=37.8\%×12\%×63.75\%=2.89\%$$

二、开发技术创新成果增产净利润分成值测算

(一)区块净利润测算

2017～2019 年，该技术作业区块营业收入为 61.99 亿元，净利润达到 33.75 亿元，如表 6-17 所示。

表 6-17 2017～2019 年该技术作业区块效益情况   （单位：万元）

年份	营业收入	税费	净利润	利税
2017	85302	9808	47158	56966
2018	195110	21918	106710	128628
2019	339512	37216	183616	220832
合计	619924	68942	337484	406426

（二）开发技术创新成果收益分成率和净利润分成计算

根据式(6-8)，天然气开发技术创新成果增产净利润分成计算公式：

单项开发技术创新成果增产净利润分成值(Y_{dp})=区块开发增产净利润(P_{NP})×单项开发技术创新成果增产净利润分成率(F_{xdf})=337484×2.89%=9753.28（万元）

因此，A 气田单项开发技术创新成果增产净利润分成值为 9753.28万元。

第七章　油气技术创新成果非增储增产分成评估模型

油气技术创新成果非增储增产收益类型包括降本降耗、技术服务、新产品(包括全新产品、换代产品类、替代进口产品)等，与勘探开发增储增产类效益类型的价值形成和主控因素差别很大，上已述及增储增产类价值形成对油气自然资源禀赋依赖很强，对投入要素结构和总量依附很大，要素投入周期也较长，尤其对勘探或开发技术体系的依赖更强，而非增储增产收益类与之相反。因此，针对油气技术创新成果，构建非增储增产收益分成评估模型，包括主要参数遴选与确定，以及方法模型优化与应用等，显得更加重要。

第一节　技术创新成果非增储增产收益分成评估模型构建

一、非增储增产收益分成评估结构模型设计

(一)收益分成评估模型构建依据

1. 依据非增储增产收益类型及内涵

依据第二章第三节油气科技成果效益分类，非增储增产收益类重点讨论油气勘探开发阶段中降本降耗收益、技术服务收益、新产品类收益(包括全新产品、换代产品类、替代进口产品)等三方面。

1)降本降耗收益

降本降耗收益指的是在油气勘探开发阶段中技术创新成果中应用

新技术、新工艺、新产品等对现有流程、工艺、装备等进行改进或改造，达到节约支出、节能降耗、降本增效的效果。例如，降低了气田的生产成本、节约建设投资等而增加的经济效益，又如，节约了投资以及工时和生产用料，减少了浪费和废品等，从而为企业创造了经济效益，实现节约支出的目的。

2）技术服务收益

技术服务收益指的是在油气勘探开发阶段中技术创新成果应用于企业承担技术服务任务，经济效益通过技术服务完成工作量获得。技术服务收益非技术转让，技术转让属于技术产品销售，其经济效益表现为技术产品销售收益。

3）新产品类收益

新产品类收益包括全新产品、换代产品类、替代进口产品等，新产品类收益分成指的是技术创新获得重大突破，应用后生产出了全新产品并销售获得了直接经济效益。全新产品类成果经济效益体现在新产品销售后为企业创造的经济效益。

换代产品收益指的是在油气勘探开发阶段中应用新技术后在原有产品的基础上，采用新材料、新技术、新工艺，革新了原产品的原理、功能、性能，并有飞跃发展及有显著改进的新产品，即企业应用新技术后所生产的产品性能指标或功能得到提升，其经济效益表现为销售新开发产品较原生产同类产品效益的增加值。

替代进口产品收益指的是在油气勘探开发阶段中技术创新成果形成的新工艺或新产品应用于企业生产系统中（未对外销售），代替了原来在用或原计划应用的进口技术，为企业节约了资金。

2. 非增储增产收益与自然资源禀赋和油气藏特征关联度不高

根据非增储增产收益类型的特点，无论何种效益类型都是生产要素协同作用的结果。非增储增产收益主要受控于技术创新成果应用后实现提质增效的变化，与自然资源禀赋和油气藏特征关联度不高。因而，对非增储增产收益的贡献，非技术要素（技术、劳动、资本）的分成率比增储增产效益的贡献较小，或者是在非增储增产收益中，技术要素收益分成基准值比增储增产收益的技术分成基准值大些。

3. 非增储增产收益主要是单项独占技术创新成果创效的结果

非增储增产收益形成是在某项勘探开发作业流程中，某项技术创新成果得到有效应用，或参与的技术创新成果不是总体技术创新成果，而是由单项独占技术创新成果。

（二）收益分成评估结构模型设计

根据第六章第一节内容，以及非增储增产收益评估模型构建依据，构建单项技术创新成果非增储增产收益分成评估结构模型（图 7-1）。

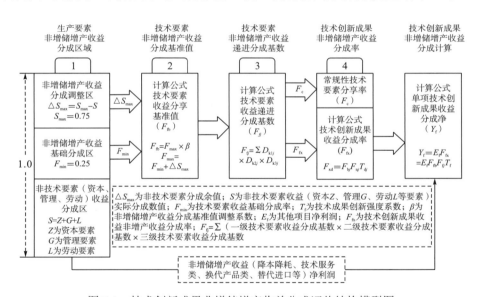

图 7-1　技术创新成果非增储增产收益分成评估结构模型图

从图 7-1 看出，其收益分成可分四个步骤：①首先将技术要素非增储增产收益分成三个区，即非增储增产收益基础分享区、非技术要素（资本、管理、劳动）收益分成区、非增储增产收益分成调整区，为确定技术要素非增储增产收益最大收益分成奠定基础；②确定技术要素收益分成基准值(F_{fb})。在确定技术要素非增储增产收益最大收益分成率基础上，依据不同非增储增产收益类型，确定非增储增产收益分成基准值，实现技术要素与非技术要素收益分成率的分割；③确定技术要素收益递进分成基数确定(F_{fj})。按照技术要素收益递进分成原理，计算各级序技术要素递进分成基数，实现目标技术成果与其他技术成果收益分成的分割。④确定技术创新成果非增储增产收益分成率(F_{fx})。引入技术创新成果的创新强度系数，实现技术创新成果与同类常规技术成果分成率的分割。

二、非增储增产收益分成评估数学模型设计

(一)非增储增产收益分成模型

依据式(6-1)、式(6-3)和式(6-6)，技术创新成果其他净利润分成值(Y_f)为

技术创新成果其他净利润分成值(Y_f)=$\sum$新增净利润(E_{fj})×技术创新成果非增储增产收益分成率(F_{fx})　　　　　　　　(7-1)

技术创新成果非增储增产收益分成率(F_{fx})=技术要素收益分成基准值(F_{fb})×技术要素收益递进分成基数(F_{fj})×技术成果创新强度系数(T_f)　　　　　　　　(7-2)

技术要素收益分成基准值(F_{fb})=(1-非技术要素收益分成率 S)H_f

　　　　　　　　(7-3)

技术要素收益递进分成基数(F_{fj})=Σ(一级技术要素分成基数 D_{f1i}×二级技术要素分成基数 D_{f2i}×三级技术要素分成基数 D_{f3i})　　　(7-4)

技术成果创新强度系数(T_f)=$\Sigma T_i \Sigma T_{ij} \Phi_{ij}$　　　　(7-5)

(二)非增储增产收益分成评估流程

技术创新成果非增储增产收益分成评估流程图如图 7-2 所示。

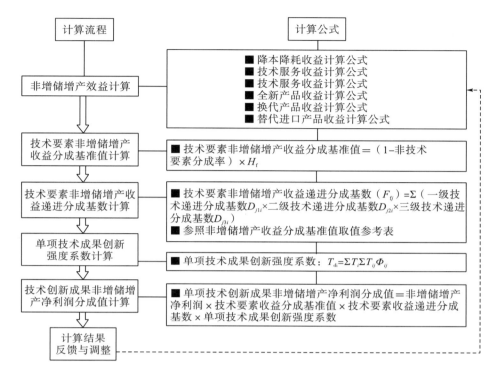

图 7-2 技术创新成果非增储增产收益分成评估流程图

第二节 技术创新成果非增储增产收益分成 评估参数确定

一、非增储增产收益(E_{fj})

(一)降本降耗收益

应用 n 个区块新增净利润($E_{降本降耗}$)$=\Sigma\{[($原工艺技术消耗总额-新工艺技术消耗总额)-税金及附加费]×(1-所得税率)\}_i$ (7-6)

税金及附加费=(原工艺技术消耗应交增值税-新工艺技术消耗应交增值税)×税金及附加费率 (7-7)

①原工艺技术消耗总额：成果应用前原工艺生产同样数量产品、建设同类规模工程等产生的费用或投资额，包括油气田开发中消耗的材料、燃料、动力等生产费用，以及减少油气田项目的建设投资。②新工艺技术消耗总额：成果应用后新工艺生产产品、建设工程等产生的费用或投资额。降本降耗类经济效益评价需要的信息如表 7-1 所示。

表 7-1　降本降耗类经济效益评价信息

应用区块名称	确认年份	计算名称（单位）	新技术实施后		新技术实施前		新工艺技术消耗总额/万元	原工艺技术消耗总额/万元
			数量	单位成本/（万元/单位）	数量	单位成本/（万元/单位）		
合计								

备注：①对于节约能源或耗能工质时，单位如：吨、千度、套等；②对于节约成本或费用时，单位如井数（口）、钻井进尺（米）、天数（天）、检修次数（次）、使用量（台）等。

（二）技术服务收益

应用 n 个区块技术服务净利润$(E_{技术服务})=\sum\{[(服务收入-服务成本)-税金及附加费]\times(1-所得税率)\}_i$　　　　　　(7-8)
其中，
$$服务收入=服务工作量\times单位服务价格$$
$$服务成本=服务工作量\times单位服务成本$$
$$税金及附加费=技术服务应交增值税\times税金及附加费率$$
服务收入是指技术创新成果对油气田企业内部、外部提供技术服务获得的服务收入。服务成本是指技术创新成果对油气田企业内部、外部提供技术服务。

技术服务类经济效益评价需要的信息如表 7-2 所示。

表 7-2　技术服务类经济效益评价信息

服务区块	项目	单位	年	……	年	合计
	工作量					
	单位服务价格					
	单位服务成本					
	净利润					
	工作量					
	单位服务价格					
	单位服务成本					
	净利润					
	工作量					
	单位服务价格					
	单位服务成本					
	净利润					
净利润合计						

注：计量名称(单位)为计量"工作量"的实物量所用的名称，如，钻井进尺(米)、采集面积(平方公里)、试油井数(口)、设计图纸(套)等。

（三）新产品类

1. 全新产品

新产品类成果经济效益体现为新产品销售后为企业创造的经济效益。

n 个新产品收益净利润($E_{新产品}$)=$\Sigma\{$[新产品销量×(新产品销售单价－新产品单位成本)－税金及附加费]×(1－所得税率)$\}_i$　　　(7-9)
其中，

税金及附加费=新产品应交增值税×税金及附加费率

①新产品销量指新技术创新成果应用期间每年生产并对外销售的新产品量；②新产品单价指新产品当年对外销售的平均价格；③新产品单位成本指新技术应用过程中生产单位新产品所发生的成本。

新产品类经济效益评价需要的信息如表 7-3 所示。

表 7-3　新产品类经济效益评价信息

确认年份	计算名称(单位)	新技术实施后		
		数量	单位价格/(万元/单位)	单位成本/(万元/单位)
新技术实施后合计及加权平均值				

注：计量名称(单位)为"新产品"实物量所用的名称，单位如：吨、台、套等。

2. 换代产品收益

换代产品收益指应用新技术后所生产的产品性能指标或功能得到提升所增加的经济效益。

n 个换代产品收益净利润($E_{换代产品}$)=Σ{[换代产品销量×(换代产品销售单价-换代产品单位成本)-原产品销量×(原产品销售单价-原产品单位成本)-税金及附加费]×(1-所得税率)}$_i$　　　　(7-10)

其中，

税金及附加费=(换代产品应交增值税-原产品应交增值税)×税金及附加费率

①换代产品销量指新技术成果应用期间对外销售量；②换代产品单价指换代产品当年对外销售的平均价格；③换代产品单位成本指新技术应用过程中生产单位换代产品所发生的成本；④原产品销量指未应用新技术成果的产品销量；⑤原产品销售单价指新技术未应用前原生产同类产品的销售价格；⑥原产品单位成本指新技术未应用前原生产同类单位产品所产生的成本。

换代产品类经济效益评价需要的信息如表 7-4 所示。

表 7-4　换代产品类经济效益评价信息

确认年份	计算名称(单位)	新技术实施后			新技术实施前		
		数量	单位价格/(万元/单位)	单位成本/(万元/单位)	数量	单位价格/(万元/单位)	单位成本/(万元/单位)
新技术实施后(前)加权平均值							

注：计量名称(单位)为"替代物品"实物量所用的名称，单位如：吨、台、套等。

3. 替代进口产品收益

n 个替代进口产品收益净现值($E_{替代进口产品}$)=Σ｛［新产品产量×（原进口产品销售单价-新产品单位成本）-税金及附加费］×（1-所得税率）｝$_i$

$$(7\text{-}11)$$

其中，

税金及附加费=（原进口产品应交增值税-新产品应交增值税）
×税金及附加费率

①产品产量指应用技术创新成果应用后开发的产品，代替了原来的尽快产品（国产化），并投入到中国石油企业生产的产品量；②原进口产品销售单价指企业进口同类产品价格或市场在售的同类产品价格；③新产品单位成本指新技术成果应用生产替代产品的单位完全成本。

替代进口产品类经济效益评价需要的信息如表 7-5 所示。

表 7-5 替代进口产品类经济效益评价信息

确认年份	计算名称（单位）	新产品产量	原进口产品销售单价/(万元/单位)	新产品单位成本/(万元/单位)

备注：计量名称（单位）为"替代物品"实物量所用的名称，单位如：吨、台、套等。

二、技术要素收益分成基准值（F_{fb}）

技术要素非增储增产收益分成基准值可通过三种方式获得。①根据第五章第二节内容，依据式(5-7)：$F_{fb}=(1-S)H_f$，非技术要素收益分成率 S 的中值为 50%（30%≤S≤75%）。第五章第三节已述及，不同应用领域技术要素增储增产收益分成基准值分布：30%～50%。非增储增产收益大小与自然资源禀赋和油气藏特征关联度不高，技术分成基准值较大，应大于 50%。②资料分析表明，依据《国务院关于印发实施〈中华人民共和国促进科技成果转化法〉若干规定的通知》(国发〔2016〕16 号)、《财政部　科技部　国资委关于印发〈国有科技型企业股权和分红激励暂行办法〉的通知》(财资〔2016〕4 号),技术权益主要分布为 50%~70%。③依据新技术成果应用项目具体情况,可酌情参照第三章第一节内容取值。

综上,技术要素收益分成基准值取值参考表 7-6。

表 7-6　非增储增产收益分成基准值取值参考表

序号	效益类型	分成基准值/%
1	降本降耗类	50
2	技术服务类	50
3	全新产品类	70
4	换代产品类	60
5	替代进口产品类	70

三、技术要素收益递进分成基数(F_{fj})

(一)一级技术要素分成基数(D_{f1i})取值

绝大多数情况下,非增储增产收益类和大部分增产类技术多属于独占技术,其分布在同一个一级技术要素级序位格中,没有其他一级要素技术参与分成,故该一级技术要素分成基数 $\Sigma D_{f1i}=1$,($i=1$)。

(二)二级技术要素分成基数(D_{f2i})取值

技术创新成果的技术多数情况下分布在同一个二级技术级序位格中,即该二级技术级序中没有其他二级技术参与,故该二级技术要素分成基数 $D_{f2i}=1$,($i=1$)。

如果技术创新成果的技术分布在两个以上二级技术级序位格中,二级技术要素分成基数应作归一化处理,二级技术要素分成基数

$\Sigma D_{f2i}=1$，（$i\leqslant5$），具体按照主要二级技术占比小于或等于80%，次要二级技术占比小于或等于20%进行测算。

(三)三级技术要素分成基数(D_{f3i})取值

多数情况下，技术创新成果的技术分布在多个三级技术级序位格中，根据技术创新成果申报材料，以技术创新成果创新点与第三级技术的相关性进行匹配，在表6-3～表6-7或表6-8～表6-12中，寻找到相应的三级技术级序位格及分成基数。

四、技术成果创新强度系数(T_f)

技术成果创新强度系数(T_f)，具体权重参照表5-8和表5-9，按照式(5-19)进行测算。

五、技术创新成果非增储增产收益分成率(F_{fx})

将技术要素收益分成基准值、分成基数和创新强度系数值代入式(7-2)计算，可得技术创新成果非增储增产收益分成率(F_{fx})。

第三节　技术创新成果非增储增产收益分成
评估模型应用

一、应用一：节约投资类收益分成评估

(一)项目研究背景

《XX低渗碳酸盐岩储层改造液体技术及应用》主要科技创新点：

①研发了高温自生酸及自生酸前置液技术，大幅提高了高温下酸液有效作用距离；②研发了一种磺酸盐甜菜碱基类高温转向酸技术，提高了高温非均质性储层布酸的均匀程度；③研发了一种低摩阻高温胶凝酸技术，腐蚀速率满足行业一级标准要求，增加了酸液的有效作用距离；④研发了高温酸液评价实验装置及方法，发明了可回流酸蚀裂缝导流能力测试装置及方法，发明了与现场实际数据吻合率高达90%以上的耐酸管路摩阻仪，国内外首次实现了高黏酸液（最高800毫帕·秒）摩阻的精确测试。本项目获授权发明专利2件、实用新型专利1件，获得中国石油自主创新重要产品1项，中国石油技术秘密1项，制定集团公司标准1项，发表学术论文8篇等。

（二）科技创新成果效益测算

1. 净利润测算

截至2018年底，研究成果在四川盆地开展现场应用，由于酸化液体技术的进步，减少了井位部署，从而节约钻井投资1.238亿元。

2. 递进分成基数

《XX 低渗碳酸盐岩储层改造液体技术及应用》成果属于开发装备工程技术，涉及二级技术有采气工程装备以及实验装备技术，依据开发装备工程技术体系的名称与递进分成基数建议表（表6-11）取值，形成表7-7，根据式（7-4）：

$$
\begin{aligned}
F_{fj} &= \Sigma D_{f1i} \times D_{f2i} \times D_{f3i} \times D_{f4i} \\
&= [100\% \times (80\% \times 40\%) + 100\% \times (80\% \times 30\%) \\
&\quad + 100\% \times (20\% \times 40\%)] \times 100\% \\
&= 32\% + 24\% + 8\% \\
&= 64\%
\end{aligned}
$$

表 7-7　开发装备工程技术体系的名称与递进分成基数建议表

一级技术		二级技术		三级技术		技术创新点
名称	分成基数	名称	分成基数	名称	分成基数	
开发装备工程技术	1.0	采气工程装备	0.85	增产改造装备	0.40	磺酸盐甜菜碱基类高温转向酸技术低摩阻高温胶凝酸技术
				储层改造液体和支撑剂	0.30	高温自生酸及自生酸前置液技术
		实验装备技术	0.15	采气工程实验装备	0.40	高温酸液评价实验装置及方法

注：该单项基数创新成果涉及二项二级技术，故采用归一化处理。

3. 创新强度系数

项目通过技术攻关和应用，进一步完善了酸液摩阻性能、酸蚀裂缝导流能力等酸液关键性能评价技术，研制出了高温胶凝剂、高温缓蚀剂、高温转向剂、自生酸药剂等系列关键添加剂，形成了适合四川盆地低渗碳酸盐岩储层改造配套的自生酸及自生酸前置液、高温胶凝酸、高温转向酸等酸液体系和应用技术（表 7-8）。参照整体技术成果创新强度系数进行测算，该技术成果创新强度系数为

$$T_f = \Sigma T_i \Sigma T_{ij} \Phi_{ij}$$
$$= 50\% \times (40\% \times 65\% + 35\% \times 55\% + 25\% \times 65\%)$$
$$+ 30\% \times (40\% \times 55\% + 35\% \times 55\% + 25\% \times 55\%)$$
$$+ 20\% \times (40\% \times 65\% + 35\% \times 65\% + 25\% \times 65\%)$$
$$= 30.75\% + 23.45\% + 13\% = 67.2\%$$

表 7-8　应用技术开发成果创新强度指标表

一级指标 (T_i)	二级指标 (T_{ij})	三级指标（Φ_{ij}）			
		I (70%～80%)	II (60%～<70%)	III (50%～<60%)	IV (<50%)
T_1:技术创新程度 (50%)	T_{11}:解决技术难题的能力 (40%)	突破性问题	关键瓶颈问题	关键问题	较难问题
	T_{12}:掌握核心技术的程度 (35%)	5 项专利/国际标准	4 项专利/行业标准	3 项专利/企业标准	2 项专利/企业秘密

续表

一级指标 (T_i)	二级指标 (T_{ij})	三级指标(Φ_{ij})			
		I (70%~80%)	II (60%~<70%)	III (50%~<60%)	IV (<50%)
T_1:技术创新程度 (50%)	T_{13}:自主创新技术的比例 (25%)	大部分技术	主体技术	多项技术	单项技术
T_2:技术先进程度 (30%)	T_{21}:总体技术先进水平 (40%)	国际领先	国际先进	国内领先	国内先进
	T_{22}:主要技术指标水平(性能、性状、工艺参数等)(35%)	国际领先	国际先进	国内领先	国内先进
	T_{23}:经济指标水平(投入产出比、性能价格比、成本、规模、环境、生态等)(25%)	国际领先	国际先进	国内领先	国内先进
T_3:技术成熟程度 (20%)	T_{31}:实际应用规模与转化程度(40%)	国内外	国内	集团公司	地区公司
	T_{32}:推动科技进步与竞争优势(35%)	国际优势显著	国内优势显著	行业优势显著	行业优势一般
	T_{33}:关键技术的稳定、可靠性、有形化(25%)	非常高	高	较高	基本

4. 技术创新成果收益分成率

依据非增储增产收益分成基准值取值参考表(表 7-6),降本降耗类收益分成基准值=50%,技术要素收益递进分成基数=65.50%,技术成果创新强度系数=66.54%,代入式(5-19)计算:

技术创新成果降本降耗类收益分成率(F_{fx})=$F_{fb} \times F_{fj} \times T_f$=50%×64%×67.2%=21.5%。

5. 效益测算

XX 低渗碳酸盐岩储层改造液体技术创新成果收益分成(Y_{fj})=∑新增收益(E_{fj})×技术创新成果收益分成率(F_{fx})=12380×21.5%=2661.7(万元)

因此,XX 低渗碳酸盐岩储层改造液体技术创新成果净利润分成值为 2661.7 万元。

二、应用二：降本降耗类收益分成评估

(一)项目研究背景

《光纤井中地震采集系统及配套技术现场试验》主要创新点：①研制定型了具有我国独立自主知识产权的光纤井中地震采集系统，具备超宽频、超高灵敏度采集能力，填补了国内空白；②创新形成了套管内、套管外两套光纤布设新工艺，解决了光缆与地层的耦合关键技术瓶颈问题，实现了套管外光纤不占井数据采集，为高风险油气井的全生命周期管理打下基础；③针对套管内光纤耦合谐振干扰问题，研发光纤耦合噪声压制的新方法，有效提高了资料品质，全面完成项目规定的知识产权目标。项目共申请受理发明专利 6 件(计划 3 件)，形成企业级技术规范 1 项和标准 2 项(计划 2 项)，软件著作权登记 2 件(计划 1 件)，国家注册商标 2 项(计划 1 项)，发表学术论文 9 篇(计划 5 篇)，作业指导书 2 册(计划 1 册)

(二)科技创新成果效益测算

1. 净利润测算

在 10 个试验区 15 口井(计划 3～5 个工区共 5 口井)开展了现场试验和应用。采用光纤井中地震采集系统进行 VSP 测井施工，较以往常规检波器采集，单井施工成本降低 34.0%、施工效率提高 53.6%。

新增净利润=$\sum$(原工艺技术消耗总额−新工艺技术消耗总额)

　　　　　=单井施工成本降低+施工效率提高

　　　　　=339.5+710.84=1050.34(万元)

6 口井降本提效增加利润 1050.34 万元，平均每口井 175.06 万元/口。光纤采集系统与常规检波器采集项目单井施工成本、效率提高情况如表 7-9、表 7-10 所示。

表 7-9　光纤采集系统与常规检波器采集项目单井施工成本情况表

工区	接收井	采集设备	成本合计/万元	光纤与常规成本差额/万元
大港板桥	板 16108 井	常规	224.6	−76.8
	板深 1601 井	光纤	147.8	
冀东南堡 4 号	南堡 41-31 井	常规	316.2	−116.6
	南堡 41-31 井	光纤	199.6	
大港港栋 2 区	港 2-62-4 井	常规	100.2	−36.4
	港 2-62-4 井	光纤	63.8	
华北冀中拗陷	宁 98 井	常规	241.6	−74.7
	宁 98 井	光纤	166.9	
冀东零井源距 VSP	南堡 3-66	常规	28.6	−10.3
	南堡 3-66	光纤	18.3	
华北河套盆地非零井源距 VSP	吉华 2-1 井	常规	82.7	−24.7
	欣 16 井	光纤	58	
光纤与常规成本差额合计/万元				−339.5

表 7-10　光纤采集系统与常规检波器采集项目单井效率提高情况表

工区	接收井	采集设备	成本合计/万元	工作量折算率/%	光纤与常规工作量差额/%	常规相对增加的成本/万元
大港板桥	板 16108 井	常规	224.6	100	40.33	90.58
	板深 1601 井	光纤	147.8	140.33		
冀东南堡 4 号	南堡 41-31 井	常规	316.2	100	113.33	358.35
	南堡 41-31 井	光纤	199.6	213.33		
大港港栋 2 区	港 2-62-4 井	常规	100.2	100	1	1.00
	港 2-62-4 井	光纤	63.8	101		
华北冀中拗陷	宁 98 井	常规	241.6	100	112.33	271.39
	宁 98 井	光纤	166.9	212.33		
冀东零井源距 VSP	南堡 3-66	常规	28.6	100	0	0
	南堡 3-66	光纤	18.3	100		
华北河套盆地非零井源距 VSP	吉华 2-1 井	常规	82.7	100	−12.67	−10.48
	欣 16 井	光纤	58	87.33		
常规相对增加的成本合计/万元						710.84

2. 递进分成基数

《光纤井中地震采集系统及配套技术现场试验》成果属于勘探装备工程技术，涉及二级技术仅有物探装备技术，依据表 6-6 取值，形成表 7-11，根据式(7-4)：

$$F_{nj} = \Sigma D_{j1i} \times D_{j2i} \times D_{j3i}$$
$$= 100\% \times (100\% \times 40\%) + 100\% \times (100\% \times 30\%)$$
$$= 40\% + 30\%$$
$$= 70\%$$

表 7-11　天然气勘探装备工程技术体系的名称与递进分成基数建议表

一级技术		二级技术		三级技术		技术创新点
名称	分成基数	名称	分成基数	名称	分成基数	
天然气勘探装备工程技术	1.0	物探装备技术	1.0	地震采集装备	0.40	光纤井中地震采集系统，填补了国内空白
				地震处理与解释装备	0.30	套管内、套管外两套光纤布设新工艺，光缆与地层的耦合关键技术；研发光纤耦合噪声压制的新方法，有效提高了资料品质

3. 创新强度系数

《光纤井中地震采集系统及配套技术现场试验》成果主要科技创新点，参照技术成果创新强度系数进行评估，形成表 7-12，该技术成果创新强度系数为

$$T_f = \Sigma T_i \Sigma T_{ij} \Phi_{ij}$$
$$= 50\% \times (40\% \times 65\% + 35\% \times 65\% + 25\% \times 65\%)$$
$$+ 30\% \times (40\% \times 55\% + 35\% \times 55\% + 25\% \times 55\%)$$
$$+ 20\% \times (40\% \times 65\% + 35\% \times 65\% + 25\% \times 65\%)$$
$$= 32.50\% + 16.50\% + 13\%$$
$$= 62\%$$

表 7-12　应用技术研发成果创新强度指标表

一级指标 (T_i)	二级指标 (T_{ij})～	三级指标(Φ_{ij})			
		I (70%～80%)	II (60%～<70%)	III (50%～<60%)	IV (<50%)
T_1: 科学技术 创新程度 (50%)	T_{11}:解决科学技术难题的 能力(40%)	突破性问题	关键瓶颈问题	关键问题	较难问题
	T_{12}:建立新技术、新方法、 新装置的程度(35%)	5 项专利/ 国际标准/ 论著	4 项专利/ 行业标准/ 论著	3 项专利/ 企业标准/ 论著	2 项专利/ 企业秘密/ 论著
	T_{13}:自主创新科学技术的 比例(25%)	大部分科学 技术	主体科学 技术	多项科学 技术	单项科学 技术
T_2: 科学技术 先进程度 (30%)	T_{21}:总体科学技术先进 水平(40%)	国际领先	国际先进	国内领先	国内先进
	T_{22}:主要技术性能、性状、 工能参数等指标水平(35%)	国际领先	国际先进	国内领先	国内先进
	T_{23}:科学技术难度和 复杂程度(25%)	难度非常大, 非常复杂	难度很大, 很复杂	难度很大, 很复杂	难度,复杂 程度一般
T_3: 科学技术 推广应用 成熟程度 (20%)	T_{31}:实用性、适应性程度 (40%)	国内外	国内	集团公司	地区公司
	T_{32}:推动学科发展和产业 发展的科学价值及程度(35%)	国际学科发展 和产业发展	国内学科发展 和产业发展	集团公司业务 重要作用	集团公司业务 一般作用
	T_{33}:科学规律和学术观点的 公认和引用程度(25%)	非常高	高	较高	基本

4. 技术创新成果收益分成率

依据表 7-5,替代进口产品收益分成基准值=70%,技术要素收益递进分成基数=70%,技术成果创新强度系数=62%,代入式(5-19)计算:

$$F_{fx}=F_{fb}\times F_{fj}\times T_f=70\%\times70\%\times62\%=30.38\%$$

5. 效益测算

光纤井中地震采集系统及配套技术现场试验成果收益分成(Y_f)=∑新增收益(E_{fi})×技术创新成果收益分成率(F_{fx})=1050.34×30.38%=319.09(万元)

因此,光纤井中地震采集系统及配套技术现场试验成果净利润分成值为 319.09 万元。

三、应用三：技术服务类收益分成评估

(一)项目研究背景

《连续油管作业机技术应用》主要科技创新点有四个。①连续油管钻井为增加油井产量，从已有直井中进行侧钻水平井，用以避开水锥和气锥，钻穿附近不均匀油层，加深已有直井，延伸已有水平井等作业。②连续油管修井作业对高凝油或稠油凝结卡堵，油气井中的水合物冰堵、砂卡或砂埋，电泵采油井或自喷井严重结蜡及其他复杂油水井的处理，用连续油管冲洗显示出常规方法无法比拟的优越性。此外，用连续油管进行通井扩眼、挤注水泥、打捞作业也已取得良好效果。③连续管钻井不仅改善钻井工艺而且降低成本，该类型设备在气田勘探开发，甚至是其他领域都能使用，能大幅提高钻井效率，被誉为"万能作业设备"，其研制技术在连续管作业技术发展中的比例很大。④我国连续管作业装备完全通过自主研制，核心部件和机电液一体控制技术水平已达到甚至单项超过国外先进技术水平。

连续油管作业机自主研制以来，共申请连续油管作业技术与装备相关专利百余项，授权专利 43 项(部分专利正在申请过程中)，其中发明专利 10 项，获得美国发明专利 1 项，技术及应用相关内容共获得省部级奖励 6 项，行业创新金奖 1 项，获得中国石油"自主创新优势产品""自主创新重要产品"等称号，被评为中国石油"十二五"十大工程利器。

(二)科技创新成果效益测算

1. 净利润测算

2011～2018 年，该连续油管作业机作业井次达 12870 井次，平均单井作业净利润为 20 万元/井次，净利润为 257400 万元。2011～2018年连续油管作业井次情况如图 7-3 所示。

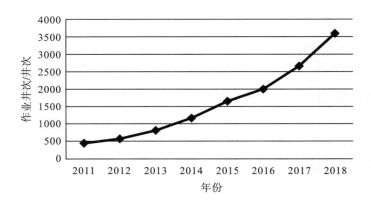

图 7-3　2011～2018 年连续油管作业变化趋势图

2. 递进分成基数

《连续油管作业机技术应用》成果属于开发装备工程技术，涉及二级技术仅有采气工程装备技术，依据开发装备工程技术体系的名称与递进分成基数建议表（表 6-9、表 6-11）取值，二级技术进行归一化处理，采气工程装备技术要素分成基数=98%，开发钻完井技术要素分成基数=2%，形成表 7-13，根据式（7-4）：

$$F_{fj} = \Sigma D_{j1i} \times D_{j2i} \times D_{j3i}$$
$$= 100\% \times 80\% \times (40\% + 15\% + 10\% + 5\%) + 100\% \times 20\% \times 15\%$$
$$= 56\% + 3\% = 59\%$$

表 7-13　开发装备工程技术体系的名称与递进分成基数建议表

一级技术		二级技术		三级技术		技术创新点
名称	分成基数	名称	分成基数	名称	分成基数	
开发装备工程技术	1.0	采气工程装备	0.98	增产改造装备	0.40	应用于水平井、侧钻井、完井、试油、修井等领域，为油气井快速投产、增产、复产和降本作业成本发挥了重要作用
				开发钻完井装备	0.15	用连续油管进行通井扩眼、挤注水泥、打捞作业；用以避开水锥和气锥，钻穿附近不均匀油层，加深已有直井，延伸已有水平井等
				储层保护装备	0.10	对高凝油或稠油凝结卡堵，油气井中的水合物冰堵、砂卡或砂埋，电泵采油井或自喷井严重结蜡及其他复杂油水井的处理

一级技术		二级技术		三级技术		技术创新点
名称	分成基数	名称	分成基数	名称	分成基数	
开发装备工程技术	1.0	采气工程装备	0.98	储层改造液体和支撑剂	0.05	用连续油管打捞可以在作业过程中循环液体;能连续循环钻井液
		气藏工程装备	0.02	气藏工程诊断与改造工具	0.15	连续油管修井作业,对高凝油或稠油凝结卡堵,用连续油管冲洗显示出常规方法无法比拟的优越性

3. 创新强度系数

《连续油管作业机技术应用》成果创新点简介,形成表 7-14,参照整体技术成果创新强度系数式(7-7)进行测算,该技术成果创新强度系数为

$$T_f = \Sigma T_i \Sigma T_{ij} \Phi_{ij}$$
$$= 50\% \times (40\% \times 75\% + 35\% \times 75\% + 25\% \times 75\%)$$
$$+ 30\% \times (40\% \times 65\% + 35\% \times 65\% + 25\% \times 65\%)$$
$$+ 20\% \times (40\% \times 65\% + 35\% \times 65\% + 25\% \times 65\%)$$
$$= 37.5\% + 19.5\% + 13\% = 70\%$$

表 7-14 应用技术开发成果创新强度指标表

一级指标 (T_i)	二级指标 (T_{ij})	三级指标 (Φ_{ij})			
		I (70%~80%)	II (60%~<70%)	III (50%~<60%)	IV (<50%)
T_1: 技术创新程度 (50%)	T_{11}:解决技术难题的能力(40%)	突破性问题	关键瓶颈问题	关键问题	较难问题
	T_{12}:掌握核心技术的程度(35%)	5 项专利/国际标准	4 项专利/行业标准	3 项专利/企业标准	2 项专利/企业秘密
	T_{13}:自主创新技术的比例(25%)	大部分技术	主体技术	多项技术	单项技术
T_2: 技术先进程度 (30%)	T_{21}:总体技术先进水平(40%)	国际领先	国际先进	国内领先	国内先进
	T_{22}:主要技术指标水平(性能、性状、工艺参数等)(35%)	国际领先	国际先进	国内领先	国内先进
	T_{23}:经济指标水平(投入产出比、性能价格比、成本、规模、环境、生态等)(25%)	国际领先	国际先进	国内领先	国内先进
T_3: 技术成熟程度 (20%)	T_{31}:实际应用规模与转化程度(40%)	国内外	国内	集团公司	地区公司
	T_{32}:推动科技进步与竞争优势(35%)	国际优势显著	国内优势显著	行业优势显著	行业优势一般
	T_{33}:关键技术的稳定、可靠性、有形化(25%)	非常高	高	较高	基本

4. 技术创新成果收益分成率

依据表 7-5，技术服务类收益分成基准值=50%，技术要素收益递进分成基数=64.49%，技术成果创新强度系数=70%，代入式(5-19)计算：

$$F_{fx}=F_{fb}\times F_{fj}\times T_f=50\%\times 59\%\times 70\%=20.65\%$$

5. 效益测算

连续油管作业机技术应用成果收益分成(Y_j)=∑新增收益(E_{fj})×技术创新成果收益分成率(F_{fx})=257400×20.65%=53153.1(万元)

因此，连续油管作业机技术创新成果净利润分成值为 53153.1 万元。

四、应用四：全新产品收益分成评估

(一)项目研究背景

《含硫天然气高效净化与尾气处理新技术应用》主要科技创新点有三个。①创新形成具有自主知识产权的环流式液相氧化还原 CT-LOP 工艺包。该工艺包可对酸气中硫化氢脱除及硫磺回收过程提供详细的物料流程图、工艺管道及仪控流程图、设备数据表、管道和设备的材料选择、反应器及罐体结构简图，首次实现该类工艺包的国产化。成果整体达到类国内领先水平。②集成创新形成国内首套适用于含硫尾气深度脱出 H_2S 的新型还原吸收类尾气处理工艺 CT-LOS 及配套脱硫溶剂。针对硫磺回收加氢尾气碳硫比大、吸收压力低，常规 MDEA 无法满足 H_2S 高选择性脱出的缺点，首次研发类新型对 H_2S 具有良好脱除效果的溶剂体系。创新研发的还原吸收含硫尾气 CT-LOS 及配套脱硫溶剂技术达到国内领先水平，引领我国还原类含硫尾气处理技术的发展。③率先形成类 825 合金双金属复合管的构建技术指标、评价方法、技术标准规范和地面集输应用导则。首次牵头制定 4 份企业标准，成果整体达到国内领先水平。

本项目技术创新申请发明专利 3 项，授权实用新型专利 1 件，软件著作权 1 项，技术秘密 3 项，企业标准 4 项，发表学术论文 3 篇，其中含硫尾气深度脱硫技术、中低潜硫环流式液相氧化还原技术等取得类创新性成果，为中国石油含硫气田开发及建设提供了强有力的技术支撑。

（二）科技创新成果效益测算

1. 净利润测算

截至 2018 年底，在中国石油化工集团有限公司塔河炼化、西南油气田龙王庙净化厂等运行应用，累计销售高尾脱硫溶剂 214 吨，净利润价差价达 4.6 万元/吨，销售低潜硫气体的液相氧化还原脱硫溶剂共销售 974 吨，净利润价差价 2 万元/吨。

$$净利润=\sum[新产品销量\times(新产品销售单价-新产品单位成本)]$$
$$=214\times4.6+974\times2$$
$$=984.4+1948$$
$$=2932.4（万元）$$

2. 分成基数

《含硫天然气高效净化与尾气处理新技术应用》成果为换代产品类，根据表 7-5，单项技术要素分成基准值（F_{bj}）为 70%。

3. 创新强度系数

基于《含硫天然气高效净化与尾气处理新技术应用》成果创新点简介，形成表 7-15，参照整体技术成果创新强度系数式（7-7）进行测算，该技术成果创新强度系数为

$$
\begin{aligned}
T_f &= \Sigma T_i \Sigma T_{ij} \Phi_{ij} \\
&= 50\%\times(40\%\times65\%+35\%\times65\%+25\%\times65\%) \\
&\quad +30\%\times(40\%\times55\%+35\%\times55\%+25\%\times55\%) \\
&\quad +205\%\times(40\%\times65\%+35\%\times65\%+25\%\times65\%) \\
&= 32.5\%+16.5\%+13\% \\
&= 62\%
\end{aligned}
$$

表 7-15 应用技术开发成果创新强度指标表

一级指标 (T_i)	二级指标 (T_{ij})	三级指标 (Φ_{ij})			
		I (70%～80%)	II (60%～<70%)	III (50%～<60%)	IV (<50%)
T_1: 技术创新程度 (50%)	T_{11}:解决技术难题的能力 (40%)	突破性问题	关键瓶颈问题	关键问题	较难问题
	T_{12}:掌握核心技术的程度 (35%)	5项专利/国际标准	4项专利/行业标准	3项专利/企业标准	2项专利/企业秘密
	T_{13}:自主创新技术的比例 (25%)	大部分技术	主体技术	多项技术	单项技术
T_2: 技术先进程度 (30%)	T_{21}:总体技术先进水平 (40%)	国际领先	国际先进	国内领先	国内先进
	T_{22}:主要技术指标水平(性能、性状、工艺参数等)(35%)	国际领先	国际先进	国内领先	国内先进
	T_{23}:经济指标水平(投入产出比、性能价格比、成本、规模、环境、生态等)(25%)	国际领先	国际先进	国内领先	国内先进
T_3: 技术成熟程度 (20%)	T_{31}:实际应用规模与转化程度(40%)	国内外	国内	集团公司	地区公司
	T_{32}:推动科技进步与竞争优势(35%)	国际优势显著	国内优势显著	行业优势显著	行业优势一般
	T_{33}:关键技术的稳定、可靠性、有形化(25%)	非常高	高	较高	基本

4. 技术创新成果收益分成率

依据表 7-6, 技术服务类收益分成基准值=70%, 单项技术收益占比=100%, 技术成果创新强度系数=62.50%, 代入式(5-19)计算:

技术服务收益分成率 $(F_{fx}) = F_{fb} \times F_{fj} \times T_f = 70\% \times 100\% \times 62.5\% = 43.75\%$。

5. 效益测算

含硫天然气高效净化与尾气处理新技术应用成果收益分成 $(Y_f) = \sum$新增收益$(E_{fj}) \times$技术创新成果收益分成率$(F_{fx}) = 2932.4 \times 43.75\% = 1282.93$(万元)

因此，含硫天然气高效净化与尾气处理新技术成果净利润分成值为 1282.93 万元。

五、应用五：换代产品收益分成评估

(一)项目研究背景

《含硫酸性气处理用系列催化剂及无害化处理技术研发与工业应用》主要科技创新点有六个。①建立了模拟工况条件下硫磺回收催化剂动力学研究方法。为深入认识有机硫反应、钛基催化剂的推广应用和硫磺回收过程模拟软件开发等工作提供了可信的基础数据。②首次创新性提出加氢催化剂和水解催化剂组合使用理念。低温加氢/水解催化剂在节能降耗的同时提高了催化剂的加氢和水解性能，尾气 SO_2 排放浓度低于 400 毫克/立方米，能耗降低 10%以上，达到国际领先水平。③创新研发了在中温条件下高有机硫水解活性钛基硫磺回收催化剂，解决了克劳斯反应器有机硫水解率低的重大技术难题，保障了硫磺回收装置的高收率。④成功实现低运行成本硫化氢选择性氧化制硫催化剂国产化。硫化氢选择性氧化制硫催化剂成功国产化后，成本降幅较大，中小规模装置应用选择性氧化工艺替代加氢还原工艺，装置投资和运行成本均大幅降低。⑤开发了干法脱硫富剂资源化利用技术。在无新增设备前提下，攻克脱硫废剂掺烧制水泥中尾气硫排放超标难题，最大限度发挥了水泥制备工艺固硫作用，脱硫废剂有效硫固化率达到98.5%以上，实现尾气达标排放。⑥开发的硫磺回收催化剂形成系列化，能够满足 100 毫克/立方米达标排放对催化剂的需求。

(二)科技创新成果效益测算

1. 净利润测算

2015～2018 年，该研发的新产品在国内炼油厂、天然气净化厂和煤化工厂的 75 套硫磺回收及尾气处理装置上应用，共计应用超过10000 吨，新产品单位净利润为 2.5918 万元/吨，原产品单位净利润为

2.041 万元/吨，替代原产品新增加净利润 5397.84 万元。

净利润=∑[新产品产量×(新产品销售单价-新产品单位成本)-原产品产量×(原产品销售单价-原产品单位成本)]=10000×(2.5918-2.041)=5397.84(万元)

2. 分成基数

《含硫酸性气处理用系列催化剂及无害化处理技术研发与工业应用》成果为换代产品类，根据表 7-5，单项技术要素分成基准值(F_{bj})为 60%。

3. 创新强度系数

《含硫酸性气处理用系列催化剂及无害化处理技术研发与工业应用》主要科技创新点，参照整体技术成果创新强度系数进行测算，形成表 7-16，该技术成果创新强度系数为

技术成果创新强度系数=50%×(40%×75%+35%×75%+25%×70%)+30%×(40%×65%+35%×65%+25%×65%)+20%×(40%×65%+35%×65%+25%×65%)=37.50%+19.5%+13%=70%

表 7-16　应用技术开发成果创新强度指标表

一级指标 (T_i)	二级指标 (T_{ij})	三级指标(Φ_{ij})			
		I (70%~80%)	II (60%~<70%)	III (50%~<60%)	IV (<50%)
T_1: 技术创新程度 (50%)	T_{11}:解决技术难题的能力 (40%)	突破性问题	关键瓶颈问题	关键问题	较难问题
	T_{12}:掌握核心技术的程度 (35%)	5 项专利/国际标准	4 项专利/行业标准	3 项专利/企业标准	2 项专利/企业秘密
	T_{13}:自主创新技术的比例 (25%)	大部分技术	主体技术	多项技术	单项技术
T_2: 技术先进程度 (30%)	T_{21}:总体技术先进水平 (40%)	国际领先	国际先进	国内领先	国内先进
	T_{22}:主要技术指标水平(性能、性状、工艺参数等) (35%)	国际领先	国际先进	国内领先	国内先进
	T_{23}:经济指标水平(投入产出比、性能价格比、成本、规模、环境、生态等) (25%)	国际领先	国际先进	国内领先	国内先进

续表

一级指标 (T_i)	二级指标 (T_{ij})	三级指标($Φ_{ij}$)			
		I (70%～80%)	II (60%～<70%)	III (50%～<60%)	IV (<50%)
T_3: 技术成熟 程度 (20%)	T_{31}:实际应用规模与转化程度(40%)	国内外	国内	集团公司	地区公司
	T_{32}:推动科技进步与竞争优势(35%)	国际优势显著	国内优势显著	行业优势显著	行业优势一般
	T_{33}:关键技术的稳定、可靠性、有形化(25%)	非常高	高	较高	基本

4. 技术创新成果收益分成率

依据非增储增产收益分成基准值取值参考表(表 7-5)，换代产品收益分成基准值=60%，技术要素收益递进分成基数=100%，技术成果创新强度系数=70%，代入式(5-19)计算：

换代产品收益分成率(F_{fx})=F_{fb}×F_{fj}×T_f=60%×100%×70%=42%

5. 效益测算

该技术创新成果收益分成(Y_j)=∑新增收益(E_{fj})×技术创新成果收益分成率(F_{fx})=5397.84×42%=2267.10(万元)

因此，含硫酸性气处理用系列催化剂及无害化处理技术研发与工业技术创新成果净利润分成值为 2267.10 万元。

六、应用六：替代进口产品收益分成评估

(一)项目研究背景

《光纤井中地震采集系统及配套技术现场试验》主要创新点：详见本章第二节。

(二)科技创新成果替代进口产品收益测算

1. 净利润测算

2018～2019 年，新产品产量为 A 台，原进口产品销售单价为 B

万元/台，新产品成为成本为 C 万元/台，

净利润=$\sum$[新产品产量×（原进口产品销售单价−新产品单位成本）]

$=A×(B−C)=\Psi$

2. 分成基数

《光纤井中地震采集系统及配套技术现场试验》成果属于勘探装备工程技术，替代进口产品类，根据表 7-5，单项技术要素分成基准值（F_{bj}）为 70%。

3. 创新强度系数

该技术成果创新强度系数为：62%，详见本章第二节。

4. 技术创新成果收益分成率

依据表 7-6，替代进口产品收益分成基准值=70%，技术要素收益递进分成基数=100%，技术成果创新强度系数=62%，代入式（5-19）计算：

替代进口产品收益分成率（F_{fx}）=$F_{fb}×F_{fj}×T_f$=70%×100%×62%=43.4%。

5. 效益测算

光纤井中地震采集系统及配套技术现场试验成果收益分成（Y_f）=$\sum$新增收益（E_{fi}）×技术创新成果收益分成率（F_{fx}）=Ψ×43.4%=43.4%×Ψ（万元）

因此，光纤井中地震采集系统及配套技术现场试验成果净利润分成值为 43.4%×Ψ（万元）。

第八章　油气技术产品价值让渡
定价模型

科技体制机制改革和创新驱动发展要求油气田企业推进技术产品市场化定价，特别是油气技术专利技术价值和技术产品市场交易亟待定价，然而现行技术产品定价方法的局限性需要有效突破。技术产品市场的特殊性决定了其价格构成、定价原则、定价方法特殊性，技术商品价格水平最终决定于新增利润能力和利润分享经济行为。本章依据收益分成法，遵从供需双方在可接受的上下限之间进行谈判的技术产品价格实现机制，通过研究油气技术产品创新强度系数和利润让渡变化率，确定技术产品要素收益区间的价格让渡系数，以技术产品基础价格与技术产品需求方价格让渡值之和，确定技术产品交易参考价格，并对 6 项勘探开发技术价格进行实证评估。

第一节　油气技术产品市场定价方法优化依据

一、技术产品定价的重要意义

（一）技术产品市场化定价是深化科技体制机制改革的必然要求

创新是引领发展的第一动力，是建设现代化经济体系的战略支撑。经济体制改革必须以完善产权制度和要素市场化配置为重点，实现产权有效激励、要素自由流动、价格反应灵活、竞争公平有序、企业优胜劣汰。因此，油气田企业必须深化油气科技体制机制改革。一是科学合理评估油气科研投入与产出效益贡献；二是创新驱动战略的实现关键在人，要有效激励科研人员完善油气田企业定量化的激励机制和政策；三是强化知识产权保护，通过价值量方式尊重科技人才的合法权益。这些都需要实施技术产品价值评估与市场化定价。

（二）技术产品市场化定价是油气技术国际化交易的依据

技术产品市场化定价是油气技术有形化到市场化发展的必然要求。技术产品交易属于合作型博弈，交易双方只有合作才能使技术发挥其效能，取得新增利润，但新增利润又是有限的，必须考虑技术产品交易双方各自的以及共同的利益，能被交易双方共同接受。因此，油气田企业有形化科技价值评估是技术成果经"有形化"向"商业化"深入发展的必由之路。例如，中国石油持续推进标志性重大技术创新成果和技术利器的有形化、标准化与集成化，为核心技术的内部共享和外部市场开拓奠定基础。

（三）技术产品市场化定价为技术产品价值实现和增值搭建良好平台

油气技术产品价值化是科学建立技术产品内外部交易机制、实现油气勘探开发技术产品市场繁荣的必要条件。技术产品增值主要有两方面的途径：①在市场经济中，只有资本才能创造价值，技术产品增值的前提是要转化为技术资本；②技术转化为资本后，可采取的后期经营方式有商品销售与服务、技术转让、技术许可、技术投资、技术抵押等方式。技术产品的转化模式有许多种，不同转化模式的技术产品的价格也各不相同。因此，技术产品市场化迫切要求油气田企业技术产品定价有据可依、有规可循。当然，技术产品转让或交易常常采用谈判定价方式，谈判最终价格常取决于双方实力。

（四）现行技术产品定价方法的局限性需要有效突破

成本+利润定价模型把技术产品的价格表示为技术的研制成本加期望技术带来的利润。这一模型的主要优点是简单、直观，但没有体现技术特点和价格形成机制，主要表现在：①该种方法没有考虑技术的特殊性和影响技术产品价格的各种因素，如市场大小、竞争对手的多少和强弱、技术的寿命和所带来的经济效益等；②如何较准确地确定技术的成本，这本身就是一个很难的问题；③放大系数只能靠主观确定，故缺乏科学依据。

收益分成定价法是建立在效用价值论基础之上，通过对技术的经济效益进行预测来给技术产品定价，该方法比较容易被技术产品供需双方接受，可操作性也较强，因而比较实用。但收益分成定价法的三大基本参数确定有待进一步改进和提升，主要表现在：①对未来收益的预测和对技术产品获利能力的判断带有较大的主观性和随意性；②折现率的确定有较大的难度；③技术产品收益分成率的确定也有很大的难度。

市场价格比较法赖以生存的技术产品市场和交易信息体系尚未健全，主要表现在：①我国技术产品交易市场不够发达，而待评估的某项开发技术需要一个活跃的公开市场；②技术资产市场交易信息的不对称性，不利于交易的形成；③技术资产的非标准性。技术产品交易是在实践中发展起来的，逐步产生了技术产品的交易行情，也形成了一些习惯价格和产业规范。由于技术资产的非标准性和交易活动的有限性，采用市场法任重而道远。

油气科技价值综合指标体系分成法。中国石油经济技术研究院课题组依据石油产业链八大技术领域划分，建立了一套中国石油特有的有形化科技价值评估指标体系，涵盖 4 个一级指标(法律、技术、市场和企业4 个维度)和 22 个二级指标，建立专家打分体系。总体而言，综合指标体系的指向与技术要素资源投入和特征指标的关联度不高，适应性较差，以定性指标为主，依赖专家打分确定计量基础值，会因不同的专家群体，其结果差异较显著。特别是该方法与技术本身密切相关的技术维度，反映油气技术本质属性与功能价值较弱。对具体的油气项目技术而言，指标特征不明显、指向性和适用性不足。

二、技术产品市场定价的主控因素

(一)技术产品市场预期收益

1. 预期直接收益

技术产品价值集中反映在产品在使用后产生的经济与社会效益方

面。技术产品价格主要受技术实施后带来的超额利润的影响。超额利润源自高校、研究所等技术供方，但如果没有技术需求方承担投资、生产和销售等一系列的风险，超额利润也无从谈起。使用者（技术需求方）在购买某项技术时，并不会过多关注技术开发成本，而只会关注技术创新成果收益潜力，即技术能给其带来多大的超额利润。如果一项技术实施后能够创造较高的经济效益，技术产品需求方就愿意出高价购买，反之，如果实施后效益很低，就是无偿奉送也不会有企业问津。因此，技术产品价格的本质就是技术供需双方对超额利润的分配，技术产品实施所带来的超额利润是决定技术产品价格的最基本因素。

2. 技术产品的外部效应

技术产品外在性即外部效应，也会影响技术产品的价格。这主要包括：环境污染、生态平衡、资源消耗、就业机会，文化影响等方面。如果一项技术产品不仅具有较好的经济效益，而且在社会、环境的改善等方面有较好的效果，则技术产品应该有较高的价值，它的成交价格也不会低。

（二）技术产品的先进水平程度与寿命周期

1. 技术产品的技术水平

技术产品的技术水平不仅指技术产品技术的含量和先进程度，还有技术性能、成熟度、所处的先进性阶段等。一项技术的水平将直接影响该技术的经济寿命盈利能力和风险。对同一行业来讲，技术水平越高，被模仿、替代的难度就越大，维持的时间就越长，价格也就越高。

技术产品的性能主要是指技术的先进性、通用性和实用性。先进的技术一旦具有很好的实用性，无论购买者是一个还是多个，技术产品都能产生较高的经济效益，成交价格自然从高。另外，技术产品的可复制性也会影响具体技术产品的定价。

技术产品的成熟程度是一个相对的概念，主要指技术产品离真正产业化或实际使用的距离。一般来说，技术产品越成熟，技术需求方的风险就越小、投资周期就越短，资金负担也相对较小，技术产品的价格可适当定高；反之价格应该降低。技术产品的技术成熟程度直接影响技术需求方的消化、吸收和创造价值，从而决定了技术需求方技术风险和投资风险的大小。所以，技术成熟度对其价格影响较大。

从技术产品的先进性来考察，可以分为创新阶段、成熟阶段、标准化阶段。技术产品所处阶段不同，其价格也不相同。随着更先进、实用的技术的问世和逐步替代，该技术产品迟早会进入衰退阶段，成交价格因此会大幅度下降。

2. 技术产品的风险

技术产品转化的风险是上述各种计价因素和其他因素综合作用的结果。技术产品的风险主要包括技术产品转化的投资额和投资回收期，技术产品的成熟程度，技术产品转化后的管理和运作，技术需求方对该技术产品的掌握和再开发情况，技术产品转化成物质商品后的市场占有情况，竞争对手的多少和运作情况，技术产品的寿命和经济寿命，技术产品价款的支付方式，甚至还包括国际市场的竞争情况等因素。风险较大的技术产品，其价格应低一些。

3. 技术产品的寿命周期因素

技术产品的经济寿命是影响技术产品价格的重要因素。技术产品的寿命周期，即技术产品寿命的长短，是技术产品需求方测算新增利润的重要依据，也是影响技术产品价格的重要因素。技术产品的经济寿命越长，能为企业带来的总效益就越高，企业所承担的风险也就越小，价格也就越高。技术产品的经济寿命与该技术所处的行业、技术产品水平、社会科技发展速度、国家政策，甚至与人们观念的变化有关。技术产品的寿命包括自然寿命和商业寿命，寿命越长，作价会越高，寿命短的技术产品，作价就会低一些，以致无人购买。

技术产品生命周期的长短和其所处的具体阶段也会对定价过程产生较大影响。在谈判的过程中，如果专利保护期限马上到期，那么该项技术产品的定价就不会高。反之，该项技术产品的定价就会比较高。在独占使用权这种情形下，技术产品供方可能就要提高底价以作为补偿。

(三)技术产品供需双方成本因素

1. 技术产品供方成本因素

1)技术产品研制费用因素

任何一项技术产品的发明和发展，都要耗费巨大的人力、物力和财力。一旦某项技术产品脱颖而出，则持有该技术产品的企业不但希望通过垄断的生产获得高附加价值的利润，而且也要求在初期的技术产品转让过程中回收一部分研制费用。

技术产品的生产周期包括构思、实验室研究、中试放大、工业化实验四个阶段。技术产品生产周期越长，技术产品供应方投入的资金和时间就越多，技术产品供应方承担的研发风险就越高，技术产品的成熟程度和技术水平也越高。其价格也应该越高。

在一般情况下，技术产品的研究开发成本多指技术产品提供方(技术供应方)在技术产品引进费用、研制、开发该技术产品的过程中投入的直接成本和间接成本。与一般商品相比，间接成本在整个研究开发成本中所占比例较大。因此在分析和计算技术产品研究开发成本时，间接成本是不能忽视的。

2)技术产品转让费用因素

转让费用指转让技术产品过程中所发生的直接成本，并不包括技术产品本身的成本。转让成本包括：技术产品供应方所提供的技术服务，如派专家指导安装、调试、技术培训，以及市场开拓等；谈判过程中的差旅费和管理费，如谈判人员和管理人员的食宿和交通费等；有关的法律费用，如条款的法律咨询、审查和注册等费用；其他与执行技术产品合同有关费用，如邀请技术产品需求方来访或培训的招待费用，给中间经纪人的佣金等。因此，技术产品供方在制定技术产品价格时一般都先强调对转让成本的补偿。

3)技术产品供方机会成本因素

一项技术产品的成功转让，意味着技术产品需求方获得了一种新的生产能力并可能就此开辟一个新的市场。同时，这也意味着技术产品提供方可能失去了一部分市场，甚至树立了一个竞争对手。这种由技术产品转让而带来的预期利润损失便是提供方的机会成本。

2. 技术产品需求方成本因素

(1)技术产品的配套投资成本。技术产品的专用性很强，所以技术产品需求方的生产设备、工艺流程以及生产规模必须与技术产品相配套才能使技术产品发挥其效能。另外，一项技术产品的实施必须有其他充分的条件，如固定资产投资、流动资金、生产的组织管理，技术产品培训、商标及包装的设计、广告宣传、售后服务等。这部分投资主要包括用于对已有设备进行技术改造、购置配套生产设备等支出。在新增利润不变的条件下，技术产品所需配套投资越大，需求方投资总额就越大，需求方承担的风险也越大，技术产品价格就越低。

(2)技术产品价款的支付方式。费用支付方式对技术产品交易价格的影响主要是由双方所承担的风险及货币的时间价值所引起的。技术产品持有方出让一项技术时，受让方支付费用的方式多种多样，经常发生的有以下几种方式：①技术入股，按股分红；②按利润提成；③按销售额提成；④一次性现金总付；⑤分期现金支付；⑥现金支付入门费+提成。对于同一项技术产品的出让价格，根据费用支付方式不同，从低到高按下列顺序排列：一次现金总付→分期现金支付→按利润提成→按销售额提成。

(四)技术产品交易市场风险

1. 技术产品的市场供求状况

受供求关系等的影响，技术产品价格围绕价值上下波动是常见的。从总体市场来看，技术产品市场的供给取决于可用于交换的技术产品数量，但就某项具体技术而言，其供给量则取决于该项技术产品可能形成的转让次数。转让次数则与该项技术产品的通用性和交易的条件有关。与此相反的情况是，当为某一项技术产品进行招标时，那么技术产品引进方就可选取标价最低或自己最满意的一个标的。

1)技术产品转让的状况

技术产品需求方关心技术已经转让次数。每一次转让都意味着产品市场的缩小和竞争对手的增加，当然也反映了技术产品供应方开发费用的回收情况。通常情况下，技术产品价格与技术产品转让次数成反比，即转让次数越多，技术产品价格越低。

技术产品转让的权限直接关系技术产品供需双方的利益。技术产品的转移权限一般分为独占、区域独占和无限制等几种转移形式。需求方所得到的技术产品的权限越大，技术产品的价格就越高，反之则价格越低。

2) 技术产品需求方的自身条件

技术产品需求方的自身条件指技术产品支撑能力，即技术水平、管理水平、销售能力、经济实力，以及企业的地理、交通、资源、政策环境等。技术产品使用企业的经营决策及目标。企业的经营决策及目标会影响技术产品需求方对收益的预期，因而影响技术产品交易时技术产品需求方的报价。

技术产品需求方吸收消化和经营能力强，能较快地增加产量和销售，供方可较快地收回转让费，减少了风险，这时，转让价格可能较低。如果需求方吸收和经营能力差，所引进的技术产品不能很快产生效益或效益低，就增加了供方的风险，供方为了弥补可能的损失将采取较高的转让价格。

2. 技术产品市场的竞争结构

从实践情况来看，不管是技术产品供应与需求的实际情况，还是技术产品市场的竞争结构，都会对技术产品定价过程产生很大的影响。一般来说，那些在技术产品市场上竞争较为激烈的技术，其定价往往较高，而那些冷门技术产品定价一般偏低。

1) 技术产品的垄断程度

技术产品在定价时需考虑市场被垄断的程度、竞争对手的实力和其定价策略技术产品需求方的市场定位目标、应用同类技术产品的价格变化，已使技术产品能以合适的价格被转化。

(1) 垄断与竞争是影响技术产品价格的首要因素。可以说，技术产品价格与垄断成正比，与竞争成反比。技术产品的市场垄断既表现为供应方的技术垄断，如专利技术所有权垄断，专有技术独家垄断，也表现为需求方经营垄断。技术供方垄断与技术产品价格成正比，技术产品价格与技术供应成反比。一般来说，需求方在技术产品询价和谈判的过程中，常常会对供方进行综合的对比。国际范围内技术产品市场发展不完善，主要是由各大公司技术垄断造成的。

(2)技术产品市场覆盖率。一项技术产品的转移价格与其可以占领的市场大小也密切相关。市场越大，索价越高。如果技术产品引进方不仅希望独占本国市场，甚至希望能够将产品返销到输出方市场，那么引进方就必须接受输出方因这些机会损失而相应提高了的技术产品转移价格。

2)技术产品受让方法律保护

技术产品的法律状态是指一项技术是否申请了专利，能否受到专利法的保护。通常同一项技术产品处于不同的法律状态，其价格也不同。受知识产权保护的专利技术产品价格要高于同类专有技术。但作为技术产品需求方，应对专利技术和专有技术不做价格歧视。

三、让渡定价模型构建依据

随着我国市场开放和经济体制改革深化，油气技术产品商业交易和企业内部技术合作交流与科技绩效管理，都无法回避技术产品价值的评估与定价。然而，长期以来技术产品价值的评估与定价都是咨询业的一个难题，油气行业尚未建立一个固定的技术产品评估规则和定价方法。因此，继承和发展目前国内外主要的技术产品价值和价格评估方法模型，探索比较适合油气行业特征和兼顾技术产品供需双方合理利益的技术产品定价模型，为真正实现油气田企业有形化技术商业化应用奠定基础，以支持油气田企业科技创新驱动发展与国际化发展。

(一)技术产品价格形成基础取决于技术价格的形成机制

1. 技术产品价格是诸多因素在特定供需双方之间作用的结果

与普通商品不同，技术研发投入的劳动主要是复杂的脑力劳动，创造价值的源泉主要在智力劳动。技术作为商品的价值，正是由技术自身独有的新颖性、创造性和实用性，技术本身的个别价值和特殊的使用价值来决定。实际上，技术产品价格是诸多因素在特定供需双方之间作用的结果，可将这些因素归并为技术产品市场预期收益、技术产品的先进程度和技术产品寿命周期、技术产品供需双方成本因素、技术产品市场供需风险等。因技术产品使用创造的经济效益通常为一个变化区域很大的变量，加之技术产品诸多影响因素以及技术产品交易和消费中的风险性、信息的非对称性、交易价格的复杂性、定价上的复杂性、转让上的周期性等，造成技术产品价格上下限值区域的变化较大。并且，技术产品成交价格与价格关键因素呈非线性关系。供需双方根据影响价格因素进行价格调整，确定各自对新增利润分享的范围。实际技术产品价格的确定最终是交易双方演化博弈的结果，必然位于最小价格与最大价格之间。

2. 合作与博弈议价是技术产品价格的主要形成机制

技术资产具有一次性生产的特点，无法通过比照同种资产的价格来确定其价格，又由于技术资产的垄断性，很难通过市场竞争机制发现其真实价格，故评估出一个价格区间，有利于资产交易双方在协商交易价格时有价格谈判的回旋空间，保证交易的顺利进行。因此，技术产品交易属于合作型博弈，交易双方只有合作才能使技术产品发挥其效能，取得新增利润。但新增利润又是有限的，必须考虑技术产品交易双方各自的以及共同的利益，能被交易双方共同接受。从性质和功能上来说，希望得到的技术产品价格与均衡价格相同。

首先，技术产品转让中，对于转让标的物，转让方着眼于补偿已投入的经济利益，主要从生产成本方面考虑技术产品价格。受让方着眼于可能获取的潜在收益，主要从未来收益方面考虑技术产品价格。双方确定的价格之间存在很大空间。其次，由于技术产品的非可比性，技术产品市场无统一价格，价格的确定是双方通过商议决定的。最终转让价格的确定，意味着双方相互作用达到均衡状态，各自在议价区间内得到满意的利益分享。

(二)技术产品价格水平最终决定于新增利润能力和利润分享的经济行为

1. 技术产品价格构成的最重要部分是盈利

技术产品价格不完全是以其价值为基础，而主要是以它的使用价值作为基础。从技术产品贸易的实践看，技术产品的价格关键在于使用该技术所产生的经济效益的大小，技术产品价格构成的最重要部分是盈利，取决于社会对该技术产品应用经济价值的认可程度，受技术产品需求市场的影响较大。一项技术产品或其产品的未来收益不仅由该技术产品的先进性、适用性、可靠性、成熟程度、收益周期等指标决定，还与其投入经营后的资金供给、市场需求与拓展、企业管理水平、宏观软硬环境等密切相关，技术产品实施方的实力雄厚、企业管理水平高、运行机制灵活、所处的区域环境良好、营销网络健全，其购买技术产品投入经营后的收益就较高，利用该技术产品可能产生的经济效益预期越高，则价格越高，反之则价格越低。

2. 价格区间的实质是利润分享空间，是交易双方博弈的产物

一般情况下，技术产品供需双方对技术产品转让的各项成本和预期收益的估计是不会相同的。为构建一个合理的议价区间，确定预期净现值的大小，供需双方必须事先对这些成本、收益等预期值进行多次协商和信息交换，得出一个大致合理的、双方都能接受的数量，作为支持各自报价的理由。在此基础上，再确定合理的议价区间，也就是需求方决定的价格上限值与供方决定的价格下限值之间的价格。

利润分享法是国际许可贸易中最为常见的一种专利技术产品价格评估方法。由于技术产品价值本身的复杂性，技术产品价格通常采用供需双方在可接受的上下限值之间进行谈判的实现机制，确定出技术产品价格上限值是技术产品价格确定的关键。具有代表性的确定方法：技术产品供方价格下限值由技术产品研发成本、技术产品转让费用和目标利润之和构成，上限值是该项技术产品所能带来的全部超额利润扣除总成本的余值。技术产品需求方一般关心技术产品价格上限值，由自己开发该项技术产品的总成本、替代技术产品的最低价和购买该技术产品所得超额利润三者中的最低者决定。

(三)继承和创新现有定价方法，有效解决现行技术产品定价方法的局限性

1. 成本+利润定价模型没有体现技术产品特点和价格形成机制

成本+利润定价模型把技术产品的价格表示为技术产品的研制成

本加期望技术产品带来的利润。技术产品供应方对期望利润的估计一般要考虑以下几个方面：①技术产品供应方所在行业的平均利润率；②技术产品供应方对未来销售量的估计；③技术产品所处的生命周期阶段。处于成熟阶段技术产品的创利能力为最大，故应区别对待。

这一模型主要优点是简单、直观。但同时，成本+利润定价模型的使用过程中也存在着三个不可忽视的主要问题：①该种方法没有考虑影响技术产品价格的诸多因素和技术产品的特殊性，没有考虑影响技术产品价格的其他诸多因素，如市场大小、竞争对手多少和强弱、技术产品寿命和所带来的经济效益等，忽略的因素较多；②如何较为准确地确定技术产品成本，这本身就是一个很难的问题；③模型放大系数的问题，该方法没有提出一种科学的方法，只能靠主观确定，故缺乏科学依据。

2. 收益分成定价法的三大基本参数确定有待进一步改进和提升

收益分成定价法是建立在效用价值论基础之上的，通过对技术产品的经济效益进行预测来给技术产品定价，该方法比较容易被技术产品供需双方接受，可操作性也较强，因而比较实用。

应用收益现值法对技术产品进行价值评估的三个基本参数：①技术产品所能产生的收益；②技术产品收益的使用年限；③收益的折现率。技术资产的未来收益受多种因素影响和制约，加之不可预见性很强从而导致其方法具有局限性：①因不可预见性很强，从而导致收益分成法对未来收益的预测和对技术产品获利能力的判断带有较大的主观性和随意性；②折现率和技术产品收益分成率的确定有较大的难度。无论是在理论还是在实践上，折现率的确定有较大的难度，如何量化贴现率是一个非常棘手的问题。技术产品收益分成率更是受多因素影响的参数。

3. 市场价格比较法赖以生存的技术产品市场和交易信息体系尚未健全

技术产品交易是在实践中发展起来的，在技术产品需求方和技术产品供应方的多次洽谈中，以及不同技术产品供应方之间的竞争中，逐步产生了技术产品的交易行情，也形成了一些习惯价格和产业规范。目前，我国技术产品市场的发育还很不成熟和完善，可供选择的参照物很少，市场的运作也不够规范，而且，市场中的供求关系受多种因素的影响，从而影响待评估技术产品的真实价值。

市场价格比较存在的问题有三点。①技术产品交易市场不够发达，而待评估的某项开发技术产品需要一个活跃的公开市场。②技术资产市场交易信息的不对称性。油气技术资产市场交易活动有限、市场狭窄、信息匮乏，交易实例较难找到。大多数油气田企业出于对自身研发技术资产的保护，一般不会将企业核心技术产品的真实价值发布出来，此外，企业内部除了研发技术人员之外，很少有员工清楚某项技术产品的价值，这就在一定程度上形成了信息的封锁，不利于交易的形成；③技术资产的非标准性。技术属于无形资产，很难确定各项技术资产之间存在的差异，由于技术资产的非标准性和交易活动的有限性，当下采用市场法时机不成熟。

第二节　油气技术产品价值让渡定价模型

一、价值让渡定价模型优化

（一）技术产品定价模型设计思路

技术产品价格形成取决于技术产品价格实现机制及主控因素。与普通商品不同，技术产品创造价值的源泉主要在智力劳动。油气技术产品价值化是始于研发形成技术创新成果，通过技术有形化和价值确认，进而在内外部市场进行交易实现市场价值的过程。在交易过程中，应采用供需双方在可接受的价格区间进行协商谈判，而确定技术产品价格上限是技术产品定价的关键。技术产品价格是诸多因素在特定供需双方之间协商的结果，主要因素可归并为技术产品市场预期收益、技术的先进程度和技术寿命周期、技术供需双方成本因素、技术产品市场供需风险等。

技术产品价格水平最终决定于新增利润能力和供需双方分享利润的经济行为。从技术产品交易的实践看，技术产品的价格关键在于使用该技术所产生的经济的效益，即可能带来的超额利润构成，故技术产品价格构成的最重要部分在于赢利，取决于利用该技术产品可能产生的经济效益预期越高，社会对该技术产品应用经济价值的认可程度高，则价格越高，反之，则价格越低，而不在于成本。供需双方分享利润的经济行为表现在技术产品价格区间博弈，价格区间的实质是利润分享空间，是技术产品供需双方进行谈判磋商的基础。技术产品买方一般关心技术产品价格上限，由自己开发该项技术产品的总成本、替代技术产品的最低价和购买该技术产品所得超额利润三者中的最低者决定。

技术产品价格区域变量很大，成交价格与价格关键因素间呈非线性关系。由于技术产品市场的波动性和不确定性，加之技术产品诸多影响因素以及技术产品交易和消费中的风险性、信息的非对称性、交易价格的复杂性、定价上的复杂性、转让上的周期性等，导致产生一个变化区域很大的价格变量。显然，技术产品交易参考价格与价格的关键主控因素呈非线性关系。

因此，在技术产品价格确定中，继承和完善传统成本法，利用技术产品全成本法合理解决价值底线问题。应用和创新收益现值法，有效解决技术产品效益预期和分成率问题，特别是在确定双方利益时，需对技术产品的获利水平、技术水平、市场前景、转移条件、社会效益、寿命等多种因素进行综合分析，以确定技术产品利润分配比例。

(二)技术产品定价模型设计原则与目标

技术产品类型与技术产品市场的特殊性决定了其价格构成、定价原则、定价方法的特殊性。在建立技术产品价格模型时，应坚持技术产品供需双方成本回收与合理分享利润、社会公允性与技术产品市场化综合定价、参数简易与可操作性等定价原则。

根据要素价格市场化改革方向,技术产品定价模型的设计目标是：①充分发挥油气勘探开发技术产品市场对技术产品价格的规制作用，体现技术产品价格的职能，激励技术产品供需双方开发运用技术的积极性；②平衡油气勘探开发技术产品市场供求矛盾，促进风险投资者和创业者达成契约促进油气田企业技术进步；③统筹兼顾、循序渐进，推动油气技术产学研协调发展，激励技术产品研发和技术应用人员的积极性和创造性；④有利于促进国外油气技术产品的引进，以保障我国油气技术体系建设。

(三)技术产品收益区间的价值让渡定价数学模型

根据技术产品供需函数、技术资产风险概率分布特征、技术产品价格区间定价原理，基于技术产品供需双方通过交易双方利益博弈方式来合理、均衡地分担技术产品风险和分割收益，遵从技术产品价格通常采用供需双方在可接受的上下限之间进行谈判的实现机制,因此，技术产品交易参考价格等于技术产品基础价格与技术产品需求方价格让渡值之和(图 8-1)。

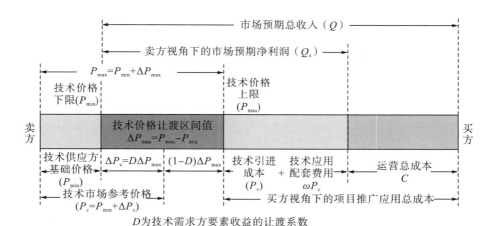

图 8-1　技术产品收益区间的价值让渡定价模型图(此图已经修改)

油气技术市场价值让渡定价公式：

$$\begin{aligned}
P_c &= P_{min} + \Delta P_c \\
&= P_{min} + D\Delta P_{max} \\
&= P_{min} + D[Q - C - P_c(1+\omega)] \\
&= P_{min} + D[Q_s - P_c(1+\omega)]
\end{aligned} \tag{8-1}$$

$$P_c = (P_{min} + DQ_s)/[1 + D(1+\omega)] \tag{8-2}$$

式中，P_c 表示技术产品交易参考价格；P_{min} 表示技术产品价格下限；P_{max}

表示技术产品价格上限；ΔP_c 表示技术产品需求方价格让渡值；Q 表示技术产品目标市场预期收入；ω 表示技术产品需求方应用技术所需铺底资金率；C 表示技术产品运营总成本；D 表示技术产品需求方收益区间的价格让渡系数；Q_s 表示市场预期总利润($Q_s = Q - C$)。

在上述模型中，从技术产品供应方的角度看，净利润大于零是技术产品供应方参与市场的必要条件，即技术产品供应方应获取技术产品基础价格。当然，在技术产品供应方多次转让技术的情况下，部分技术产品所获基础价格的部分收益可能被让渡。从技术产品需求方的角度看，购买的是技术产品获利能力，价格上限是技术产品需求方投入资本的参考点，同时考虑购买技术产品的基础价格和技术产品配套费用的扣除，购买技术产品或技术服务所获得的净利润大于零。考虑价格让渡问题是在获利区间内进行的。

二、价值让渡定价模型的参数确定

(一)技术产品基础价格($P_{\min}$)

从技术产品供应方的角度看，技术产品价格主要取决于技术供应方所支付的各种费用和预期新增利润。考虑技术特殊性和技术研发持续投入的特点，技术资产价值全成本法的基本公式为

技术产品基础价格 = 技术资产评估值

= 技术资产全成本 - 功能性贬值 - 经济性贬值

$$(8-3)$$

利用技术资产的账面历史成本和价格变动指数对技术资产重置成本进行调查和估算。技术资产账面成本全价(C)包括：研发账面成本、技术交易成本、机会成本等。

(二)技术产品目标市场预期收益(Q_s)

技术产品目标市场预期收益由技术产品分成法确定。其计算公式：

$$Q_s = \sum (Q_i - C_i)(1+r)^{-i} \tag{8-4}$$

式中，Q_s 为技术产品目标市场预期净利润；Q_i 为技术第 i 年在目标市场产生的市场预期收入；C_i 为技术第 i 年的运营总成本；r 为折现率；n 为预期的收益年限。

(三)技术产品应用的铺底资金率(ω)

油气行业项目铺底资金率一般取 30%，故技术产品需求方的技术产品应用铺底资金率取技术产品交易参考价格的 30%。

(四)技术产品市场收益区间的价格让渡系数(D)

在技术产品价格区间内，分别剔除基础价格、技术产品应用铺底资金后，形成供需双方谈判或讨价还价的让渡价格区间。对需求方来讲，价格让渡的行为能力取决于使用技术后获利水平和防范技术风险的能力，获利水平越高，防范技术风险能力越强，需求方对技术产品价格承受能力和让利于技术产品供应方的意愿越强：

$$D = 1 - e^{TP_z} \tag{8-5}$$

1. 技术产品创新强度系数(T)确定

按照技术产品创新程度、技术先进程度、技术成熟程度进行评定，综合评价评分级别采用 4 级，采用国际通用的德尔菲法，咨询应用技术开发领域专家，最后利用算术平均法计算得到最终权重赋值结果。技术产品创新强度系数(T)参照表(5-8)进行赋权，$0.4 \leqslant T < 0.8$。

$$T = \Sigma T_i \Sigma T_{ij} \Phi_{ij} \qquad (i=1,2,3;\ j=1,2,3) \tag{8-6}$$

2. 买方视角下利润让渡变化率(P_z)确定

$$\begin{aligned} P_z &= (期末价格 - 期初价格) / 期初价格 \\ &= (技术参考价格 - 技术价格上限值) / 技术价格上限值 \\ &= (P_c - P_{max}) / P_{max} \end{aligned} \tag{8-7}$$

为了便于参数取值，采用类比原则，并通过加权平均统计分析得出 $\lambda = 1.732$，以下式近似确定买方视角下的利润让渡变化率水平：

$$\begin{aligned} P_z &\approx (P_{min} - Q_S) / \lambda Q_S \\ &\approx (P_{min} - Q_S) / 1.732 Q_S \end{aligned} \tag{8-8}$$

式中，T 表示技术产品创新强度系数；P_z 表示利润让渡变化率（%）。

技术产品收益情况调研表明：目标市场预期技术产品净利润（Q_S）大于技术产品基础价格（P_{min}），或几倍，故 $P_{min} \leqslant Q_S$，$P_{min} - Q_S < 0$，表示买方视角下对预期利润的让渡。因技术产品创新强度 $T < 0.8$，$P_{min} - Q_S < 0$，$D = 1 - e^{TP_z}$，故 $0 < D < 1$。

第三节　应用：中国石油的技术产品市场交易定价

一、技术产品基本情况简介

（一）连续油管作业机研制技术特色

该技术主要应用于水平井、侧钻井、完井、试油、修井等领域，为油气井快速投产、增产、复产和降本发挥了重要作用，满足了经济发展新形势下，国家大政方针政策对先进技术与装备的需求，以及能源开发过程中对人、环境和施工安全的最优保护。

我国连续油管作业装备完全通过自主研制，并在国内相关企业单位的共同努力推动下逐渐发展壮大，核心部件和机电液一体控制技术水平已达到甚至单项超过国外先进技术水平。但要将技术的自主发展进行到底，需要和应该继续深耕连续油管装备技术，尽快实现我国自主研制的连续油管作业智能化控制和大数据信息收集、整理和分析判断。在便利人力操控的同时，也更大限度地实现效益、效率和数据分析能力的最大化。

（二）钻进式井壁取心器技术特色

根据油田公司的不同地质需求，分别选取钻取小直径岩心和大直径岩心，以满足测井技术的数字岩心分析。

钻进式井壁取心器地面技术设备：岩心钻进式井壁取心器的地面设备，利用取心控制箱体、井下电机供电变频电源、数据采集计算机，以及井下仪器的数字通信联系，开发了自动取心技术。

钻进式井壁取心器井下技术设备：井下仪器设备由电子线路短节和机械液压短节两部分组成。通过测量地层的自然伽马射线强度，区分取心时仪器所处不同的地层和位置，再联合仪器的深度，根据测量到的自然伽马曲线，跟踪取心钻头的地层位置，达到取心的钻头在目的地层取心定位的目的。

(三)C-1 精细控压钻井系统特色

C-1 精细控压钻井技术对解决我国窄密度窗口钻井问题，加快我国新地区、新领域、新层位，尤其是深层的油气突破，发现新构造、新油气藏，提升我国深井、超深井钻井工程的核心技术水平具有重要意义。该技术应用能够显著降低钻井液密度，降低钻井液漏失量与复杂时效，提高机械钻速和水平段延伸能力；极大地解决了深层钻井作业遇到"溢漏同存"的复杂地层安全钻井难题，对保障油气勘探的安全生产具有重要的意义，其核心技术及各项指标总体达到国外同类技术的先进水平。

(四)自动垂直钻井系统技术特色

某钻探工程公司研制成功集机电液一体化的井下闭环控制自动垂直钻井系统，实现了实时通信指令传递，井下工具工作模式和工作参数的实时优化，智能化解决了目前垂直钻井系统对作业工序、地层及井眼条件适应能力差的限制。

(五)山地复杂构造精细解释技术

山地复杂构造精细解释技术模块在复杂山地地震勘探工作中得到了广泛的应用，取得了良好的地质效果，日益显示出自主研发软件的优越性和针对性。该技术系列已经成为物探公司的重要技术组成部分和"拳头"产品，成功发现了多个山地复杂构造地区的油气藏。

GM 解释子系统具有独立的自主知识产权，是目前世界上独一无二的专门针对山地全三维构造解释软件。该系统的构造解释模块在二、三维复杂构造解释方面超越国内外商业软件，其含逆掩断层的数据管理及快速浏览技术、含逆掩断层上下盘统一解释技术、含逆掩断层的三维速度场构建技术、含逆掩断层的全三维解释技术等具有国际领先水平。

（六）LY 套管井成像测井系统特色

LY 套管井成像测井系统采用过套管电阻率和全谱饱和度测井，进行剩余油饱和度综合评价；采用水泥密度、扇区水泥胶结与光纤陀螺仪测井组合，进行固井质量精细评价并准确定位水泥缺失位置；采用微波持水测井技术在高含水井中准确测量含水率，能为油田提供准确的剩余油分布情况、动态监测、固井质量评价和套管技术状况，为油田的老区挖潜、稳油控水、提高采收率提供有效的技术支撑。

二、技术产品价值让渡定价主要参数

（一）技术产品基础价格

根据式(8-3)，技术产品基础价格：
技术资产评估值=技术资产全成本-功能性贬值-经济性贬值

$$(8-9)$$

式中，技术资产全成本包括：技术资产重置成本、技术研发前期成本、技术研发过程风险成本以及其他技术成本等。

1. 技术完全成本估算

6 项技术完全成本估算情况如表 8-1 所示。

表 8-1　6 项技术完全成本估算情况表　　　　　（单位：万元）

序号	项目	连续油管作业机研制技术	钻进式井壁取心器技术	C-1 精细控压钻井技术	自动垂直钻井技术	山地复杂构造精细解释技术	LY 套管井成像测井系统
	完全成本	20148.81	2450.90	12509.93	8149.91	1233.40	4172.69
1	研发前期成本	865.24	300.00	500.00	844.08	83.97	200.00
2	研发成本	19283.57	2077.95	11701.05	7094.81	1124.24	3820.75
3	交易成本	0.00	72.95	308.88	211.02	25.19	151.94
4	机会成本	0.00	0.00	0.00	0.00	0.00	0.00

按照物价指数调整系数计算方法，采用 1997～2017 年全国工业生产者出厂价格指数计算 6 个项目的物价指数调整系数，为了规避当年价格指数的异常对计算结果的影响，采用滑动平均值进行计算，如表 8-2 所示。

表 8-2　1997～2017 年全国工业生产者出厂价格指数情况表

序号	年份	工业生产者出厂价格指数	工业生产者出厂价格指数（滑动平均计算值）	序号	年份	工业生产者出厂价格指数	工业生产者出厂价格指数（滑动平均计算值）
1	1997	99.7		11	2007	103.1	103.05
2	1998	95.9	97.8	12	2008	106.9	105
3	1999	97.6	96.75	13	2009	94.6	100.75
4	2000	102.8	100.2	14	2010	105.5	100.05
5	2001	98.7	100.75	15	2011	106	105.75
6	2002	97.8	98.25	16	2012	98.3	102.15
7	2003	102.3	100.05	17	2013	98.1	98.2
8	2004	106.1	104.2	18	2014	98.1	98.1
9	2005	104.9	105.5	19	2015	94.8	96.45
10	2006	103	103.95	20	2016	98.6	96.7

备注：资料来源于《中国统计年鉴》。

6 项技术评估基准日为 2016 年，连续油管作业机研制技术、钻进式井壁取心器技术、C-1 精细控压钻井技术、自动垂直钻井技术、山地复杂构造精细解释技术、LY 套管井成像测井系统等研发起始时间分别为 2008 年、2009 年、2010 年、2010 年、2008 年和 2012 年。物价调整系数如表 8-3 所示。

表 8-3　6 项技术物价指数调整系数表

序号	项目名称	评估基准日价格指数 L_2	原购置时间价格指数 L_1	物价指数调整系数 $E=L_2/L_1$
1	连续油管作业机研制技术	96.7	105	0.9210
2	钻进式井壁取心器技术	96.7	100.75	0.9598
3	C-1 精细控压钻井技术	96.7	100.05	0.9665
4	自动垂直钻井技术	96.7	100.05	0.9665
5	山地复杂构造精细解释技术	96.7	105	0.9210
6	LY 套管井成像测井系统	96.7	102.15	0.9466

根据重置成本简化计算公式：

$$重置成本=账面完全成本×价格调整系数 \tag{8-10}$$

6 项技术重置成本技术结果如表 8-4 所示。

表 8-4   6 项技术重置成本计算结果表

序号	项目名称	完全成本/万元	物价调整系数	重置成本/万元
1	连续油管作业机研制技术	20148.81	0.921	18557.06
2	钻进式井壁取心器技术	2450.90	0.9598	2352.37
3	C-1 精细控压钻井技术	12509.93	0.9665	12090.85
4	自动垂直钻井技术	8149.91	0.9665	7876.89
5	山地复杂构造精细解释技术	1233.40	0.921	1135.96
6	LY 套管井成像测井系统	4172.69	0.9466	3949.87

2. 功能性贬值

由于技术目前尚处于可使用状态，因此本次评估不考虑其经济性贬值。对于功能性贬值，其计算公式为

$$功能性贬值=重置成本×功能性损耗 \tag{8-11}$$

6 项技术功能性贬值技术结果如表 8-5 所示。

表 8-5   6 项技术功能性贬值计算结果表

序号	项目名称	重置成本/万元	功能性损耗率/%	功能性贬值/万元
1	连续油管作业机研制技术	18557.06	25	4639.26
2	钻进式井壁取心器技术	2352.37	20	470.47
3	C-1 精细控压钻井技术	12090.85	13	1612.11
4	自动垂直钻井技术	7876.89	13	984.61
5	山地复杂构造精细解释技术	1135.96	25	283.99
6	LY 套管井成像测井系统	3949.87	20	789.97

3. 技术产品基础价格评价结果

技术的基础评估值为重置成本减功能性贬值，即技术基础评估值=重置成本-功能性贬值。在技术基础评估值的基础上，考虑技术研发投入一定的收益测算技术价格底价，作为技术价格下限（P_{min}）。收益比例系数一般取 8%～12%。

技术价格底价=技术基础评估值×(1+收益比例系数)　　(8-12)

6 项技术价格底价如表 8-6 所示。

表 8-6　6 项技术基础价值评估结果表　　　　　　(单位：万元)

序号	项目名称	技术基础评估值	技术价格低价
1	连续油管作业机研制技术	13917.79	15587.93
2	钻进式井壁取心器技术	1881.90	2107.73
3	C-1 精细控压钻井技术	10478.74	11736.19
4	自动垂直钻井技术	6892.28	7719.35
5	山地复杂构造精细解释技术	851.97	954.20
6	LY 套管井成像测井系统	3159.90	3539.08

(二)技术产品目标市场预期收益

1. 收益期限

依据技术的可替代性、技术进步和更新趋势以及对应产品的市场竞争状况进行综合分析，并根据研发方技术专家的意见进行确定，如表 8-7 所示。

表 8-7　6 项技术收益年限情况表　　　　　　(单位：年)

序号	项目名称	已使用年限	未来收益年限	收益年限
1	连续油管作业机研制技术	4	12	16
2	钻进式井壁取心器技术	2	8	10
3	C-1 精细控压钻井技术	2	13	15
4	自动垂直钻井技术	2	14	16
5	山地复杂构造精细解释技术	3	9	12
6	LY 套管井成像测井系统	3	15	12

2. 折现率

这里采用因素分析的风险累加法，计算公式如下：

收益率(折现率 r)=风险报酬率(行业风险报酬率+财务风险报酬率+经营风险报酬率+其他风险报酬率)+无风险报酬率　　(8-13)

确定风险报酬率：根据证监会各行业净资产收益利润数据信息，

选取石油行业的净资产收益率作为折现率的基本参考，即为 10.5%。行业净资产收益率包含无风险报酬率和该行业的平均投资风险报酬率，企业的财务风险和经营风险通过评估师得到的各种企业资料，综合分析经营财务状况后，依据评估师对本行业评估其他企业的经验，评定公司财务风险和经营风险各为 1%；所以风险累加模型估算的折现率为

r=无风险报酬率+行业风险报酬率+经营风险报酬率+财务风险报酬率=10.5%+1%+1%=12.5%　　　　　　　　　　　(8-14)

针对石油行业，净资产收益率如表 8-8 所示。

表 8-8　石油行业净资产收益率表(%)

年份	2009	2010	2011	2012	2013	2014	2015	2016	平均值
石油行业净资产收益率	14.02	16.29	14.43	11.72	11.96	8.93	3.73	2.88	10.5

备注：数据来源于中国证监会。

3. 市场预期利润

技术生命周期论将技术视为可买卖的商品，从而具有自身生命循环和向外转移倾向的理论。按照技术生命周期来看，可划分为 6 个阶段：开发期、验证期、启动期、扩张期、成熟期、退化期，如图 8-2 所示。

基于技术生命周期的利润，拟合为二次函数，即

$$Y=ax^2+bx+c \qquad (a、b、c 为常数，且 a 小于 1) \qquad (8\text{-}15)$$

6 项技术未来市场利润预测情况如表 8-9 所示。

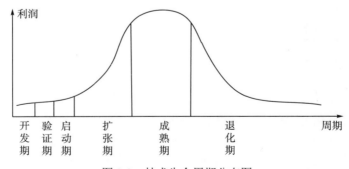

图 8-2　技术生命周期分布图

表 8-9 6 项技术未来市场利润预测情况表 （单位：万元）

年限项目	1	2	3	4	5	6	7	8	9	10	11	12	13	14
连续油管作业机研制技术	14935	17449	20375	21063	23293	24407	25377	25336	25562	24526	24506	23702	—	—
钻进式井壁取心器技术	3015	3525	4006	4364	3848	3357	2297	1017	—	—	—	—	—	—
C-1 精细控压钻井技术	4109	4695	5911	6525	7635	7816	7888	7816	7635	7094	6660	4855	3988	—
自动垂直钻井技术	4343	6242	8324	9860	11644	13108	13739	13829	12958	12507	11214	8779	5532	3367
山地复杂构造精细解释技术	2096	2374	2705	3183	2720	2857	2788	2631	2542	—	—	—	—	—
LY 套管井成像测井系统	2760	2958	3450	3915	4563	4841	4633	4434	4011	3625	—	—	—	—

4. 技术产品目标市场预期收益评估结果

根据式(4-37)，6 项技术的技术收益评估值结果如表 8-10 所示。

表 8-10 6 项技术的市场预期利润评估测算情况表 （单位：万元）

项目	连续油管作业机研制技术	钻进式井壁取心器技术	C-1 精细控压钻井技术	自动垂直钻井技术	山地复杂构造精细解释技术	LY 套管井成像测井系统
技术创新成果预期利润收益	129372	16198	31963	60525	13674	22324

（三）技术产品市场收益区间的价格让渡系数

根据式(8-5)、式(8-6)和式(8-8)，6 项技术让渡系数测算结果如表 8-11 所示。

表 8-11 6 项技术让渡系数测算情况表

项目	连续油管作业机研制技术	钻进式井壁取心器技术	C-1 精细控压钻井技术	自动垂直钻井技术	山地复杂构造精细解释技术	LY 套管井成像测井系统
应用技术开发成果综合评价(T)	74%	70%	67.5%	69%	73%	66.5%
预期利润	129372	16198	31963	60525	13674	22324
技术价格底价	15587.93	2107.73	11736.19	7719.35	954.2	3539.08
利润让渡变化率(P_z)	−50.78%	−50.22%	−36.54%	−50.37%	−53.71%	−48.58%
让渡系数(D)	31.32%	29.64%	21.99%	25.99%	30.76%	27.62%

三、技术产品市场交易价格计算

按照重置成本法并考虑研发方一定收益的情况下测算的技术评估值作为研发技术的基础价值，收益法评估值作为技术预期价值，并采用技术创新成果收益让渡定价数学模型测算其技术产品市场交易。

油气行业项目铺底资金率一般取 30%，故技术产品需求方的技术产品应用铺底资金率取技术产品交易参考价格的 30%。

将技术基础价格、技术预期收益、价格让渡系数，以及技术产品应用铺底资金率等参数，代入式(8-2)，计算出 6 项技术交易参考价格结果，如表 8-12 所示。

$$P_c = (P_{min} + DQ_s)/[1+D(1+\omega)] = (P_{min} + DQ_s)/(1+1.3D)$$

表 8-12   6 项技术产品市场交易价格计算结果

项目	连续油管作业机研制技术	钻进式井壁取心器技术	C-1 精细控压钻井技术	自动垂直钻井技术	山地复杂构造精细解释技术	LY 套管井成像测井系统
技术价格底价/万元	15587.93	2107.73	11736.19	7719.35	954.2	3539.08
技术预期价值/万元	129372	16198	31963	60525	13674	22324
让渡系数/%	31.32	29.64	21.86	29.36	32.43	27.61
市场交易参考价格/万元	39875	4987	14580	18448	3791	7140

第九章　油气生产和经营管理创新成果收益分成评估模型

深化油气田企业现代化治理体系建设，必须牢牢以企业管理创新成果为支撑。管理创新成果(软科学研究成果和管理现代化创新成果)作为科技创新成果的重要组成部分，是生产要素中的一种重要科技要素，应当按照科技要素贡献参与企业收益分配。因此，通过现代油气田企业管理创新系统与创效机制分析，建立基于油气田企业经营管理和生产管理要素级序与分成基数体系、收益分成评估模型，实现符合现代油气生产和经营管理创新成果内在特征的收益分成模型创新。这对于促进油气生产和经营管理要素作为一种重要的生产要素参与企业收益分配，推进管理创新驱动油气田企业发展都具有极其重要的理论和现实意义。

第一节　生产和经营管理创新系统与创效机制

一、企业管理创新系统与创效机制

油气生产和经营管理创新是指在油气市场环境条件下,通过计划、组织、指挥、协调、沟通、控制、反馈等手段对油气田企业所拥有的发展要素体系进行再优化配置，并实现资源配置新目标的增值活动。针对企业发展要素体系开展管理创新实践与研究，必将形成结构庞大而有序的管理创新成果，其创效机制也更加复杂。管理创新过程是一个渐进的过程，主要包含五项业务流程：①企业所处国内外宏观环境与行业发展环境变革研判，认清发展机遇与挑战；②对比在管理手段、方法、理念和实践方面存在的差距，分析和发现企业管理中存在的重大问题；③通过总结、提炼、加工、不断尝试，决策和制定解决管理创新问题方案及措施；④多举措促进组织内外部认可管理创新方案，有效推进方案实施和调控；⑤管理创新过程监督和绩效评价。显然，每项管理创新业务流程都需要软科学研究成果给予支持，企业管理创新成果创效与管理创新过程应是高度契合的。

（一）企业管理创新系统结构

企业管理创新系统结构主要包括三个方面：①围绕油气田企业生产经营业务流程而形成的油气田企业发展要素投入与产出系统；②以油气田企业发展要素投入与产出体系为中心，开展企业管理创新实践活动，形成软科学研究成果应用系统；③以有效支撑管理创新实践与成果应用系统为目标，形成企业软科学研究系统（图 9-1）。

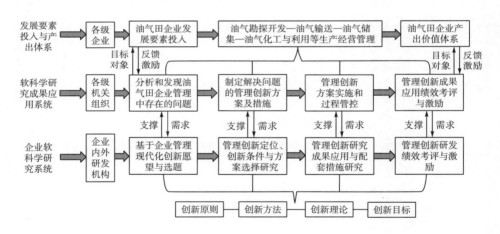

图 9-1　企业管理创新系统结构及关系图

1. 企业发展要素投入与产出系统

1）企业生产业务价值链

从产业组织的角度而言，油气产业是指勘探、开发、储运、净化和销售的企业集合，在国民经济和社会发展中具有重要作用。油气田企业的业务范围主要包括油气勘探开发、工程技术、工程建设、装备制造、油田化工、生产保障、矿区服务和多种经营，具有较为完整的上游(或上下游)业务体系和综合一体化发展优势。油气田企业的主要作业对象是含油气层和地面建设工程，开采具有高风险性。

油气生产过程包含两个作业流程，一是勘探作业流程(地质勘探、物探、钻完井、勘探保障)，二是开发作业流程(油气藏工程、采油气工程、地面工程、开发保障)。第一作业流程形成规模经济可采储量，第二作业流程形成工业化油气产能。研究与实践表明：只有油气生产四要素协同作用于油气生产作业流程，实现经济可采储量和产能，生产要素创新创效贡献才能得以体现，相应地，推进企业管理创新和管理创新成果创效同时得以实现。

2) 油气田企业发展要素投入体系

油气田企业的发展要素投入包括：①自然与环境要素(油气自然资源、环境资源要素等)；②社会环境要素(经济、政治、法律、市场、价格、科技、文化等要素)；③内部发展要素[组织、制度、人才、科技、内部市场、内部价格、市场品牌、销售、信息资源、知识产权、企业文化、企业党建、HSE(health safety and enviroment management system)、物流、质量、应急、绩效等要素]；④内部物质要素(如油气藏、储量资源、原材料、生产设备、房屋、土地、数字网络硬件等要素)；⑤内部资金要素(资金、成本、资本市场、利率、汇率等要素)等。

根据现代行业企业发展的要素体系和增长方式的内涵，可将推动油气经济增长的众多因素分为两类：一是非物质要素组合创新的投入所产生的价值，二是各种物质要素组合创新的投入所增加的效应。油气行业企业各关键要素的投入，其目的就是围绕油气行业企业核心竞争力和可持续发展能力展开，促进油气经济增长方式转变。

3) 油气田企业产出价值体系

根据油气经济增长方式转变的战略目标，判断和衡量经济增长的指标体系主要包括三方面：①反映要素组合创新经济增长效率类指标，如油气产出量及其产出增长率、要素组合投入量及其投入增长率、资本生产率等；②反映要素组合创新经济结构及其变化类指标，如油气产品结构、技术结构及其变动情况、集约度和粗放度、增效率和节约率、增效量和节约量等；③反映要素组合创新经济运行质量类指标，如油气经济景气波动情况、安全运行指标、环境污染指标等。

油气田企业产出要素包括两方面。一是储量和产量增加、非增储增产收益直接经济效益提高。二是油气田企业经济增长方式转变，包括：①优化和提高产业结构，规范企业的法人治理结构，建立规模化和一体化的生产经营体系；②整合、压缩机构，实施扁平化管理，切实做好决策管理，促进决策科学化和经济增长方式顺利转变；③加强内外投资管理，建立健全投资责任制度；④做好财务、资金管理和物资管理，从源头抓起，实现全过程成本控制；⑤实行信息化改变市场营销手段，提高产品销售和物资采购效益；⑥优化组织结构和生产要素配置，减少费用支出。

2. 企业软科学研究系统

企业软科学研究系统包括企业软科学研究机构、管理创新决策咨询机构、软科学研究情报机构、软科学研究成果价值评估机构等。部分油气田企业设置有自己的企业软科学研究机构，或技术经济评价机构等。根据企业内外部环境，分析企业管理存在的问题与面临的挑战，密切结合企业生产经营实际，采用综合集成创新研究、分析评估，制定解决问题的思路、措施与方案，实施管理创新模式机制或方案，并对管理创新全过程进行监督、考核及修正，以实现预期管理创新目标。管理创新项目管理包括选题与开题、合同实施、过程质量监管、成果提炼与总结、成果应用与激励等。

企业软科学研究的主要业务流程包括对规划、计划、立项、实施、检查、结题、奖励，以及成果应用推广等环节的管理。除了抓好企业软科学研究项目立题初审、方案论证、公开招标、研究过程监控和成果验收等环节外，应重视企业软科学研究项目和实施的紧密结合。运用科学的工程手段和设备，包括对信息的采集、分析、处理、决策的实验考证等，让企业软科学研究项目成果不仅能为各级决策者、管理者提供新观点、开拓新思路，还能成为可操作的方案和措施，实现企业软科学研究项目常态化。

3. 软科学研究成果应用系统

油气生产和经营管理创新活动是指管理创新的具体实施阶段，是管理创新主体在一定的创新目标导向下，实施管理创新方案，并能促进创造和变革的活动，是管理创新行为的重要组成部分。这些活动由管理创新目标指引，受文化创新的影响，并得到创新制度的保护，在管理创新活动中发挥投入、创新活动和成果转化三个方面的主体作用。管理创新活动按照活动性质的不同可以分为变革性活动、完善性活动和协调性活动三类。企业管理创新活动的基础条件是：①创新主体应具有良好的心智模式和较强的能力结构；②企业应具备较好的企业软科学研究系统和知识管理条件；③企业应营造一个良好的管理创新氛围；④管理创新应结合本企业的特点，现代企业之所以要进行管理上的创新，是为了更有效地整合本企业的资源以完成本企业的战略目标和任务；⑤管理创新应有明确的创新目标。创新目标引导创新行动，生产力目标、市场目标、技术改进目标、人力资源目标等目标中最核心的部分就是创新。管理创新目标就是这一系列目标在创新层次上的追求。

　　成功的管理创新要求企业对构成管理创新的四个阶段进行管理和控制。①分析企业内外部环境，发现存在的问题和面临的挑战，以提取管理创新信息；②对管理创新内容和目标做出战略性选择，决策和制定解决问题的方案和措施；③配置管理创新活动资源，实施管理创新方案，并有效进行过程调控；④管理创新绩效考评，以培养和提升企业更灵活地对外在环境变化做出反应的能力。在不断学习的基础上，上述四个阶段不断循环，构成了企业的创新模型。

（二）基于要素组合创新增值机制的管理创新创效机制

　　要素组合创新增值机制指在油气经济增长方式的转化与发展过程中的关键要素运作机理与相互关系，本质是实现要素价值增值的过程，其具体内容包括：优化要素组合创新，提高要素质量，特别是人才素质和资本质量，尤其指增加科学技术和管理创新的含量；改进生产要素配置，包括在油气产业链间、企业间、部门间合理配置生产要素；挖掘油气经济增长要素以及组合创新的潜在价值等。通过要素合理配置和调整，优化产业结构、组织结构和产品结构，提高资本技术构成、科学管理水平和经济运行的质量，促进要素组合创新的综合利用效率和总体经济效益水平的逐步提高，从而实现油气经济的持续、协调、快速、健康发展。

经济增长理论的分类方法都建立在新古典生产函数的基础之上，主流的经济增长动力源泉都可以从生产函数的分解中找到，如 Griliches 的方法是将知识资本存量作为一个单独生产要素放到柯布-道格拉斯生产函数中，他用 R&D 代表知识资本存量，构造一个新的柯布-道格拉斯生产函数：

$$Y_t = A D_t^{\beta} K_t^{\alpha_1} L_t^{\alpha_2} \, e^{\mu t} \tag{9-1}$$

根据要素组合创新增值机制，设：M_D、M_K、M_L、M_e 分别为科技管理创新、资本运营管理创新、人力资源管理创新、时间管理创新，则研发、资本、时间等要素组合创新产出弹性系数分别为：$\beta = M_D \beta_m$，$\alpha_1 = M_K \alpha_{1m}$，$\alpha_2 = M_L \alpha_{2m}$，$\mu = M_e \mu_m$。根据式（9-1）有：

$$Y_t = A_m D_t^{M_D \beta_m} K_t^{M_K \alpha_{1m}} L_t^{M_L \alpha_{2m}} \, e^{M_e \mu_m t} \tag{9-2}$$

如果管理创新产出的平均弹性系数 $M \approx M_D \approx M_K \approx M_L \approx M_e$，有：

$$Y_t = A_m \left(D_t^{\beta_m} K_t^{\alpha_{1m}} L_t^{\alpha_{2m}} e^{\mu_m t} \right)^M \tag{9-3}$$

式中，Y_t 表示总产出；D_t 表示 R&D 资本存量；L_t 表示劳动投入；K_t 表示资本投入；A 表示常数，μ 表示时间趋势。

实际上，D_t、L_t、K_t、μ 等对总产出的贡献都包含了管理创新的贡献，都可以分解出管理创新产生的贡献价值。式（9-3）反映了要素组合创新增值机制的经济数学模型，体现出管理创新在经济增长中，对其他要素组合优化配置及其经济贡献。

（三）基于企业财务恒等式的管理创新创效机制

根据企业财务恒等式，在油气资源禀赋和资金投入相同条件下，油气规模效益开发主要决定于体制机制、技术、管理、文化等要素协同创新驱动。在油气公司管理体制机制创新和文化创新背景下，技术创新与管理创新创效协同增加油气规模经济可采储量和产量收入，降低不增值的支出，合理合规减少总支出：

$$油气生产总利润 = 总收入 - 总支出 \tag{9-4}$$

其中，

$$总收入 = 油气规模（储量、产量）总量 \times 价格 \tag{9-5}$$

$$总支出 = 总成本费用 + 总税费 \tag{9-6}$$

$$总税费 = 营业税金及附加 + 所得税费 \tag{9-7}$$

技术创新成果主要形成规模储量产量，对投资、油气操作成本费用也起到降本增效的作用。而管理创新通过研究成果应用，积极影响市场主体对油气价格水平的优化和制定，争取政府对总税费结构和水平的优化与调整，实现提质增效的作用。同时，管理创新通过体制机制优化配置技术创新资源，提高技术创新水平，间接对规模储量产量绩效形成也做出较大贡献。当然，技术创新也为管理创新现代化手段、方式方法提供支持。二者协同作用、协同发展、互为支持，以最小的总成本获得更多有效益的经济可采储量和产量。

油气生产和经营管理创新成果通过成果应用，其创效途径有三个方面：①通过影响市场主体对油气价格水平的优化和制定，争取政府对总税费结构和水平的优化与调整，实现提质增效的作用；②通过企业内部体制机制改革与资源优化配置，对投资、油气操作成本费用起到降本增效的作用；③通过优化配置技术创新资源，激励科技人才，提高技术创新水平，间接对油气规模储量产量绩效形成做出较大贡献。所以，软科学研究与技术创新二者协同作用、协同发展、互为支持，共同推进油气田企业创新创效。

二、企业管理创新系统相关关系

(一)油气生产和经营管理创新与创新体系的关系

油气田企业创新体系主要包括技术创新和管理创新(包括制度创新和文化创新)等方面。管理创新在企业创新体系中处于中心的位置，发挥着关键的作用。现代企业只有以技术创新为基本手段，管理创新为内外在保障，两种创新有机融合、同步发展，才能取得成功。

管理创新在创新体系中起着重要作用。①管理创新为技术创新提供推动力和内在保障。企业管理工作的重心是调动技术人员的积极性和创造性，因此，企业管理创新往往会极大地推动技术创新。②管理创新与技术创新是相互配合、相互促进的。管理创新是一种创造新的资源整合范式的动态性活动，通过这一活动，形成了有效、科学的管理，它同技术一起构成了现代企业中不可缺少的投入组合。另一方面，通过对技术创新过程细节的管理创新，可以降低技术创新过程中资源配置的不确定性，提高现有技术效率与资源配置效率，有助于技术创新的成功。③技术创新对管理创新也具有一定的促进性。可以说，技术创新是管理创新的一个途径，它直接或间接地给管理创新带来新的课题，推动管理创新的展开。一个行业技术创新的不断积累必将导致整个行业的管理思想、管理理念、管理方法等发生重大变革，从而为企业的管理创新创造外部条件和内在驱动力，因此技术创新必然会带动企业的管理创新。例如，通过技术创新过程使管理技术得以创新，直接促进管理方法与手段的创新，如网络技术、信息技术的运用。

(二)软科学研究成果与管理现代化创新成果的关系

1. 软科学研究成果更具有显著创新性，是管理创新活动的重要支撑

软科学是支持民主和科学决策的整个科学知识体系的简称，是一门交叉性学科，软科学研究是一项带有战略性、全面性、长期性的咨询研究工作，为决策者提供有关政策优化方案或决策依据，是伴随我国社会主义市场经济的需要发展起来的。《科技成果评价试点暂行办法》提出，软科学成果是指为国家、部门、地区和企业的决策科学化和管理现代化而进行的有关发展战略、政策、规划、评价、预测、科技立法以及管理科学与政策科学的研究成果。

2. 软科学研究成果是管理创新成果的重要组成部分

企业软科学研究指的是支持政府决策和油气田企业重大决策的管理创新项目研究，其表现形式主要有课题研究、咨询、调研报告、方案、规划等。按不同的层次或重要程度又分为国家级、省、部(集团公司、股份公司)、油气田企业、矿(厂、所)级课题。按时间跨度又分为长期、中期、短期和临时调研课题。

企业软科学研究范围主要包括：油气田企业的发展战略、规划、政策、经营管理、体制改革、科技发展、市场开发、技术经济分析、重大项目可行性论证，以及油气经济决策的基本理论和方法。它的成果是与油气田企业密切相关的方案、决策、战略、规划、方法、策略、

政策、对策等，其任务和作用是为油气田企业各级领导决策和政府决策提供科学的依据。

三、管理创新成果应用创效特点

(一)成果创效的协同性与层次性，导致创效分成或分配困难

管理创新成果创效协同性体现在企业生产要素协同创效性，日常管理与创新性管理体系协同创效，几乎没有单一管理创新成果独自实现管理创新创效。同时，任何事物都具有级序，管理创新成果也不例外，因成果水平、应用领域和应用时间等因素，总体管理创新成果创效和单项成果应用创效都具有层次性。既然是要素协同性创效，就必须分别考虑要素创效的差别，而要素的层次性要求按照不同级序的要素分别考虑创效级差，这导致成果应用创效分成和分配困难。

(二)成果创效的依附性与延时性，造成创效时空错位，难以准确衡量

管理创新成果创效的依附性表现为对油气田企业所需资源、油气产品、业务流程、管理创新活动等载体的依附性。延时性体现在软科学研究成果应用、转化与产出环节，其创效评价和确认也具有延时性，成果评价又多具有"绩效后评价"属性。特别是成果创效的依附性体现出与创效载体的依存关系，创新成果必须与载体配置优化，才能获得好的收益。例如，国外先进的管理创新成果必须与我国具体实际相结合，符合国情企情才能获得应用效果。不同行业的管理创新优秀成果，只能与同业资源条件相配置，才可能产生积极性的应用效果。

(三)成果创效的生命周期性与阶段性，造成创效波动性大

油气生产和经营管理创新成果创效生命周期性表现为在油气田企业生产运营项目的全生命周期内都可能发挥作用，管理创新成果自身也具有全生命周期性，成果创效阶段性体现在不同业务的阶段性，成

果自身创效也具有阶段性。实际上，一项成果在其全生命周期内，不同阶段创效能力差异很大。特别是管理创新成果的周期性比技术创新成果要短些，其时效性更强。例如，对油气田企业发展环境研判后形成的政策建议，随着发展环境快速变化，部分建议可能过时，在新的环境下还可能造成负面效果。

（四）成果创效的多维性与间接性，造成创效对应匹配关系复杂

管理创新成果创效的多维性体现为所创效益类型和效益评价指标的多维性。创效间接性表现在成果创效分成率计算和分享过程的间接性方面。总之，管理创新成果创效特点造成成果收益分成或收益分配十分困难。研究与实践表明：成果创效评价只有合理的分享值，没有与成果创效匹配的精确解。因此，只有转变思路，应用价值分享理论，寻找科学、合理、规范的收益分成评估模型，才能确定合理的成果收益分成值。

第二节　生产和经营管理要素级序与收益 分成基数设计

现代企业管理要素级序是以谱系学思想为主导，在认知管理创新规律的基础上，通过分析油气生产和经营管理创新成果需求、发展趋势，梳理演进脉络形成的管理要素间基本能级关系的一种要素级序。它有利于明晰油气生产和经营管理创新发展方向和实现目标所需的主体管理要素，从而厘清管理要素之间的关系，按现代油气田企业经营管理和生产管理要素系统分别设计管理要素级序与收益分成基数，为油气生产和经营管理创新成果收益分成评估模型构建提供坚实基础。

一、企业管理要素级序构建依据

（一）依据企业发展要素和业务管理体系，形成一级管理要素级序

根据现代企业管理理论，生产要素协同创造价值是企业共有特征。企业所有作业流程都需要投入不同质量的生产要素，即资本要素（物质

资本、资金资本、人力资本、技术知识资本等)、劳动要素(劳动力、劳动对象和劳动资料等)、科技要素(科技创新程度、科技先进程度、科技成熟度、创效程度、技术推广应用前景等)、管理要素(管理主体、管理客体、管理目标、管理方法、管理理论等)。从广义上讲,企业管理就是对企业发展要素的有效管理。

企业经营管理是对企业整个生产经营活动进行决策,计划、组织、控制、协调,并对企业成员进行激励,以实现其任务和目标的一系列工作的总称。所以,油气田企业经营管理要素下设 10 个一级管理要素,即:投资、财务会计、市场、科技、人力资源、资本运营、企业文化、和谐管理、党建、经营信息等。

生产管理是有计划、组织、指挥、监督调节的生产活动。生产管理一切活动围绕这五大要素进行,即人、机、物、法、环。生产管理的主要模块:计划管理、采购管理、制造管理、品质管理、效率管理、设备管理、库存管理、士气管理及精益生产管理共九大模块。从油气田企业创新战略和生产管理创新视角,一级生产管理要素主要考虑 10 个,即:勘探管理、开发管理、管道管理、油气储备(储气库)管理、基建工程管理、工程技术管理、生产运行管理、物资管理、QHSE 管理、信息化管理等。其中,QHSE 管理是将质量(quality)、健康(health)、安全(safety)和环境(environment)管理模式系统化整合形成的一套四位一体的管理体系。

(二)基于业务战略管理要素,形成二级管理要素级序

根据油气行业企业发展现状与趋势,从现代油气田企业现代经营管理要素系统和创新战略视角,依据企业发展战略管理要素(环境、战略规划、组织架构、关键业务、知识管理、绩效考核与激励等)最佳实践以及 PDCA 循环原理,分别形成生产与经营一级管理要素下的 5 个二级管理要素级序:①业务战略规划,②业务战略组织,③业务战略关键业务,④业务战略绩效,⑤业务战略决策支持等管理。

(三)基于业务战略管理结构要素,形成三级管理要素级序

上述二级管理要素中,基于业务战略管理结构要素,形成 5 个生

产与经营管理三级管理要素级序，①业务战略规划。管理创新战略规划体系包括管理创新目标、原则、思路、规划内容与重点、实施阶段与步骤。②业务战略组织。管理创新组织基本结构包括：对管理创新主体、创新战略规划制定与实施、绩效评估、知识管理等环节的管理组织。企业管理体制是企业生产经营活动的管理创新机制、管理机构、管理制度的总称。③业务战略关键业务。根据企业内外部环境，分析企业管理存在的问题与面临的挑战，密切结合企业生产经营实际，采用综合集成创新研究、分析评估，制定解决问题的思路、措施与方案，实施管理创新模式机制或方案，并对管理创新全过程进行监督、考核及修正，以实现预期管理创新目标。④业务战略绩效。管理创新绩效管理包括管理创新的监督、考核、确立衡量绩效标准、衡量创新成效、纠正偏差等。整个控评体系要围绕创新的特点形成一个闭环，在运营体制、管理制度方法上进行大胆探索与创新，形成战略、预算、执行、绩效、薪酬的闭环管理体系，以保证创新工作按照预期的轨道进行。同时，建立完善的效益型激励机制，衡量一种激励机制是否合理有效的重要标准，就是看它是否获取了较高的经济效益，业绩付酬制实现工资与效益挂钩，将单一激励形式扩展为多种激励机制。⑤业务战略决策支持等管理。管理创新决策支持体系建设，需要有四个核心要素：一是拥有比较完善的管理咨询与决策研究体系，形成特色鲜明的管理决策咨询研究领域及其研究成果和情报产品成果；二是拥有在油气行业经济与管理领域领军人才和专职研究人才队伍；三是拥有核心竞争力或自主知识产权的智库方法与模型，为决策咨询提供理论方法支撑和技术支持，包括方法、工具、技术、数据库等；四是拥有比较完善的油气田企业智库平台体系，如信息采集分析平台、信息共享平台、课题研究平台、成果转化交流平台等，以提升油气田企业智库的国际竞争力和国际影响力。

为了规范和有利于管理创新成果收益分成评价，在确定管理创新实践主体(省部级政府、行业产业、集团企业、油气田企业等)前提下，对生产或经营业务管理要素(一级管理要素体系)、业务战略管理要素(二级管理要素体系)、业务战略管理结构要素(三级管理要素体系)等，在每个级序中分别提炼出 5 个核心子要素，成果数量按照 5^n 递增，形成 250 个基本管理要素级序。显然，企业主体、业务管理要素、业务战略管理要素、业务战略管理结构要素等可形成复杂的管理要素矩阵，管理要素矩阵有效排列组合成为成千上万个单项或单一管理创新成果，即：管理创新成果的基础名称=管理创新实践主体名称×F(业务管理要素名称、业务战略管理要素名称、业务战略管理结构要素名称)，如西南地区页岩气资源开发战略目标选择研究、油气价格管理体制机制创新及配套措施研究、油气勘探开发科技价值综合评估模型研究与应用等。

二、经营管理要素级序与收益分成基数设计

按照一级经营管理要素的功能价值，由科技管理部门组织业内生产经营管理专家和软科学研究专家，联合构建与赋权一级、二级、三级经营管理要素收益递进分成基数表，形成在一定时期内相对稳定的经营管理要素收益递进分成基数表。一级经营管理要素名称与收益分成基数建议如表 9-1 所示。

表 9-1　一级经营管理要素名称与收益分成基数建议表(%)

一级经营管理要素	投资管理	财务会计管理	市场管理	科技管理	人力资源管理	资本运营管理	企业文化管理	和谐管理	党建管理	经营信息管理
收益分成基数权重	15	10	13	12	10	6	8	10	10	6

(一)投资管理的二级、三级管理要素

油气勘探开发面临诸多风险，主要包括资源风险、技术风险、政策风险、安全风险、市场风险等，可采用多举措管控风险。实际上，这些风险集中体现在市场投资风险方面，通过市场风险评估，采用市场化竞争机制，应用投资风险管理系统原理，优选油气勘探开发作业方式，如自主开发、合资合作等，以降低投资风险。

投资管理重要业务领域是油气勘探投资、油气开发投资、地面建设项目、管道项目等领域的规划计划管理。关键环节是规划部署、项目审计审批(预审)、项目投资安排、项目竣工验收、项目统计与后评价。从投资战略管理视角，投资管理包括：投资发展规划、投

资模式与机制、投资核心管理业务、投资绩效评价、投资管理决策支持等，相应的投资管理二级、三级管理要素名称与收益分成基数如表 9-2 所示。

表 9-2　投资管理的二级、三级管理要素名称与收益分成基数建议表(%)

二级管理要素		三级管理要素	
管理要素名称	分成基数	管理要素名称	分成基数
(1)投资发展规划	25	①公司中长期投资发展总体规划	30
		②公司中长期投资发展业务规划	25
		③公司中长期投资发展专项规划	20
		④公司中长期投资发展区域规划	15
		⑤公司中长期投资发展配套规划	10
(2)投资模式与机制	20	①投资管理模式诊断	15
		②投资管理模式结构优化	15
		③投资计划业务内控制度建设	15
		④投资管理创新机制	30
		⑤投资管理创新保障策略	25
(3)投资核心管理业务	30	①年度投资计划管理	15
		②投资计划项目管理	15
		③投资造价定额管理	20
		④投资计划风险管理	30
		⑤投资计划项目考核与激励	20
(4)投资绩效评价	10	①投资发展规划目标绩效评价	15
		②投资计划项目前期效益评价	15
		③投资计划项目中期效益评价	20
		④投资计划项目效益后评价	25
		⑤投资计划项目综合绩效评价	25
(5)投资管理决策支持	15	①投资发展 SWOT(strengths weaknesses opportunities threats)分析	25
		②投资管理智库建设	20
		③投资管理决策评估方法模型	20
		④投资管理法规与政策	15
		⑤ERP(enterprise resource planning)投资管理系统建设	20

（二）财务会计管理的二级、三级管理要素

财务会计是指通过对企业已经完成的资金运动全面系统的核算与监督，为外部与企业有经济利害关系的投资人、债权人和政府有关部门提供企业的财务状况与盈利能力等经济信息为主要目标而进行的经济管理活动。财务会计是现代企业的一项重要的基础性工作，通过一系列会计程序，提供决策有用的信息，并积极参与经营管理决策，提高企业经济效益，服务于市场经济的健康有序发展。财务会计职能包括：反映经济活动、控制经济活动、评价经营业绩。此外，财务会计还具有预测经营前景和提供经营决策支持的某些功能。

油气田企业战略成本管理符合油气田企业发展战略需求，持续发挥财务会计主要职能（包括反映经济活动、控制经济活动、评价经营业绩、预测经营前景、提供经营决策），同时也积极推进管理会计体系建设。因此，基于油气田企业战略成本管理视角，财务会计管理包括：发展成本规划、财务会计管理模式与机制、财务会计核心业务、财务会计绩效评价、财务会计管理决策支持等，相应的财务会计管理二级、三级管理要素名称与收益分成基数如表9-3所示。

表9-3　财务会计管理的二级、三级管理要素名称与收益分成基数建议表（%）

二级管理要素		三级管理要素	
管理要素名称	分成基数	管理要素名称	分成基数
（1）发展成本规划	25	①勘探开发发展成本规划	30
		②地面建设发展成本规划	25
		③管网和储气库发展成本规划	20
		④科技发展成本规划	15
		⑤市场发展成本规划	10
（2）财务会计管理模式与机制	20	①发展成本管理模式比较分析	15
		②业财与财企融合变革管理	15
		③财务会计内控制度建设	15
		④发展成本管理创新机制	30
		⑤发展成本管理创新保障策略	25

二级管理要素		三级管理要素	
管理要素名称	分成基数	管理要素名称	分成基数
(3)财务会计核心业务	30	①年度成本计划管理	15
		②发展成本预算与核算管理	15
		③价税、货币资金与关联交易管理	20
		④发展成本控制管理	30
		⑤发展成本管理绩效考核与激励	20
(4)财务会计绩效评价	10	①成本规划目标绩效评价	15
		②项目成本效益评价	15
		③产品价格管理绩效评价	20
		④货币资金与关联交易绩效评价	25
		⑤发展成本管理综合绩效评价	25
(5)财务会计管理决策支持	15	①财务会计发展SWOT分析	25
		②发展成本管理智库建设	20
		③发展成本管理决策评估方法模型	20
		④发展成本管理法规与政策	15
		⑤ERP财务资产管理系统	20

(三)市场管理的二级、三级管理要素

油气资源市场配置主要通过价格、供求、竞争等来进行。供求机制作用决定了资源配置流向选择，油气价格机制运行决定了资源配置流量，竞争机制决定资源利用率，反过来，竞争关系的展开调整了供求关系，形成了新的资源配置格局，这也就是油气市场机制配置资源的运行机理。油气效益开发必须以现代油气市场体系为基础，充分考虑供求关系协调发展问题，在常规和非常规油气资源供应市场竞争中获得合理的油气销售价格机制和规模化的用户，形成油气供给略大于市场需求的市场格局，实现油气开发产销一体化、技术经济一体化，实现在油气产业链中，具有较大的地位与作用。基于油气市场发展战略视角，市场管理包括市场发展规划、市场管理模式与机制、市场核心业务、市场绩效评价、市场管理决策支持等，相应的市场管理二级、三级管理要素名称与收益分成基数如表9-4所示。

表 9-4　市场管理的二级、三级管理要素名称与收益分成基数建议表（%）

二级管理要素		三级管理要素	
管理要素名称	分成基数	管理要素名称	分成基数
（1）市场发展规划	25	①常规油气市场发展规划	30
		②非常规油气市场发展规划	25
		③石化产品市场合作开发规划	20
		④油气终端市场发展规划	15
		⑤油气上中下游市场协调发展规划	10
（2）市场管理模式与机制	20	①市场管理体制机制研判	15
		②市场运销模式结构优化	15
		③市场业务内控制度建设	15
		④市场管理创新机制	30
		⑤市场管理创新保障策略	25
（3）市场核心业务	30	①年度市场开发计划管理	15
		②营销月度和年度计划	15
		③价格推价与调价	20
		④市场营销与风险管理策略	30
		⑤市场管理绩效考核与激励	20
（4）市场绩效价	10	①市场发展规划目标绩效评价	15
		②市场用户开发绩效评价	15
		③市场生态环境绩效评价	20
		④区域社会经济发展贡献评价	25
		⑤市场发展综合绩效评价	25
（5）市场管理决策支持	15	①市场发展 SWOT 分析	25
		②市场管理智库建设	20
		③市场管理决策评估方法模型	20
		④市场管理法规与政策	15
		⑤ERP 营销系统建设	20

（四）科技管理的二级、三级管理要素

油气田企业经营管理不仅要在成本管理、市场管理、科技管理、人力资源管理等方面突出战略管理和创新的地位，还要促进总体创新能力的提高，实现全面创新。创新战略涉及四个方面。一是制度创新。

它提供动力源泉和制度保证，可以为油气田企业发展提供长期的、持续的推动力。二是油气资源接替机制创新。资源是整个油气田企业发展的基础和前提，应实现与油气市场发展相适应的、多元化的、可持续的资源供应，为油气田企业发展奠定坚实的物质基础。三是科技进步与创新。技术进步是提高经济效益的重要源泉和核心作用，是实现经济增长方式转变和提高经济增长质量的关键和重要前提。四是管理机制创新。实现管理机制创新的主要途径是要建立动力机制，约束机制和运行机制，三种机制有效运转，确保决策科学化，指挥高效化，效益最大化，使管理机制创新真正落到实处。因此，基于创新战略视角，科技管理包括科技发展规划、科技管理模式与机制、科技管理核心业务、科技管理绩效考核与激励、科技管理决策支持等，相应的科技管理二级、三级管理要素名称与收益分成基数如表9-5所示。

表9-5　科技管理的二级、三级管理要素名称与收益分成基数建议表(%)

二级管理要素		三级管理要素	
管理要素名称	分成基数	管理要素名称	分成基数
(1)科技发展规划	25	①科技技术资源发展规划	30
		②科技攻关项目发展规划	25
		③科学技术有形化成果发展规划	20
		④科技平台发展规划	15
		⑤知识产权发展规划	10
(2)科技管理模式与机制	20	①科技创新管理体制分析	15
		②科技创效管理模式结构优化	15
		③科技业务内控制度建设	15
		④科技创效管理创新机制	30
		⑤科技创新管理创新保障策略	25
(3)科技管理核心业务	30	①年度科技发展计划	15
		②科技项目与科技平台管理	15
		③科技成果转化与推广应用	20
		④科技成果知识产权管理	30
		⑤科技管理绩效考核与激励	20
(4)科技管理绩效考核与激励	10	①科技发展规划绩效评价	15
		②科技研发机构绩效评价	15

续表

二级管理要素		三级管理要素	
管理要素名称	分成基数	管理要素名称	分成基数
(4)科技管理绩效考核与激励	10	③科技重大专项绩效评价	20
		④科技创新成果收益评价	25
		⑤科技管理综合绩效评价	25
(5)科技管理决策支持	15	①科技发展 SWOT 分析	25
		②科技管理智库建设	20
		③科技管理决策评估方法模型	20
		④科技管理法规与政策	15
		⑤ERP 科技管理系统建设	20

（五）人力资源管理的二级、三级管理要素

人力资源管理是指企业的一系列人力资源政策以及相应的管理活动,即企业运用现代管理方法,对人力资源的获取(选人)、开发(育人)、保持(留人)和利用(用人)等方面所进行的计划、组织、指挥、控制和协调等一系列活动,最终达到实现企业发展目标的一种管理行为。人力资源战略是指企业为实现其战略目标而制定的一系列有关人力与人才资源开发与管理的总体规划,是企业发展战略的重要组成部分。因此,基于油气田企业人力资源战略管理视角,人力资源管理包括人力资源发展规划、人力资源管理模式与机制、人力资源管理核心业务、人力资源管理绩效评价、人力资源管理决策支持等,相应的人力资源管理二级、三级管理要素名称与收益分成基数如表 9-6 所示。

表 9-6　人力资源管理的二级、三级管理要素名称与收益分成基数建议表(%)

二级管理要素		三级管理要素	
管理要素名称	分成基数	管理要素名称	分成基数
(1)人力资源发展规划	25	①人力资源中长期规划	30
		②组织人事工作规划计划	25
		③高层次人才引进、培养与开发规划	20
		④薪酬绩效规划	15
		⑤人力资源发展配套规划	10

续表

二级管理要素		三级管理要素	
管理要素名称	分成基数	管理要素名称	分成基数
(2) 人力资源管理模式与机制	20	①人力资源管理体制机制诊断	15
		②人力资源管理模式结构优化	15
		③人力资源业务内控制度建设	15
		④人力资源管理创新机制	30
		⑤人力资源管理创新保障策略	25
(3) 人力资源管理核心业务	30	①年度人力资源开发计划管理	15
		②人力资源需求与机构编制管理	15
		③人力资源培训与开发	20
		④人才引进、培养、开发与退出管理	30
		⑤人力资源管理绩效考核与激励	20
(4) 人力资源管理绩效评价	10	①人力资源发展规划绩效评价	15
		②组织变革管理绩效评价	15
		③全员绩效评价	20
		④人力资源培训绩效评价	25
		⑤人力资源管理综合绩效评价	25
(5) 人力资源管理决策支持	15	①人力资源发展 SWOT 分析	25
		②人力资源管理智库建设	20
		③人力资源管理决策评估方法模型	20
		④人力资源管理法规与政策	15
		⑤ERP 人力资源管理系统建设	20

(六) 资本运营管理的二级、三级管理要素

资本运营是指以利润最大化和资本增值为目的，以价值管理为特征，将本企业的各类资本，不断地与其他企业、部门的资本进行流动与重组，实现生产要素的优化配置和产业结构的动态重组，以达到本企业自有资本不断增加这一最终目的的运作行为。资本运营战略是指资本所有者或经营者将投入生产经营活动中的资本，与其他生产要素相结合，优化配置，进行有效运营，以实现理想的盈利和价值增值所进行的长远性的谋划与方略。因此，基于油气田企业资本运营战略管理视角，资本

运营包括资本运营发展规划、资本运营管理模式与机制、资本运营管理核心业务、资本运营管理绩效评价、资本运营管理决策支持等，相应的资本运营管理二级、三级管理要素名称与收益分成基数如表 9-7 所示。

表 9-7　资本运营管理的二级、三级管理要素名称与收益分成基数建议表（%）

二级管理要素		三级管理要素	
管理要素名称	分成基数	管理要素名称	分成基数
(1) 资本运营发展规划	25	①资本运营业务发展总体规划	30
		②股权投资管理规划	25
		③混合所有制企业发展规划	20
		④国际合作业务发展规划	15
		⑤对外合作业务发展规划	10
(2) 资本运营管理模式与机制	20	①资本运营管理模式诊断	15
		②资本营运管理模式结构设计	15
		③资本运营业务内控制度建设	15
		④资本运营管理创新机制	30
		⑤资本运营管理创新保障策略	25
(3) 资本运营管理核心业务	30	①年度资本运营计划管理	15
		②股权投资与股权行权管理	15
		③股权（产权）处置	20
		④对外合作项目管理	30
		⑤资本运营管理绩效考核与激励	20
(4) 资本运营管理绩效评价	10	①资本运营发展规划目标绩效评价	15
		②混合所有制企业绩效评价	15
		③对外合作业务绩效评价	20
		④国际合作业务绩效评价	25
		⑤资本运营业务综合绩效评价	25
(5) 资本运营管理决策支持	15	①资本运营发展 SWOT 分析	25
		②资本运营管理智库建设	20
		③资本运营管理决策评估方法模型	20
		④资本运营管理法规与政策	15
		⑤ERP 资本运营管理系统建设	20

（七）企业文化管理的二级、三级管理要素

企业文化是一个组织由其价值观、信念、仪式、符号、处事方式等组成的其特有的文化形象，简单而言，就是企业在日常运行中所表现出的各方各面。企业文化战略就是指在正确理解和把握企业现有文化的基础上，结合企业任务和总体战略，分析现有企业文化的差距，提出并建立企业文化的目标模式。因此，基于油气田企业文化战略管理视角，企业文化包括企业文化发展规划、企业文化管理模式与机制、企业文化管理核心业务、企业文化管理绩效评价、企业文化管理决策支持等，相应的企业文化管理二级、三级管理要素名称与收益分成基数如表9-8所示。

表 9-8　企业文化管理的二级、三级管理要素名称与收益分成基数建议表（%）

二级管理要素		三级管理要素	
管理要素名称	分成基数	管理要素名称	分成基数
（1）企业文化发展规划	25	①企业文化发展总体规划	30
		②勘探开发文化发展规划	25
		③区站文化发展规划	20
		④企业形象发展规划	15
		⑤企业特色品牌建设规划	10
（2）企业文化管理模式与机制	20	①企业文化管理模式分析	15
		②企业文化管理模式结构设计	15
		③企业文化业务内控制度建设	15
		④企业文化管理创新机制	30
		⑤企业文化管理创新保障策略	25
（3）企业文化管理核心业务	30	①年度企业文化建设计划管理	15
		②企业文化建设内容创新	15
		③基层建设工作	20
		④全员劳动竞赛与表彰	30
		⑤企业文化建设绩效考核与激励	20
（4）企业文化管理绩效评价	10	①企业文化发展规划目标绩效评价	15
		②勘探开发文化建设绩效评价	15
		③企业形象建设绩效评价	20
		④企业特色品牌建设绩效评价	25
		⑤企业文化建设综合绩效评价	25

续表

二级管理要素		三级管理要素	
管理要素名称	分成基数	管理要素名称	分成基数
(5)企业文化管理 决策支持	15	①企业文化发展 SWOT 分析	25
		②企业文化管理智库建设	20
		③企业文化管理决策评估方法模型	20
		④企业文化管理法规与政策	15
		⑤ERP 企业文化管理系统建设	20

（八）和谐管理的二级、三级管理要素

和谐企业是指在企业内部形成了充分发挥成员和子系统能动性、创造性的条件及环境，成员和子系统在活动中相互配合，与外部环境互动发展，在总体上达到与企业内外部环境的有机协调，实现可持续发展的企业。油气田企业中部分机构承担和谐管理职能，如公司办、应急管理部门、公共管理部门、离退休办等。企业和谐战略是以可持续发展为核心，以推进企业履行社会责任为载体，立足战略高度认识、部署和推进中央企业与社会、环境的和谐发展，为实现战略目标提供支撑。因此，基于油气田企业和谐战略管理视角，和谐管理包括和谐管理发展规划、和谐管理模式与机制、和谐管理核心业务、和谐管理绩效评价、和谐管理管理决策支持等，相应的和谐管理二级、三级管理要素名称与收益分成基数如表 9-9 所示。

表 9-9 和谐管理的二级、三级管理要素名称与收益分成基数建议表（%）

二级管理要素		三级管理要素	
管理要素名称	分成基数	管理要素名称	分成基数
(1)和谐管理 发展规划	25	①油气行业协调发展规划	30
		②和谐企业建设发展规划	25
		③地企和谐管理系统发展规划	20
		④矿区服务系统发展规划	15
		⑤离退休管理发展规划	10
(2)和谐管理模式 与机制	20	①和谐管理模式诊断	15
		②和谐管理模式结构设计	15

二级管理要素		三级管理要素	
管理要素名称	分成基数	管理要素名称	分成基数
(2)和谐管理模式与机制	20	③和谐业务内控制度建设	15
		④和谐管理创新机制	30
		⑤和谐管理创新保障策略	25
(3)和谐管理核心业务	30	①年度和谐管理工作计划管理	15
		②企业内部和谐管理	15
		③地企和谐管理	20
		④群团工作、先进集体和人员表彰	30
		⑤和谐管理绩效考核与激励	20
(4)和谐管理绩效评价	10	①和谐管理发展规划目标绩效评价	15
		②企业危机公关管理绩效评价	15
		③地企和谐管理绩效评价	20
		④矿区服务管理绩效评价	25
		⑤和谐管理综合绩效评价	25
(5)和谐管理管理决策支持	15	①和谐管理发展SWOT分析	25
		②和谐管理智库建设	20
		③和谐管理决策评估方法模型	20
		④和谐管理法规与政策	15
		⑤ERP和谐管理系统建设	20

(九)监督管理的二级、三级管理要素

企业监管就是在公开、公平、公正原则下，通过督查、检查、抽查、巡查和审核审计等方法，从实体和程序两方面对进入企业的职能体和事件进行监督管理，以保证企业管理目标得以实现。监督工作内容主要包括企业内控制度、行政监察、合规管理、依法治企、企业党内监督等。因此，基于油气田企业战略管理视角，监督管理包括监督管理发展规划、监督管理模式与机制、监督管理核心业务、监督管理绩效评价、监督管理决策支持等，相应的监督管理二级、三级管理要素名称与收益分成基数如表9-10所示。

表 9-10 监督管理的二级、三级管理要素名称与收益分成基数建议表(%)

二级管理要素		三级管理要素	
管理要素名称	分成基数	管理要素名称	分成基数
(1)监督管理 发展规划	25	①内部控制建设规划	30
		②审计工作发展规划	25
		③行政监察工作发展规划	20
		④依法治企工作发展规划	15
		⑤合规管理工作发展规划	10
(2)监督管理 模式与机制	20	①监督管理诊断	15
		②监督管理模式结构设计	15
		③经营监督业务内控制度建设	15
		④监督管理创新机制	30
		⑤监督管理创新保障策略	25
(3)监督管理 核心业务	30	①年度监督管理工作计划管理	15
		②项目审计	15
		③行政监察	20
		④依法治企与合规管理	30
		⑤监督管理绩效考核与激励	20
(4)监督管理 绩效评价	10	①监督管理发展规划目标绩效评价	15
		②行政监察工作绩效评价	15
		③依法治企工作绩效评价	20
		④合规管理工作绩效评价	25
		⑤监督管理综合绩效评价	25
(5)监督管理 决策支持	15	①监督管理发展 SWOT 分析	25
		②监督管理智库建设	20
		③监督管理决策评估方法模型	20
		④监督管理法规与政策	15
		⑤ERP 监督管理系统建设	20

(十)党建管理的二级、三级管理要素

党建管理是指党为保持自己的性质而从事的一系列自我完善的活动。党建管理包括三个方面的含义:一是研究党的建设理论科学;二是在马克思主义党的学说指导下所进行的党的建设实践活动;三是作

为理论原则与实际行动两者中介的约法规章。党建管理包括对党务工作和党的政治建设、思想建设、组织建设、作风建设、纪律建设和制度建设等进行管理。因此，基于油气田企业战略管理视角，党建管理包括党建发展规划、党建管理模式与机制、党建管理核心业务、党建管理绩效评价、党建管理决策支持等，相应的党建管理二级、三级管理要素名称与收益分成基数如表 9-11 所示。

表 9-11　党建管理的二级、三级管理要素名称与收益分成基数建议表(%)

二级管理要素		三级管理要素	
管理要素名称	分成基数	管理要素名称	分成基数
(1) 党建发展规划	25	①党建工作发展总体规划	30
		②基层党建发展规划	25
		③混合所有制党建发展规划	20
		④党风廉政建设发展规划	15
		⑤党员发展规划	10
(2) 党建管理模式与机制	20	①党建工作模式分析	15
		②党建工作模式结构设计	15
		③党建业务内控制度建设	15
		④党建工作机制创新	30
		⑤党建管理创新保障策略	25
(3) 党建管理核心业务	30	①年度党建工作计划	15
		②"四好领导班子"创建工作	15
		③基层党建与培训工作	20
		④党建监督管理	30
		⑤党建管理绩效考核与激励	20
(4) 党建管理绩效评价	10	①党建发展规划目标绩效评价	15
		②基层党建绩效评价	15
		③混合所有制党建绩效评价	20
		④党风廉政建设发绩效评价	25
		⑤党建工作综合绩效评价	25
(5) 党建管理决策支持	15	①党建发展 SWOT 分析	25
		②党建管理智库建设	20
		③党建管理决策评估方法模型	20
		④党建管理法规与政策	15
		⑤ERP 党建管理系统建设	20

三、生产管理要素级序与收益分成基数设计

按照一级生产管理要素的功能价值，由科技管理部门组织业内生产经营管理专家和软科学研究专家，联合构建与赋权一级、二级、三级生产管理要素收益递进分成基数表，在一定时期内形成相对稳定的技术要素收益分成基数表（表 9-12）。

表 9-12 一级生产管理要素名称与收益分成基数建议表（%）

一级生产管理要素	勘探管理	开发管理	管道管理	油气储备管理	基建工程管理	工程技术管理	生产运行管理	物资管理	QHSE管理	生产信息化管理
收益分成基数权重	15	14	10	6	10	12	14	5	8	6

（一）勘探管理的二级、三级管理要素

油气勘探是指利用各种勘探手段了解地下的地质状况，认识油气生成、油气储集、油气运移、油气聚集、油气保存等条件，综合评价含油气远景，确定油气聚集的有利地区，找到储集油气的圈闭，并探明油气面积，搞清油气层情况和产出能力的过程。根据了解地下情况的程序和工作特点，油气勘探分为区域勘探、圈闭预探、地震勘探和油气藏评价勘探四个阶段。地震勘探和钻井勘探贯穿这四个阶段。油气勘探重要业务领域是勘探部署、探井论证、地震、钻井、测井、录井、试油、勘探投资、勘探研究、开发评价。关键环节是勘探计划、勘探部署、井位论证、技术设计、科研进展、工程配套、生产组织、油气资源矿业权。因此，基于油气田企业资源战略管理视角，勘探管理包括勘探发展规划、勘探管理模式与机制、勘探管理核心业务、勘探管理绩效评价、勘探管理决策支持等，相应的勘探管理二级、三级管理要素名称与收益分成基数如表 9-13 所示。

表 9-13　　勘探管理的二级、三级管理要素名称与收益分成基数建议表(%)

二级管理要素		三级管理要素	
管理要素名称	分成基数	管理要素名称	分成基数
(1)勘探发展规划	25	①常规和非常规勘探潜力分析	30
		②常规与非常规勘探中长期规划	25
		③勘探年度部署方案制定	20
		④勘探项目管理	15
		⑤勘探发展规划实施策略	10
(2)勘探管理模式与机制	20	①勘探管理模式分析	15
		②合资合作勘探模式结构设计	15
		③勘探业务内控制度建设	15
		④勘探管理创新机制	30
		⑤勘探管理创新保障策略	25
(3)勘探管理核心业务	30	①年度勘探业务工作计划	15
		②勘探矿权管理与储量管理	15
		③井位部署管理	20
		④勘探技术攻关与推广应用	30
		⑤勘探管理绩效考核与激励	20
(4)勘探管理绩效评价	10	①勘探发展规划目标绩效评价	15
		②勘探项目效益评价	15
		③勘探储量价值评价	20
		④油气资源评价	25
		⑤勘探工作综合绩效评价	25
(5)勘探管理决策支持	15	①勘探发展 SWOT 分析	25
		②勘探管理智库建设	20
		③勘探管理决策评估方法模型	20
		④勘探管理法规与政策	15
		⑤勘探管理系统信息化建设	20

(二)开发管理的二级、三级管理要素

油气开发业务包括开发钻井业务、油气藏工程、采油气工程、地面工程、油气净化处理等。开发重要业务领域是气田开发前期工作、开发井部署、钻完井、气田地面工程建设、油气生产与输送。关键环

节是开发方案、开发井钻完井试油、地面建设项目管理、油气生产组织管理等。因此，基于油气田企业资源开发战略管理视角，开发管理包括开发规划、开发管理模式与机制、开发管理核心业务、开发管理绩效评价、开发管理决策支持等，相应的开发管理二级、三级管理要素名称与收益分成基数如表 9-14 所示。

表 9-14　开发管理的二级、三级管理要素名称与收益分成基数建议表(%)

二级管理要素		三级管理要素	
管理要素名称	分成基数	管理要素名称	分成基数
(1) 开发规划	25	①开发中长期发展规划	30
		②年度开发计划部署方案	25
		③开发项目管理	20
		④气田开发前期评价方案	15
		⑤开发规划实施策略	10
(2) 开发管理模式与机制	20	①开发管理模式分析	15
		②合资合作开发管理模式设计	15
		③开发业务内控制度建设	15
		④开发管理创新机制	30
		⑤开发管理创新保障策略	25
(3) 开发管理核心业务	30	①年度开发业务工作计划	15
		②开发项目管理	15
		③地面建设项目管理	20
		④开发技术攻关与推广应用	30
		⑤开发管理绩效考核与激励	20
(4) 开发管理绩效评价	10	①开发规划目标绩效评价	15
		②开发项目效益评价	15
		③开发产能建设项目评价	20
		④开发项目效益后评价	25
		⑤开发工作综合绩效评价	25
(5) 开发管理决策支持	15	①开发发展 SWOT 分析	25
		②开发管理智库建设	20
		③开发管理决策评估方法模型	20
		④开发管理法规与政策	15
		⑤ERP 开发管理系统信息化建设	20

(三)管道管理的二级、三级管理要素

管道完整性管理定义为：管道公司面对不断变化的因素，对油气管道运行中面临的风险因素进行识别和评价，通过监测、检测、检验等各种方式，获取与专业管理相结合的管道完整性的信息，制定相应的风险控制对策，不断改善识别到的不利影响因素，从而将管道运行的风险水平控制在合理、可接受的范围内，最终达到持续改进、减少和预防管道事故发生、经济合理地保证管道安全运行的目的。管道完整性管理是对所有影响管道完整性的因素进行综合的、一体化的管理，主要包括：拟定工作计划，工作流程和工作程序文件；进行风险分析和安全评价；定期进行管道完整性检测与评价；采取修复或减轻失效威胁的措施；培训人员，不断提高人员素质。因此，基于油气田企业资源供应安全战略管理视角，管道管理包括管道发展规划、管道管理模式与机制、管道管理核心业务、管道管理绩效评价、管道管理决策支持等，相应的管道管理二级、三级管理要素名称与收益分成基数如表 9-15 所示。

表 9-15　管道管理的二级、三级管理要素名称与收益分成基数建议表(%)

二级管理要素		三级管理要素	
管理要素名称	分成基数	管理要素名称	分成基数
(1)管道发展规划	25	①管道中长期业务发展规划	30
		②长输管道发展规划	25
		③支线管网发展规划	20
		④集输管网发展规划	15
		⑤管道完整性发展规划	10
(2)管道管理模式与机制	20	①管道管理模式分析	15
		②管道合资合作管理模式设计	15
		③管道业务内控制度建设	15
		④管道管理创新机制	30
		⑤管道管理创新保障策略	25
(3)管道管理核心业务	30	①年度管道业务工作计划	15
		②管道建设与运维项目管理	15

二级管理要素		三级管理要素	
管理要素名称	分成基数	管理要素名称	分成基数
（3）管道管理 核心业务	30	③管道完整性管理	20
		④管道技术攻关与推广应用	30
		⑤管道管理绩效考核与激励	20
（4）管道管理 绩效评价	10	①管道发展规划目标绩效评价	15
		②管道建设项目效益评价	15
		③管道运行效能评价	20
		④管道完整性建设绩效评价	25
		⑤管道工作综合绩效评价	25
（5）管道管理 决策支持	15	①管道发展 SWOT 分析	25
		②管道管理智库建设	20
		③管道管理决策评估方法模型	20
		④管道管理法规与政策	15
		⑤管道管理系统信息化建设	20

（四）油气储备管理的二级、三级管理要素

油气储备是指通过勘探开发实证的油气或引进的油气储存起来的待用状态，也是一个包括储备建设方式、储备规模、储备运营管理机制、储备政策、储备资金筹资模式等内容的复杂系统工程。油气储备对于应对油气供应中断、适应市场供需和价格波动、降低进口风险、保障国家安全具有重要意义。根据储备主体，油气储备可以分为国家储备、企业储备；根据储备目的，可以分为国家安全储备、商业储备、调峰储备等；根据储备方式可以分为储气库（罐）储备、气田储备、LNG（liquefied natural gas，液化天然气）储备等。因此，基于油气田企业资源供应安全战略管理视角，油气储备管理包括储备发展规划、储备管理模式与机制、储备管理核心业务、储备管理绩效评价、储备管理决策支持等，相应的油气储备管理二级、三级管理要素名称与收益分成基数如表 9-16 所示。

表 9-16　　油气储备管理的二级、三级管理要素名称与收益分成基数建议表(%)

二级管理要素		三级管理要素	
管理要素名称	分成基数	管理要素名称	分成基数
(1)储备发展规划	25	①储备中长期业务发展规划	30
		②枯竭气藏储气库发展规划	25
		③储气库选址规划	20
		④微型储气库集群发展规划	15
		⑤大型气田战略储备发展规划	10
(2)储备管理模式与机制	20	①储备管理体制机制分析	15
		②储备合资合作管理模式设计	15
		③储备业务内控制度建设	15
		④储备管理创新机制	30
		⑤储备管理创新保障策略	25
(3)储备管理核心业务	30	①年度储备业务工作计划	15
		②储备项目管理	15
		③储备生产运行管理	20
		④储备技术攻关与推广应用	30
		⑤储备管理绩效考核与激励	20
(4)储备管理绩效评价	10	①储备发展规划目标绩效评价	15
		②储备建设项目效益评价	15
		③储备运营效能评价	20
		④储备建设项目后评价	25
		⑤储备管理综合绩效评价	25
(5)储备管理决策支持	15	①储备发展 SWOT 分析	25
		②储备管理智库建设	20
		③储备管理决策评估方法模型	20
		④储备管理法规与政策	15
		⑤储备管理系统信息化建设	20

(五)基建工程管理的二级、三级管理要素

油气基建工程管理主要包括钻前基建工程项目管理、集输基建工程项目管理、油气处理基建工程项目管理、节能环保基建工程项目管理等。油气田企业基建工程管理就是为加强和确保基建工程的顺利实施，规范工程建设工程监理行为，提高监理工作质量，实现重点工程质量、工期、投资、安全和环保目标，即油气田基建工程新建、扩建、

改建重点工程监理与相关服务活动。因此，基于油气田企业资源供应安全战略管理视角，油气储备管理包括基建工程发展规划、基建工程管理模式与机制、基建工程管理核心业务、基建工程管理绩效评价、基建工程管理决策支持等，相应的基建工程管理二级、三级管理要素名称与收益分成基数如表 9-17 所示。

表 9-17　基建工程管理的二级、三级管理要素名称与收益分成基数建议表(%)

二级管理要素		三级管理要素	
管理要素名称	分成基数	管理要素名称	分成基数
(1)基建工程发展规划	25	①基建工程中长期业务发展规划	30
		②钻前基建工程规划	25
		③集输基建工程规划	20
		④油气处理基建工程规划	15
		⑤节能环保基建工程发展规划	10
(2)基建工程管理模式与机制	20	①基建工程管理模式分析	15
		②基建工程管理模式设计	15
		③基建工程业务内控制度建设	15
		④基建工程管理创新机制	30
		⑤基建工程管理创新保障策略	25
(3)基建工程管理核心业务	30	①年度基建业务工作计划	15
		②钻前基建工程项目管理	15
		③集输基建工程项目管理	20
		④油气处理基建工程项目管理	30
		⑤节能环保基建工程项目管理	20
(4)基建工程管理绩效评价	10	①基建工程发展规划目标绩效评价	15
		②钻前基建工程项目效益评价	15
		③集输基建工程项目效益评价	20
		④节能环保基建工程项目效益评价	25
		⑤基建工程管理综合绩效评价	25
(5)基建工程管理决策支持	15	①基建工程发展 SWOT 分析	25
		②基建工程管理智库建设	20
		③基建工程管理决策评估方法模型	20
		④基建工程管理法规与政策	15
		⑤基建工程管理系统信息化建设	20

（六）工程技术管理的二级、三级管理要素

工程技术管理就是对工程的全部技术活动所进行的管理工作。基本任务是贯彻国家油气技术政策、执行标准、规范和规章制度，明确划分油气技术责任，保证工程质量，开发施工新技术，提出施工技术水平。因此，基于油气田企业创新战略管理视角，生产运行管理包括工程技术发展规划、工程技术管理模式与机制、工程技术管理核心业务、工程技术管理绩效评价、工程技术管理决策支持等，相应的工程技术管理二级、三级管理要素名称与收益分成基数如表 9-18 所示。

表 9-18　工程技术管理的二级、三级管理要素名称与收益分成基数建议表（%）

二级管理要素		三级管理要素	
管理要素名称	分成基数	管理要素名称	分成基数
（1）工程技术发展规划	25	①工程技术发展总体规划	30
		②钻井工程技术中长期规划	25
		③压裂酸化工程技术中长期规划	20
		④试油工程技术中长期规划	15
		⑤录井测井工程技术中长期规划	10
（2）工程技术管理模式与机制	20	①工程技术管理模式分析	15
		②工程技术创新管理模式设计	15
		③工程技术业务内控制度建设	15
		④工程技术管理创新机制	30
		⑤工程技术管理创新保障策略	25
（3）工程技术管理核心业务	30	①年度工程技术业务工作计划	15
		②工程技术项目管理	15
		③工程技术质量、标准和规范管理	20
		④工程技术攻关与推广应用	30
		⑤工程技术管理绩效考核与激励	20
（4）工程技术管理绩效评价	10	①工程技术管理发展规划目标绩效评价	15
		②工程技术项目效益评价	15
		③工程技术成果转化与推广收益评价	20
		④工程技术服务收益评价	25
		⑤工程技术管理综合绩效评价	25

续表

二级管理要素		三级管理要素	
管理要素名称	分成基数	管理要素名称	分成基数
(5)工程技术管理决策支持	15	①工程技术发展SWOT分析	25
		②工程技术管理智库建设	20
		③工程技术管理决策评估方法模型	20
		④工程技术管理法规与政策	15
		⑤工程技术管理系统信息化建设	20

（七）生产运行管理的二级、三级管理要素

油气生产运行管理不仅包括生产运行系统的运行管理，而且包括生产运行系统的定位与设计管理，它是选择、设计、运行、控制和更新生产运行系统的管理活动的总和。生产运行管理以生产运行系统总体为对象，实际上是对生产运行系统的所有要素和投入、生产运行过程、产出和反馈等所有环节的全方位综合管理。因此，基于油气田企业战略管理视角，生产运行管理包括生产运行发展规划、生产运行管理模式与机制、生产运行管理核心业务、生产运行管理绩效评价、生产运行管理决策支持等，相应的生产运行管理二级、三级管理要素名称与收益分成基数如表9-19所示。

表9-19　生产运行管理的二级、三级管理要素名称与收益分成基数建议表(%)

二级管理要素		三级管理要素	
管理要素名称	分成基数	管理要素名称	分成基数
(1)生产运行发展规划	25	①生产运行中长期发展总体规划	30
		②产、运、销、储、贸平衡发展规划	25
		③建设用地中长期发展规划	20
		④中长期发展规划	15
		⑤中长期发展规划	10
(2)生产运行管理模式与机制	20	①生产运行管理模式分析	15
		②生产运行管控模式设计	15
		③生产运行业务内控制度建设	15
		④生产运行管理创新机制	30
		⑤生产运行保障	25

续表

二级管理要素		三级管理要素	
管理要素名称	分成基数	管理要素名称	分成基数
(3)生产运行管理核心业务	30	①年度生产运行业务工作计划	15
		②生产月度运行计划	15
		③钻井运行动态管理	20
		④跨业务部门生产经营运行业务协调	30
		⑤生产运行综合绩效评价	20
(4)生产运行管理绩效评价	10	①生产运行发展规划目标绩效评价	15
		②开发理体制机制绩效评价	15
		③开发核心业务绩效评价	20
		④开发管理规章制度执行评价	25
		⑤开发工作营运和控制	25
(5)生产运行管理决策支持	15	①生产运行发展 SWOT 分析	25
		②生产运行管理智库建设	20
		③生产运行管理决策评估方法模型	20
		④生产运行管理法规与政策	15
		⑤生产运行管理系统信息化建设	20

（八）物资管理的二级、三级管理要素

　　油气物资管理是指对各种油气生产资料的购销、储运、使用等，所进行的计划、组织和控制工作。主要管理内容有：物资采购供应计划的编制和执行；积极组织货源，搞好物资订货、签订合同、采购、调剂、运输、调度等工作；搞好物资市场调查、预测，制定先进合理的物资储备定额，控制物资的合理库存量；提高仓库管理工作水平，做好物资的验收、保管、维护、发放和账务处理等工作；确定先进合理的物资消耗定额，综合利用，提高物资利用率等。因此，基于油气田企业供应安全战略管理视角，油气物资管理包括物资管理规划、物资管理模式与机制、物资管理核心业务、物资管理绩效评价和物资管理决策支持，相应的物资管理二级、三级管理要素名称与收益分成基数如表 9-20 所示。

表 9-20　物资管理的二级、三级管理要素名称与收益分成基数建议表(%)

二级管理要素		三级管理要素	
管理要素名称	分成基数	管理要素名称	分成基数
(1)物资管理规划	25	①物资业务发展中长期总体规划	30
		②物资采购业务发展中长期规划	25
		③物资招标业务发展中长期规划	20
		④物资仓储业务发展中长期规划	15
		⑤物资供应业务发展中长期规划	10
(2)物资管理模式与机制	20	①物资管理模式分析	15
		②物资管理模式设计	15
		③物资业务内控制度建设	15
		④物资管理创新机制	30
		⑤物资管理创新保障策略	25
(3)物资管理核心业务	30	①年度物资业务与月度运行计划	15
		②物资招标管理	15
		③物资集中采购	20
		④设备管理	30
		⑤物资管理绩效考核与激励	20
(4)物资管理绩效评价	10	①物资管理发展规划目标绩效评价	15
		②招标管理业务评价	15
		③物资采购业务评价	20
		④物资供应商评价	25
		⑤物资管理综合绩效评价	25
(5)物资管理决策支持	15	①物资管理发展 SWOT 分析	25
		②物资管理智库建设	20
		③物资管理决策评估方法模型	20
		④物资管理法规与政策	15
		⑤物资管理系统信息化建设	20

(九)QHSE 管理的二级、三级管理要素

质量、健康、安全、环保(简称 QHSE)就是对油气勘探、油气开发、油气输送、工程技术作业、地面工程建设实施、油气净化、终端销售及装置维护、交通运输、物业管理、承包商等方面的 QHSE 监督

管理。因此，基于油气田企业可持续战略管理视角，油气 QHSE 管理包括 QHSE 发展规划、QHSE 管理模式与机制、QHSE 管理核心业务、QHSE 管理绩效评价、QHSE 管理决策支持等，相应的 QHSE 管理二级、三级管理要素名称与收益分成基数如表 9-21 所示。

表 9-21　QHSE 管理的二级、三级管理要素名称与收益分成基数建议表(%)

二级管理要素		三级管理要素	
管理要素名称	分成基数	管理要素名称	分成基数
(1) QHSE 发展规划	25	①QHSE 业务发展状态规划	30
		②质量计量业务规划	25
		③安全生产与环境保护业务规划	20
		④节能节水业务规划	15
		⑤应急与抢险管理发展规划	10
(2) QHSE 管理模式与机制	20	①QHSE 管理模式分析	15
		②QHSE 管理体系优化	15
		③QHSE 业务内控制度建设	15
		④QHSE 管理创新机制	30
		⑤QHSE 管理创新保障策略	25
(3) QHSE 管理核心业务	30	①年度 QHSE 业务工作计划	15
		②QHSE 项目管理	15
		③井工程项目管理	20
		④QHSE 管理体系建设	30
		⑤QHSE 管理绩效考核与激励	20
(4) QHSE 管理绩效评价	10	①QHSE 发展规划目标绩效评价	15
		②QHSE 项目效益评价	15
		③井工程项目效益评价	20
		④QHSE 管理体系建设绩效评价	25
		⑤QHSE 管理综合绩效评价	25
(5) QHSE 管理决策支持	15	①QHSE 管理发展 SWOT 分析	25
		②QHSE 管理智库建设	20
		③QHSE 管理决策评估方法模型	20
		④QHSE 管理法规与政策	15
		⑤QHSE 管理系统信息化建设	20

（十）生产信息化管理的二级、三级管理要素

信息化是指培养、发展以计算机为主的智能化工具为代表的新生产力，并使之造福于社会的历史过程。信息化管理是以信息化带动工业化，实现企业管理现代化的过程，它是将现代信息技术与先进的管理理念相融合，转变企业生产方式、经营方式、业务流程、传统管理方式和组织方式，重新整合企业内外部资源，提高企业效率和效益、增强企业竞争力的过程。因此，基于气田信息化战略管理视角，油气信息化管理包括信息化发展规划、信息化管理模式与机制、信息化管理核心业务、信息化管理绩效评价、信息化管理决策支持等，相应的生产信息化管理二级、三级管理要素名称与收益分成基数如表 9-22 所示。

表 9-22　生产信息化管理的二级、三级管理要素名称与收益分成基数建议表（%）

二级管理要素		三级管理要素	
管理要素名称	分成基数	管理要素名称	分成基数
(1)信息化发展规划	25	①信息化发展总体规划	30
		②生产信息化发展规划	25
		③经营信息化发展规划	20
		④数字化气田发展规划	15
		⑤气田智能化建设规划	10
(2)信息化管理模式与机制	20	①信息化管理模式分析	15
		②信息化管理模式设计	15
		③信息化业务内控制度建设	15
		④信息化管理创新机制	30
		⑤信息化管理创新保障策略	25
(3)信息化管理核心业务	30	①年度信息化业务工作计划	15
		②信息化建设项目管理	15
		③信息系统应用与安全运维	20
		④数据管理与信息化建设保障	30
		⑤信息化管理绩效考核与激励	20
(4)信息化管理绩效评价	10	①信息化建设规划目标绩效评价	15
		②生产信息化建设绩效评价	15

二级管理要素		三级管理要素	
管理要素名称	分成基数	管理要素名称	分成基数
(4)信息化管理绩效评价	10	③经营信息化建设绩效评价	20
		④数字化气田建设绩效评价	25
		⑤信息化建设综合绩效评价	25
(5)信息化管理决策支持	15	①信息化管理发展 SWOT 分析	25
		②信息化管理智库建设	20
		③信息化管理决策评估方法模型	20
		④信息化管理法规与政策	15
		⑤信息化管理系统信息化建设	20

第三节　生产和经营管理创新成果收益分成评估模型构建

一、模型构建思路与原则

(一)模型构建思路

主要构建思路：①遵循科技部《科技成果评价试点暂行办法》，结合油气生产和经营管理创新成果类型和评价指标，对成果收益进行分类分级评价；②从油气项目效益综合评价结论中，分析提取出与管理创新成果密切相关的收益(净现值或利润)；③按照要素分配理论、价值分享理论、国内外利润分享经验法、管理创新成果收益分成的主控因素，扣除资本、技术、劳动生产要素收益分成值，应用余值法获得管理要素收益分成值，作为管理要素的收益分成基准值，并根据管理要素类型、项目效益类型，考虑生产管理要素与经营管理要素收益分成基准值；④根据油气田企业生产和经营管理创新成果创效机制和创效特点，结合实际成果，提取一级、二级、三级管理要素收益递进分成基数，以及管理成果创新强度系数。最后，按照收益递进分成法计算出管理创新成果收益分成值。

(二)模型构建原则

管理创新成果收益分享应当遵循的原则是：①坚持油气生产要素协同创造价值，要素收益分成主体地位平等；②重视成果与收益贡献密切相关，兼顾要素收益分成相对公平和合理；③尊重管理创新成果级序与贡献差异，成果收益分成率与其分成基数和创新创效能力密切相关；④力求成果收益分成评价方法规范、简单与可操作。

二、管理创新成果收益递进分成结构模型设计

(一)管理创新成果收益分成率结构模型

依据企业管理创新系统与创效机制、分成结构模型构建思路与原则，建立油气生产和经营管理创新成果收益递进分成率结构模型。该模型最关键是确定三大分成率(经营与生产经营管理要素收益分成基数、管理要素收益递进分成基数、管理成果创新强度系数)，管理创新成果收益分成率确定过程可分为五个步骤(图 9-2)。①确定管理要素收益分成区间值。划分油气资本、劳动、技术要素收益分成率区间，应用余值法获取管理要素收益分成区间，确定管理要素收益分成率上

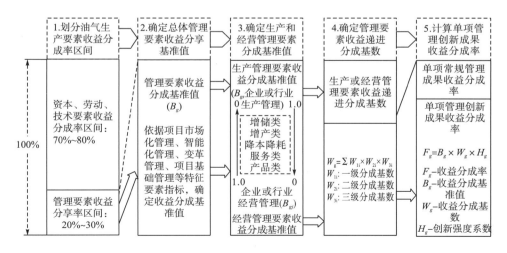

图 9-2　管理创新成果收益分成率结构模型图

限值。②确定总体管理要素收益分成基准值。在管理要素收益分成区间内，考虑管理创新成果与项目市场化管理、智能化管理、管理变革管理等特征要素指标，确定管理要素收益分成基准值。③依据软科学研究成果应用产生的效益类型，引入管理要素收益基准值调整系数予修正，建立生产管理要素收益分成基准值和经营管理要素收益基准值。④经营和生产管理要素收益递进分成基数。依据管理创新成果创新点所对应的一级、二级、三级管理要素级序，获取相应管理要素级序的递进分成基数。⑤计算管理创新成果净利润分成值。依据管理创新成果的创新指标，应用层次分析法确定其创新强度系数，依据管理创新成果收益分成率公式，计算出该创新成果净利润分成值。

(二)管理创新成果收益分成计算模型

1. 总体管理创新成果收益分成评估

根据要素收益分成法和管理创新成果收益分成模型，管理创新成果收益分成等于项目收益与管理创新成果收益分成率之积：

$$M_g = \sum E_g \times F_g \tag{9-8}$$

$$F_g = B_g \times H_g \tag{9-9}$$

式中，M_g 为总体管理创新成果收益分成；E_g 为与管理创新密切相关的项目收益；F_g 为总体管理创新成果收益分成率；H_g 为总体管理成果创新强度系数；B_g 为总体管理要素收益分成基准值（$B_g = B_{gs} + B_{gj}$），其中，B_{gs} 为生产管理要素收益分成基准值，B_{gj} 为经营管理要素收益分成基准值。

2. 单项管理创新成果收益分成评估

根据要素收益分成法，单项管理创新成果收益分成等于项目收益与单项管理创新成果收益分成率之积：

$$M_{gd} = \sum E_g \times F_{gd} \tag{9-10}$$

$$F_{gd} = B_g \times W_g \times H_{gd} \tag{9-11}$$

$$W_g = \sum W_{1i} \times W_{2i} \times W_{3i} \tag{9-12}$$

式中，M_{gd} 为单项管理创新成果收益分成；F_{gd} 为单项管理创新成果收益分成率；H_{gd} 为单项管理成果创新强度系数；W_{gd} 为单项管理要素收益递进分成基数；W_{1i} 为一级管理要素收益递进分成基数；W_{2i} 为二级管理要素收益递进分成基数；W_{3i} 为三级管理要素收益递进分成基数。

三、管理创新成果收益分成评估参数确定

(一)管理创新项目收益(E_g)

管理创新项目收益指的是会计学上的收益概念，即油气生产和经营管理创新项目涉及范围所获得的收益。例如，管理创新成果被省部级政府、行业产业、集团企业、油气田企业等机构采纳应用，与成果应用密切相关的收益才可作为成果的主要收益，其收益类型与技术创新成果收益类型基本一致，如增储、增产、提质、降本、效率、效能等。例如，管理创新成果收益表现在争取油气价税效益、组织变革产生的人工成本节约等方面。

(二)总体管理要素收益分成基准值(B_g)

按照要素分配原则，应从资本、劳动、技术、管理生产要素中分离出管理要素的分成基准值。根据文献资料，不同行业资金、技术、管理要素的贡献分布有差异，资金密集型行业：50%、30%、20%；技术密集型行业：40%、40%、20%；高科技行业：30%、50%、20%。油气行业属于资金密集和技术密集型采掘行业，因而管理要素分成基准值下限取为 20%。油气行业广义科技贡献率在 70%以内(其中包含管理要素的贡献)，油气总体技术要素分成率为30%～50%。中国石油在科技成果效益分成评估中，对管理要素的分成率最大取值为30%。因此，管理要素分成基准值为 20%～30%。根据管理创新成果应用领域的市场化管理、智能化管理、变革管理、基础管理等内容和程度不同，应酌情考虑管理要素收益分成基准值，如表 9-23 所示。

管理创新创效可能由总体生产管理要素或者总体经营管理要素创新创效，多数情况下由二者协同创新创效，其收益分成基准值与项目使用类型、管理要素类型及实际贡献大小密切相关，按照经营要素和生产管理要素重要性进行基准值权重分配，为确保收益分成基准值调整系数归一化，$\Psi_s + \Psi_j = 1.0$，如表 9-24 所示。

表 9-23　管理要素收益分成基准值 (B_g) 建议表

项目	管理程度指标				
管理核心内容： 市场化管理、智能化管理 变革管理、基础管理	较低	一般	较高	高	很高
管理要素收益分成基准值(B_g)/%	20～22	23～24	25～26	27～28	29～30

表 9-24　经营管理和生产管理要素收益分成基准值调整系数 (Ψ) 建议表

管理要素 类型	总体生产 管理要素 创效	生产管理与经营管理协同创效					总体经营 管理要素 创效
		增储类	增产类	降本降耗	技术服务类	新产品类	
生产管理要素收益分成 基准值调整系数(Ψ_s)/%	80～100	60～80		40～60	20～40		0～20
经营管理要素收益分成 基准值调整系数(Ψ_j)/%	0～20	20～40		40～60	60～80		80～100

生产管理要素收益分成基准值(B_{gs})：

$$B_{gs}=B_g\times\Psi_s \tag{9-13}$$

经营管理要素收益分成基准值(B_{gj})：

$$B_{gj}=B_g\times\Psi_j \tag{9-14}$$

（三）管理要素收益递进分成基数 (W_g)

单项管理创新成果存在复杂性和独占性管理创新成果两种类型。一是复杂性单项管理创新成果，其项目收益由多个一级管理要素和多级序管理要素协同作用，创效周期较长。例如，油气增储管理创新成果属于复杂性管理创新成果，部分增产管理创新成果也表现为复杂性管理创新成果。二是独占性单项管理创新成果，其项目收益由单个一级管理要素及其所属次级序管理要素协同作用形成，创效周期较短。例如，油气非增储增产类大部分管理创新成果属于独占性单项管理创新成果，另外，部分增产管理创新成果也表现出独占性。

根据式（9-10），单项生产或经营管理要素收益递进分成基数$(W_g=\Sigma W_{1i}\times W_{2i}\times W_{3i})$中，一级管理要素收益递进分成基数$(W_{1i})$由表 9-1 或表 9-12 确定；二级管理要素收益递进分成基数(W_{2i})和三级管理要素收益递进分成基数(W_{3i})由表 9-3～表 9-22 确定。

（四）管理成果创新强度系数确定(H_g)

根据《科技成果评价试点暂行办法》，软科学成果评价指标主要包括：创新程度、研究难度与复杂程度、科学价值与学术水平等。企业管理成果的创新强度由创新程度、成果先进程度、成果成熟程度指标表征，由业内管理专家和软科学研究专家根据实际成果赋权（表 9-25），然后按照层次分析法计算该成果创新强度系数：

$$管理成果创新强度系数 \ H_g = \Sigma H_{gi} \Sigma H_{gij} Q_{gij} \qquad (9-15)$$

式中，H_g 为管理创新成果强度系数；H_{gi} 为一级指标；H_{gij} 为二级指标；Q_{gij} 为三级指标。

表 9-25　管理成果创新强度指标表

一级指标 (H_i)	二级指标(H_{ij})	三级指标(Q_{gij})			
		I (70%～80%)	II (60%～<70%)	III (50%～<60%)	IV (<50%)
H_1: 成果创新程度（50%）	H_{11}:解决决策科学技术难题的能力（40%）	突破性问题	关键瓶颈问题	关键问题	较难问题
	H_{12}:理论观点和研究方法上的创新程度（35%）	有重大突破或有实质性创新	有明显突破或创新	有较大突破或创新	创新程度一般
	H_{13}:自主创新科学技术的比例（25%）	全部科学技术	主体科学技术	多项科学技术	单项科学技术
H_2: 成果先进程度（30%）	H_{21}:总体科学技术先进水平（40%）	国际领先	国际先进	国内领先	国内先进
	H_{22}:项目提出的观点、理论、方法的科学价值与学术水平（35%）	国际领先	国际先进	国内领先	国内先进
	H_{23}:研究难度与复杂程度（25%）	难度非常大，非常复杂	难度很大，很复杂	难度很大，很复杂	难度，复杂程度一般
H_3: 成果推广应用成熟程度（20%）	H_{31}:决策实用性、适应性程度（40%）	国家部委	产业或集团公司	地方政府	地区公司
	H_{32}:对决策科学化和管理现代化的影响程度（35%）	影响和作用程度重大	影响和作用程度显著	影响和作用程度明显	影响和作用程度一般
	H_{33}:与国民经济、集团公司或行业发展相关需求的紧密程度（25%）	非常高	高	较高	基本

第四节　应用：生产和经营管理创新成果收益
分成评估

一、管理创新成果简介

软科学研究项目《天然气产业绿色低碳发展研究与实践》对天然气产业绿色低碳发展涉及的总体模式、主要机制及途径策略等一系列重大问题进行系统研究，成果对加快我国天然气产业绿色低碳、持续健康发展具有积极的指导和应用价值。该研究成果有六个方面的创新点：基于可持续发展的天然气产业绿色低碳发展总体模式、基于战略绩效耦合的以低碳发展为导向的天然气产业协调发展机制、基于战略规划的保障清洁能源安全供应的天然气工业基地创建机制、面向绿色发展的天然气产业绿色科技创新机制、基于环境适应的天然气产业文化培育和管理机制、基于可持续发展的天然气产业绿色低碳的绩效评价机制。

该成果推进了川渝天然气产业绿色低碳发展，油气田企业经济效益显著，对区域能源消费低碳转型、经济社会生态发展发挥了积极作用。成果在国家相关部委、地方政府、集团公司和西南油气田企业均得到采纳应用。

该研究成果总体处于国内同类研究领先水平。该成果集成了 6 项科研项目开展研究均获得局级一、二等奖，发表论文 23 篇，相关专著 3 部。

二、管理创新成果收益分成值测算

(一)成果收益(E_g)与收益分成基准值(B_g)

该管理要素主要应用于西南地区天然气产业，取得天然气销售净利润为 Q 亿元。由于该项目市场化管理、智能化管理、变革管理、基础管理水平等较高，按照表 9-23，按照管理创新要素特征与收益分成基准值(B_g)关系表，收益分成基准值(B_g)取 26%。

(二)经营和生产管理要素收益分成基准值

《天然气产业绿色低碳发展研究与实践》成果涉及天然气上中下游业务链，在模式机制以及绩效评价方面，一级管理要素涉及勘探、开发、管道、储备、市场、科技、文化、和谐(协调)、QHSE 等方面，二级管理要素主要涉及管理模式与机制、管理绩效评价方面，三级管理要素涉及管理创新机制、综合绩效评价方面。成果主体是经营管理，其次是生产管理，故按照表 9-23 取值，经营管理分成基数为 80%，生产管理分成基数为 20%。

根据式(9-13)和式(9-14)，生产管理要素收益分成基准值(B_{gs})：

$$B_{gs}=B_g\times\varPsi_s=26\%\times20\%=5.2\%$$

经营管理要素收益分成基准值(B_{gs})：

$$B_{gj}=B_g\times\varPsi_j=26\%\times80\%=20.8\%$$

(三)经营和生产管理要素收益递进分成基数

根据表 9-26、表 9-27，提取分成基数，代入式(9-12)。

表 9-26　创新成果一级、二级、三级生产管理收益递进分成基数表(%)

一级要素名称/分成基数	二级要素		三级要素		备注
	管理要素名称	分成基数	管理要素名称	分成基数	创新点
勘探/15	(2)勘探管理模式与机制	20	④勘探管理创新机制	30	产业绿色低碳发展总体模式和工业基地创建机制
	(4)勘探管理绩效评价	10	⑤勘探综合绩效评价	25	
开发/14	(2)开发管理模式与机制	20	④开发管理创新机制	30	
	(4)开发管理绩效评价	10	⑤开发工作综合绩效评价	25	
管道/10	(2)管道管理模式与机制	20	④管道管理创新机制	30	
	(4)管道管理绩效评价	10	⑤管道工作综合绩效评价	25	
储备/6	(2)储备管理模式与机制	20	④储备管理创新机制	30	
	(4)储备管理绩效评价	10	⑤储备管理综合绩效评价	25	
QHSE/8	(2)QHSE 管理模式与机制	20	④QHSE 管理创新机制	30	绿色低碳发展机制
	(4)QHSE 管理绩效评价	10	⑤QHSE 管理综合绩效评价	25	

表 9-27　创新成果一级、二级、三级经营管理收益分成基数表（%）

一级要素 名称/ 分成基数	二级要素 管理要素名称	分成基数	三级要素 管理要素名称	分成基数	备注 创新点
市场/13	(2)市场管理模式与机制	20	④市场管理创新机制	30	产业绿色低碳发展总体模式和工业基地创建机制
	(4)市场绩效评价	10	⑤市场发展综合绩效评价	25	
科技/12	(2)科技管理模式与机制	20	④科技创效管理创新机制	30	绿色科技创新机制
	(4)科技管理绩效考核与激励	10	⑤科技管理综合绩效评价	25	
文化/8	(2)文化管理模式与机制	20	④文化创效管理创新机制	30	文化培育和管理机制
	(4)文化管理绩效考核与激励	10	⑤文化管理综合绩效评价	25	
和谐/10	(2)和谐管理模式与机制	20	④和谐管理创新机制	30	协调发展机制
	(4)和谐管理绩效评价	10	⑤和谐管理综合绩效评价	25	

生产管理要素递进分成基数 $W_{gs} = \Sigma W_{1i} \times W_{2i} \times W_{3i} = 15\% \times (20\% \times 30\% + 10\% \times 25\%) + 14\% \times (20\% \times 30\% + 10\% \times 25\%) + 10\% \times (20\% \times 30\% + 10\% \times 25\%) + 6\% \times (20\% \times 30\% + 10\% \times 25\%) + 8\% \times (20\% \times 30\% + 10\% \times 25\%) = 20\% \times (1.275\% + 1.19\% + 0.85\% + 0.51\% + 0.68\%) = 4.51\%$。

经营管理要素递进分成基数 $W_{gj} = \Sigma W_{1i} \times W_{2i} \times W_{3i} = 13\% \times (20\% \times 30\% + 10\% \times 25\%) + 12\% \times (20\% \times 30\% + 10\% \times 25\%) + 8\% \times (20\% \times 30\% + 10\% \times 25\%) + 10\% \times (20\% \times 30\% + 10\% \times 25\%) = 1.15\% + 1.02\% + 0.68\% + 0.85\% = 3.66\%$。

(四)管理成果创新强度系数(H_{gd})

根据成果创新指标，参照表 9-28，提取管理要素创新强度指标，代入式(9-15)，得

$$\begin{aligned}
H_g &= \Sigma H_{gi} \Sigma H_{gij} \Phi_{gij} \\
&= 50\% \times (40\% \times 65\% + 35\% \times 65\% + 25\% \times 65\%) \\
&\quad + 30\% \times (40\% \times 55\% + 35\% \times 55\% + 25\% \times 55\%) \\
&\quad + 20\% \times (40\% \times 65\% + 35\% \times 65\% + 20\% \times 65\%) \\
&= 32.5\% + 16.5\% + 12.35\% \\
&= 61.35\%
\end{aligned}$$

表 9-28　管理成果创新强度指标表

一级指标 (H_i)	二级指标 (H_{ij})	三级指标(Φ_{ij})			
		I (70%~80%)	II (60%~<70%)	III (50%~<60%)	IV (<50%)
H_1: 成果创新 程度 (50%)	H_{11}:解决决策科学技术难题 的能力(40%)	突破性问题	关键瓶颈问题	关键问题	较难问题
	H_{12}:理论观点和研究方法上 的创新程度(35%)	有重大突破或 有实质性创新	有明显突破 或创新	有较大突破 或创新	创新程度 一般
	H_{13}:自主创新科学技术 的比例(25%)	全部科学 技术	主体科学 技术	多项科学 技术	单项科学 技术
H_2: 成果先进 程度 (30%)	H_{21}:总体科学技术先进水平(40%)	国际领先	国际先进	国内领先	国内先进
	H_{22}:项目提出的观点、理论、方法 的科学价值与学术水平(35%)	国际领先	国际先进	国内领先	国内先进
	H_{23}:研究难度与复杂 程度(25%)	难度非常大， 非常复杂	难度很大， 很复杂	难度很大， 很复杂	难度和复 杂程度一般
H_3: 成果推广 应用成熟 程度 (20%)	H_{31}:决策实用性、适应性 程度(40%)	国家部委	产业或 集团公司	地方政府	地区公司
	H_{32}:对决策科学化和管理 现代化的影响程度(35%)	影响和作用 程度重大	影响和作用 程度显著	影响和作用 程度明显	影响和作用 程度一般
	H_{33}:与国民经济、集团公司 或行业发展相关需求的 紧密程度(25%)	非常高	高	较高	基本

（五）管理创新成果收益分成率测算(F_g)

根据式(9-11)，得

$$F_{gs} = B_{gs} \times W_s \times H_{gs} = 5.2\% \times 4.51\% \times 61.35\% = 0.14\%$$

$$F_{gj} = B_{gj} \times W_j \times H_{gj} = 20.8\% \times 3.7\% \times 61.35\% = 0.47\%$$

$$F_g = F_{gs} + F_{gj} = 0.61\%$$

（六）管理要素成果收益分成效益计算

根据式(9-8)，得

$$M_g = \sum E_g \times F_g$$
$$= Q \times 0.61\%$$
$$= 0.61 \times 10^{-2} Q (亿元)$$

因此，《天然气产业绿色低碳发展研究与实践》成果净利润分成为 $0.61 \times 10^{-2} Q$ 亿元。

第十章　油气科技创新价值分享
方式与策略

　　油气科技创新成果收益分成方式不仅是油气科技价值分享理论的重要组成，更是科技价值分享理论的应用创新。科技创新成果收益分成的比例和分享方式是技术要参与收入分配的核心问题。根据油气科技改革的总体趋势，吸收科技价值分享发展经验，创新油气科技市场化发展的调控手段和方法，设计适应我国国情的油气科技创新价值分享方式与策略，主要涉及收益分成设计总体思路、分享激励比例模型、分享方式选择与管理策略等内容。在利润分享方案的实施过程中，应强调利润分享观念与注重其他激励手段的并用，这样才能对油气田企业战略目标的实现产生持久稳定的价值。

第一节　油气科技创新成果收益分享激励模型

一、科技成果收益分享激励比例测算依据

（一）根据党和国家相关科技激励政策

　　随着国家创新驱动发展战略的提出，相应地，科技成果激励制度也备受关注，国家和地方就科技成果转化激励制度制订、修改了大量的政策法规。例如：2015 年《中共中央　国务院关于深化体制机制改革加快实施创新驱动发展战略的若干意见》明确提出"完善成果转化激励政策"，修订《中华人民共和国促进科技成果转化法》等。这些政策为国内科研院所、企业、高校等加快科技创新与成果转化提供了

良好的政策氛围与法律保障。依据《中华人民共和国促进科技成果转化法》（2015 年 8 月 29 日修订）、《国务院实施〈中华人民共和国促进科技成果转化法〉若干规定》（国发〔2016〕16 号）、《财政部　科技部　国资委关于印发〈国有科技型企业股权和分红激励暂行办法〉的通知》（财资〔2016〕4 号），技术权益都大于 50%。主要体现在五个方面：①下放科技成果转化处置权，科研单位对其持有的科技成果，可以自主决定转让、许可或者作价投资；②科技成果收益留归科研单位，在对成果完成、成果转化做出重要贡献的人员给予奖励和报酬后，收益主要用于科技研发与成果转化等相关工作；③大幅提高对科研人员的奖励比例，对科研人员奖励和报酬的最低标准，由现行法律不低于转化收益的 20%提高至 50%；④分类改革，实施股权和分红激励，推动形成体现增加知识价值的收入分配机制，加快科技成果转化，激发科研院所活力；⑤进一步强化企业在成果转化过程中的主体地位。

（二）依据不同地区的技术要素转移收益分配比例实践

调研分析表明，国家、部分地方政府和大学促进科技成果转化的技术权益政策中，国家和部分地方政府技术权益比例有较大提升，多在50%～70%（表 10-1）。部分省（市）遵照了《中华人民共和国促进科技成果转化法》规定的职务科技成果转化收益分配比例下限，部分省（市）为加大科研人员激励力度，提高了收益分配比例下限。2016 年成都出台了《促进国内外高校院所科技成果在蓉转移转化若干政策措施》，该文件对科技成果转化进行了初步规定，如发明人可享有 70%的股权等。江西在《关于深入实施创新驱动发展战略推进创新型省份建设的意见》中将职务科技成果转化收益分配比例提高到不低于 60%。山东在《关于深入实施创新驱动发展战略的意见》中将职务科技成果转化收益分配比例确定为不少于 70%、不超出 95%。总之，我国职务科技成果转化收益分配比例是随着技术要素在经济社会发展中的作用不断提高的。

表 10-1　　国家和部分地方政府促进科技成果转化的技术权益比例表(%)

序号	政策名称	技术权益		
		技术转让或者许可所取得的净收入中提取比例	作价投资取得的股份或者出资比例中提取比例	主要贡献者获得奖励份额不低于奖励总额的比例
1	《中华人民共和国促进科技成果转化法》于2015 年 8 月 29 日修订	50	50	50
2	《国务院实施〈中华人民共和国促进科技成果转化法〉若干规定》国发〔2016〕16 号	50	50	50
3	《财政部　科技部　国资委关于印发〈国有科技型企业股权和分红激励暂行办法〉的通知》(2016)	50	50	—
4	《北京市促进科技成果转化条例(草案)》(2019)	70	70	—
5	《上海市促进科技成果转化条例》(2017 年)	70	70	—
6	《黑龙江省促进科技成果转化条例》(2016 年)	70	70	—
7	《四川省促进科技成果转化条例》(2018 年)	70	70	—
8	《福建省人民政府关于印发福建省进一步促进科技成果转移转化若干规定的通知》(闽政〔2016〕33 号)	50 或 70	50 或 70	—
9	《广东省促进科技成果转化条例》(2017 年)	60	60	—
10	《重庆市促进科技成果转移转化实施方案》(2017 年)	50	50	—

　　总体上，高校技术权益比例较高，多为 60%～80%(表 10-2)，如上海在《上海市促进科技成果转化条例》中将职务科技成果转化收益分配比例提高为不低于 70%。

表 10-2　　部分大学促进科技成果转化的技术权益比例表

序号	政策名称	技术权益
1	《上海科技大学科技成果转化管理暂行实施细则》(2017)	科技成果完成人可得科技成果实施收益的三分之一，科技成果完成人所属单位可获得科技成果实施收益的三分之一；学校所得占科技成果实施收益的三分之一
2	《合肥工业大学促进科技成果转移转化实施办法》(试行)(2015)	科技成果转移转化许可、转让收益，原则上按照 1∶1∶1 确定完成人、学校、完成人所在学院、转移中心的分配比例；科技成果转移转化作价入股、创办企业，原则上按照作价股权的 80%股份用于奖励完成人
3	《暨南大学加快科技成果转化实施方案》(2018)	实施科技成果转化收益奖励，净收入的 85%奖励给成果完成人(团队)；从作价投资取得的股份或者出资比例中提取 85%奖励给成果完成人(团队)
4	《重庆大学促进科技成果转化管理办法(试行)》(2016 年)	成果完成人奖励金不高于总经费 60%、其余部分为成果完成人科研发展基金；80%股权归成果完成人，20%股权由学校资产经营公司持有并负责管理
5	《西南交通大学职务科技成果转化实施细则(试行)》(2018)	对于没有分割确权的科技成果，学校从可分配收益提取 70%奖励给完成人
6	《福建农业大学科技成果转化管理办法(修订)(征求意见稿)》(2018)	成果完成人享有转让净收益 75%的奖励；做出重要贡献的人可享有科技成果入股时作价金额 75%的股份

在技术要素参与收入分配的比例上，将职务科技成果提供给他人实施的情形下，个人所占的比例以不低于 20%～30%居多。在将职务科技成果自行实施转化或者与他人合作实施转化的情形下，用于奖励该项科技成果完成者和转化实施者的比例在 5%～10%。

（三）依据企业利润分享的流程制度

根据企业发展战略要求，针对企业背景和不同发展阶段的需求，采用不同的利润分成额度、方式和形式，达到一个良性循环改进、可持续优化的分享策略。①确定可分配激励总额。②确定分享对象。企业可根据实际情况确定所要激励的对象，主要激励科技突出贡献者或优秀人才。③确定激励对象的绩效评估体系。④选择分享方式。企业可根据自己的情况选择不同的利润方式分享，目前多以不同种类的现金发放、延期有条件兑现等方式。⑤确定利润分享方案。通过上述的系列诊断与选择，明确制定利润分享制度，作为确保有效实施的条件，包括确定激励对象、总额度、分配依据、个体额度、兑现条件等。⑥实施方案。⑦评估方案。通过评估对方案进行适当改进，以更有效地达到激励效果，保证方案的可行性。

二、科技创新成果收益分享激励总额测算模型

（一）油气科技创新成果分享激励额度公式

技术要素参与收入分配的比例和分配方式是技术要参与收入分配的两个关键要素，也是相关政策的核心内容所在，主要存在三种实施情形。①以技术转让方式将职务科技成果提供给他人实施的情形。②将职务科技成果自行实施转化或者与他人合作实施转化的情形。③不区分上述情形而进行只讲分配的情形。油气田企业的职务科技成果主要是前两项。由于职务科技成果转化收益分配政策的复杂性与内在规律性，以及职务科技成果转化收益分享比例与科研人员激励力度并不存在简单的线性关系，因此油气科技创新成果分享激励力度应执

行《科技成果转化法》确定的职务科技成果转化收益分配比例下限，尊重和发挥市场在职务科技成果转化中的主导作用。目前主要是固定比例提取法、分段比例提取法和获利界限提取法，油气田企业可根据自己的情况和所要达到的激励目的，针对不同的效益类型，选用不同的分享比例来提取可分享收益总额。

科技创新成果分享激励额度=科技创新成果收益分享总额×分享激励比例 　　　　　　　　　　　　　　　　　　　　　　　　　　　(10-1)

(二)主要参数确定

1. 油气科技创新成果不同收益类型分享总额

油气科技成果多数是职务科技成果，并属于自行实施转化或者与他人合作实施转化的情形。油气科技成果收益分享总额与上述不同收益类型分享净值密切相关，具体测算参照技术创新成果增储增产收益分成评估模型、非增储增产收益分成评估模型、技术产品价值让渡定价模型、生产和经营管理创新成果收益分成评估模型等确定。

2. 不同效益类型分享激励比例

不同效益类型分享激励比例主控因素包括四个方面：①国家科技激励政策和行业科技激励发展水平；②科技创新成果分享收益总额；③收益总额动用油气田企业资源程度；④油气田企业激励文化发展水平。与外部其他类似同行业增长或者市场的经济增长周期无关，以保证科技创新人员创新积极性。根据《国务院实施〈中华人民共和国促进科技成果转化法〉若干规定》(国发〔2016〕16号)，技术权益大于50%，而高校科技成果转移转化许可、转让收益，原则按照 1∶1∶1 确定完成人、学校或完成人所在学院、转移中心的分配比例，完成人分享比例为 33.33%，加之大多数企业规定项目组中完成人奖金分配不低于 60%，即

完成人分享激励基础比例 = 技术权益×完成人分享比例 　　　　　　　　　　　　　　　　　　　　　　　　　　　(10-2)
$$= 50\% \times 33.33\% = 16.66\%$$

油气田企业可根据科技创新成果收益类型确定完成人分享激励基

础比例，进一步依据油气田企业激励水平，以收益大小酌情调整，效益大，则完成人分享激励基础比例酌情下调，效益较小，则完成人分享激励基础比例酌情上调（表10-3）。

表10-3　油气科技创新成果不同收益类型完成人分享激励比例建议表

收益类型	分享激励基础比例	主要依据
增储增产收益	不低于5%	收益大而企业资源投入大，收益与资源禀赋关联度很高，主要来源于企业主营业务。收益可分享总收益大或中等，完成人分享激励基础比例酌情下调
非增储增产收益	不低于10%	可分享总收益中等或较小，主要来源于企业主营业务收益，或者技术服务收益。完成人分享激励基础比例酌情可上调
技术产品销售收益	不低于15%	可分享总收益较小，主要来源于市场销售。完成人分享激励基础比例酌情上调
管理创新成果收益	不低于6%	可分享总收益中等或较小，主要来源于企业主营业务收益，完成人分享激励基础比例酌情可上调

第二节　油气科技成果收益分享方式优化选择

一、科技创新成果收益分享方式选择思路

技术要素参与分配是一项探索性工作，是一项带有方向性的系统工程，需要完善成果转化和收益分配，努力构建和形成企业间合理高效的技术转移机制，激励和支持自主创新成果转化。运用多种方式，推动企业灵活采用年薪制、人才协议工资制、项目工资制等鼓励创新的分配形式，推进创新和产权制度的结合、创新和资本市场的结合，实现收入激励方式多元化。

分享方式的选择取决于绩效评价体系的科学性和合理性。在评价指标设计中，要突出科技人员工作的长期性，科技人员对企业自主创新、核心技术的贡献。结合科技人员激励目标，将薪酬体系设计为包含了职位工资、绩效工资、工龄工资以及奖金等。

油气田企业科技创新成果激励体系设计，要遵循内部公平和效率优先相结合的基本原则，同时要兼顾外部竞争性。通过丰富激励方式，

构建"基本工资+绩效工资+科技成果转化收入"的科技人员三元薪酬结构，整体提升科技人员收入水平。根据重点研究领域、重点学科和发展方向人才供求情况，从分享制度上进一步向科技一线、科技关键岗位、科技业务骨干等倾斜。

二、科技成果收益分享体系

（一）技术创新激励性薪酬体系

在油气田企业薪酬体系设计中，要在完善保障性薪酬体系的同时不断加大激励性薪酬的力度。激励性薪酬是丰富薪酬体系、增加科技人才报酬的关键手段，重点体现效率性，包括项目奖金提成和股权激励。根据项目奖金提成，对应用研究领域的科技人才和成果转移转化人才，探索实践人才股权、技术入股和分红激励等收益分配形式。同时，实施薪酬福利弹性机制激励。薪酬福利主要是指外在的，其主要内容包括工资、奖金等短期的激励薪酬和股票期权、股份奖励等长期激励，还有经济性福利如教育培训补贴、交通补贴、住房津贴、交通补贴、伙食补贴、带薪休假、医疗保健等。

（二）技术创新奖励体系

科技人员的奖励体系主要是针对油气田企业取得科研成果的团队和个人，包括以奖金为主要形式的货币性激励，以及以表彰荣誉为主要形式的精神激励。科技人员的奖励体系包括一般性奖励和特殊性奖励。一般性奖励主要是对专利和著作、优秀论文等给予的激励。特殊性奖励主要是对重要科研成果价值肯定、科研项目申请奖励、科技人员科研专项资金资助、以职务科技成果作价投资形成的股权奖励等非常规性激励，重点在于对油气田企业协同创新团队、优秀青年人才和技术创新奖励力度，重点鼓励科研人才在重点领域做出重大成果。同时，兼顾团队的整体组织绩效。

（三）技术创新成果转化收益体系

油气田企业成果转化收益体系，是通过制定切实可行的有关科技成果转化利益分配的规章制度或签订合同等形式，规定企业科技成果转化中企业及科研人员各方应当履行的权利和义务，明确企业与科研人员间利益分配的比例幅度和形式等方式来实现。利益分配的方式主要包括股权出售、股权奖励、项目收益分红、岗位分红等方式，鼓励油气田企业为科技人员的创新实践提供"一条龙"服务，最大限度调动科技人员服务企业、推动成果转化的积极性。

（四）技术创新绩效考核体系

油气田企业科技人员绩效考核指标体系主要包括工作业绩指标、工作态度指标、工作能力指标等。科技人员绩效考核遵循重点突出原则下的动态管理机制，即根据科研人员工作特点，制定侧重点不同的考核内容。对于应用基础性、前沿性科研工作，注重创新能力的过程性考核；对应用开发科研工作，加强成果转化、经济效益等结果性考核；对试验检测、产品开发、产业化开发、技术服务等，注重平衡过程和结果，包括工作效率与效果、市场化开发、经济和社会效益、客户满意度等多种指标。

第三节　油气科技成果收益分享管理策略

一、强化油气科技价值评估和分享制度建设

（一）构建完善成果评估和应用转化组织管理机制

构建完善的科技价值评估组织管理机制，建立健全评估中心发展内部治理机制、行业内监督机制、第三方评估与认证机制等，研究制定《油气田企业科技价值评估管理办法》。开发先进的技术评估管理

信息系统平台，构建基于客观数据的科学的科技价值评价机制与评价体系，引领新型科技评估机构建设的科学化、规范化、系统化发展。

构建完善科技价值评估研究运行机制。建立健全智库发展内部治理机制、行业内监督机制、第三方评估与认证机制。积极打造面向全国油气行业的新型智库研究与评价中心。增设科技价值评估智库研究专项，编制决策咨询研究计划及重点课题指南，建立油气田企业重大决策咨询研究课题发布平台，提高科技价值评估重大问题研究的组织化程度。加强科技价值评估智库建设资金投入，建立油气科技信息报告制度和共享知识库。

建设油气田企业技术中介机构是促进科技和经济结合的桥梁和纽带，应抓好五方面的工作：①完善配套政策，大力发展油气专业化技术转移服务中介机构，培育建设技术转移示范机构，加强从业人员的技能和知识培训，健全技术转移创新服务体系；②注重培育油气专业优势特色技术市场，因地制宜，因势利导打造油气区域性技术转移示范区，推动技术市场的跨区域协同发展；③深度强化油气田企业技术创新和技术交易主体地位，支持企业开展技术原始创新、集成创新和引进技术的二次开发，鼓励企业购买先进适用科技成果进行转化应用，使企业真正成为技术输出和技术吸纳的主体；④加强产学研合作，在各级科技计划项目立项和评估中，把技术创新成果的实用性和成果转化作为重要的评价考核指标，将技术转移成效逐步纳入油气田企业和科研院所的考核评价体系；⑤建立油气田企业统一技术交易平台，共享科技转让成果信息，实现各油气田企业交易平台的互联互通，提升油气技术市场的整体水平。

（二）积极建立科技价值评估与分享的相关制度

建立科技价值评估与分享规则。成立油气田企业技术产权领导小组，科技、财税、法律、培训等部门参加。提高知识产权保护意识和知识产权利用水平，建立和完善知识产权保护长效机制，健全和完善知识产权信息服务平台，保障知识产权拥有人切身利益。制定和出台油气田企业有关技术创新成果价值评估的基本框架，如《油气田企业科技价值化评估规范（试行）》，包括：评估的程序和方法、评估技术手段的采用及标准、实施评估的主体、评估收费标准、评估结论的法律效用等，促进技术要素参与内外部技术市场利益分配。

　　进一步完善油气技术要素参与收益分配的激励制度。进一步提高对技术要素参与股权与收益分配重要性的认识，创新油气科技价值分享方式，建立技术创新激励制度体系，如科技奖励、岗位技能工资、科技项目承包奖励、技术创新成果转让和有偿技术服务利润提成、技术入股与分红、专利科技价值转移分享等激励制度。而制度体系的核心就是编制全面规定公司利润分享的各项重要规则的制度，即《油气田企业科技创新成果激励管理制度》。

（三）建立支持科技价值分享的管理会计体系

　　油气科技创新与企业成本管理之间保持一种共生互动关系，而技术创新具有成本高、消耗性强、风险性大、分散性强、协同创造价值强等特点，因此应加强技术创新管理会计相关问题研究，重点是要通过对技术创新作业成本的分析和归集，对技术创新人员及相关管理人员的业绩进行计量和考核。技术创新管理会计体系建设应从管理控制系统、预算管理、成本管理、绩效评价、责任会计、会计综合管理六个方面进行。油气田企业应协调财务会计与管理会计的关系，合理分离会计核算与管理会计；培养和吸纳素质过硬的技术管理会计人员，提高技术创新管理会计人员的专业素质和职业道德；构建技术创新管理会计决策支持信息化平台，利用大数据技术建立会计数据中心，建立数据仓库和数据集，建立专业的数据处理团队，并注重会计信息系统的安全建设。

二、积极推动技术要素分配政策落地

（一）积极有效地争取和落实技术交易的相关法规

　　认真执行国家科技评估和交易制度，加强知识产权保护。技术要素参与收益分配的各个阶段都离不开知识产权制度的保护。同时，建立油气知识产权信息服务平台，加强知识产权宣传培训工作，提高知识产权保护意识和知识产权利用水平，建立和完善知识产权保护长效机制，开通知识产权维权绿色通道，加大知识产权执法力度，保障知识产权拥有人切身利益。

（二）建立科技成果权益初始分配制度，保障科技人员权益

科技成果权益初始分配制度是指在科技成果诞生之初、转化之前，就对当事人的权益进行分配、确权和登记固化。油气科技成果权益初始分配制度的重点是在科技成果产生之初，就应通过科研单位和科技人员的协议对科技成果的权益进行初始确权分配，通过约定奖励报酬的方式、比例和时限有效界定科技人员的权益，从而切实地保障每个科技人员享有与其创造的知识价值相对应的权益，为科研人员参与科技成果的转化提供不竭动力。

（三）构建科技成果转化强制许可制度，赋予科技人员转化权

科技成果强制许可制度是指利用国家财政资金形成的职务科技成果，自职务科技成果完成之日起满两年，无正当理由未转化的，在不变更职务科技成果权属的前提下，职务科技成果完成团队或个人有权要求有偿受让该职务科技成果或对其进行转化。职务科技成果完成人未要求有偿受让或转化的，油气田企业科研机构应当将职务科技成果委托专业机构进行转化。

三、强化技术价值评估与交易智库建设

（一）强化科技价值评估智库建设

强化科技价值评估的组织与人才管理。加强技术价值评估人才队伍建设。制定实施油气田企业科技价值评估高端人才培养规划，整合汇集各专业领域专家学者与业界精英，打造高端人才专家库，培育国内一流水平的领军人才和青年杰出人才。鼓励和支持有较高理论素养和政策水平的油气田企业科技人才参与科技价值评估工作。深化评估

人才岗位聘用、职称评定等人事管理制度改革，完善以品德、能力和贡献为导向的人才评价机制和激励政策。在科技价值评估中，特别要注意防范科技价值评估的执业风险，评估师应谨慎确定分享参数，提升取值的严肃性。

加强科技价值评估成果对外交流和传播平台建设。坚持"引进来"与"走出去"相结合，建立与国内外知名科技评估机构交流合作机制。完善公开公平公正、科学规范透明的立项机制，建立长期跟踪研究、持续滚动资助的长效机制。积极参与国内外评估机构对话，定期举办油气田企业科技价值评估峰会，积极与国内外著名科技咨询评估机构、能源企业等共同合作开展科技价值评估重大项目研究，发挥评估中心在对外开放和国际交流中的独特优势，提升评估中心的竞争力和影响力。

(二)科技成果交易决策支持系统

建立油气科技价值化的智能决策系统。智能决策支持系统是计算机管理系统向智能化和产业化发展的第四代产物。因此，应加强油气科技价值评估智库建设资金投入，开发具有全方位管理的科技价值评估集成化系统，即数据库、知识库、模型库和方法库等四库协同系统，为油气科技价值分享提供智能决策支持。

加强技术交易和专利交易服务团队建设，形成一支学科更加齐全的高素质、专业化的服务团队和管理团队。通过组织业务培训技术经纪人培训等活动，提高中心和联盟成员的业务水平和服务能力，形成一支高素质的业务支撑团队。另外，还要培养自身队伍的创新能力，增强服务意识，努力提高服务质量和标准。

积极培育建设油气技术信息市场。在此基础上，与其他能源行业，甚至国内外其他地区的网上技术交易平台之间进行互联互通，加速信息交流，进行网上交易，降低技术交易成本，为油气田企业研发决策提供科学依据。

第十一章　油气科技价值分享展望：市场化技术商业模式创建

油气科技价值分享走市场化、国际化、商业化之路是必然趋势，创建网络平台下市场化油气技术商业模式是重要途径。在市场经济中，只有技术转化为技术资本后，采取技术商品销售与服务、技术转让、技术许可、技术投资、技术抵押等方式，才能实现技术资本增值。本章根据国内外技术交易模式现状，基于油气全产业链技术价值的技术体系和技术功能价值、技术交易的价值类型，构建网络平台下油气技术交易模式及交易规则。油气技术交易商业模式包括价值主张、核心资源和能力、目标客户、主要业务、盈利模式、商业网络等六个方面。交易平台规则包括交易平台、会员管理、技术经纪人管理、委托交易、价格确定等。依据技术交易的法律、价值评估、信息不对称、营运、信用、合同、财务等风险，提出交易平台建设风险管控措施。

第一节　油气技术商业模式与科技价值化

一、技术商业模式的含义与分类

(一)传统与现代技术交易方式

1. 技术交易市场及功能

技术交易市场是连接科研和生产的桥梁和纽带。技术交易市场存在着狭义技术市场和广义技术市场之分，狭义的技术交易市场是技术产品流通和交换所处的有形的场所，广义的技术交易市场则是技术产品流通和交换关系的总和。技术交易市场包含市场主体和客体两个方面，它的主体包括政府、企业、大学、研究院所、中介机构和自然人（技术发明人），它的客体包括技术产品在内的一切技术产品。

技术交易市场作为技术与资本的桥梁，以促进技术产业化为服务宗旨，对促进技术市场和资本市场的发展具有重要的功能：促进技术创新成果有效转化，实现技术增值效益；促进创业投资，完善技术资本市场结构；技术交易市场是资本多元化和规模化实现平台。

2. 传统技术交易方式

长期以来，我国技术产品主要是利用展板、实物、项目汇编、磁盘及光碟等有形载体，并通过传统的技术产品展览会、交易会及固定的交易场所（常设技术市场）等有形场所进行交易。传统的技术交易受到时间和空间的限制，交易双方只能在有限的范围内寻找交易对象，其交易价格及成交率受到影响。技术交易双方必须直接见面洽谈，因而产生了大量为参会和参展支出的差旅费及交际费，使交易成本增加。

3. 现代技术交易方式

现代技术交易方式是将电子商务的模式应用于技术产品的交易，使技术产品的供需双方通过架设在互联网上的无形技术市场——网上技术市场上建立的虚拟展览会、交易会，帮助技术产品的交易双方在更大的范围内，以高效和经济的形式使信息在世界范围内传播并寻找合适的交易对象。它可以完成从寻找技术产品、交易洽谈、竞买竞卖、签订合同、付款结算及科技资源配置等一系列的技术交易活动。网上技术市场在加强与用户联系、扩大和提高技术产品知名度、加快交易速度及提高效率等方面的成效是显著的。因此，网上技术市场是技术交易方式的一次新的转变与飞跃。

（二）技术商业模式的含义

所谓商业模式，就是企业创造价值和获取价值的方式。技术交易的商业模式构建与一般商品和服务交易类似，需要具备九个要素。①价值主张：即通过其产品和服务所能向消费者提供的价值。②消费者目标群体：即所瞄准的消费者群体。③分销渠道：即用来接触消费者的各种途径。④客户关系：即同其消费者群体之间所建立的联系。⑤价值配置：即资源和活动的配置。⑥核心能力：即执行其商业模式所需的能力和资格。⑦价值链：为了向客户提供产品和服务的价值，相互之间具有关联性的，支持性活动。⑧成本结构：即所使用的工具和方法的货币描述。⑨收入模型：即通过各种收入流来创造财富的途径。

(三)技术商业模式的分类

1. 传统的技术商业模式

传统的技术商业模式是指以线下洽谈、签订合约、网上登记、合同履约的传统交易流程为主的模式。主要分为四种模式。①自产自销。自产自销是指技术的供方与需方直接进行协商沟通，技术供需方签约直销的模式，即技术供方-技术需方直销模式。②自产经销。自产经销是指技术的供方将技术提供给中间平台机构，由这些机构专业的经纪团队进行技术交易，实现技术的商业价值，即技术供方-技术交易市场-技术需方交易模式。③外包自销。外包自销是指发包方把技术研发外包给第三方，研发成功后，发包方享有新研发技术的所有权，然后由发包方对外销售的一种商业模式。④技术入股。技术入股即用一项先进技术作为生产要素投入使用，在该项生产中占有一定的股份，并对该项生产取得的收益享有一定比例的分配权。

2. 基于互联网的技术商业模式

互联网的快速发展催生出基于"互联网+"的新型技术商业模式，主要可以分为四种。①技术交易的 B2B(business to business)模式。B2B 模式是指企业之间开展的网络技术交易活动，它主要是针对企业之间进行供销环节的特点而设计的。主要盈利模式包括：会员+广告模式、门户+联盟模式、搜索引擎+电子商务模式、垂直搜索引擎与社区化。②技术交易的 B2C(business to customer)模式。B2C 是指通过互联网平台而建立的企业与消费者之间的交易平台。B2C 模式的价值主要体现在其在促成企业与消费者技术产品或服务交易方面的优越性。盈利模式的主要类型包括营销平台式模式、自主交易模式、广告收益模式、会员制模式、数字内容服务及交易服务收益模式等。③技术交易的O2O（online to offline）模式。O2O模式是指将技术交易服务与线上资源相融合，使网络成为实体经济连接线上与线下技术交易的桥梁，是一种新兴技术交易服务模式，使网络成为实体经济延伸到虚拟世界的"前台"。O2O模式为技术产品交易和服务产品交易开拓了市场，把技术交易全过程的服务通过网络"快递"给客户，将线下信息线上化，将线上需求线下化定制。④技术交易的C2B（customer to business）模式。C2B模式指的是消费者对企业的技术交易行为。C2B模式基于信息的更加对称和生产方式的进步，使得消费者的定制化需求得以实现。C2B模式通过为客户提供定制化技术产品服务，解决客户的难题，满足客户的独特需求，从而获得收入。

二、科技价值化与技术商业模式的关系

（一）科技价值化为技术商业平台发展奠定坚实基础

科技价值化是油气科技成果转化与应用的内在需求。油气科技成果转化，是为提高油气勘探开发水平，而对科学研究与技术开发所产生的具有实用价值的科技成果所进行的后续试验、开发、应用、推广直至形成等活动。目前我国油气科技成果转化率还相当低下，其中的一个主要原因是油气领域科技类无形资产定价困难，技术转让和交易机制不完善，导致油气科技产业链上中下游难以有效衔接。

油气田企业科技价值化是油气技术有形化到市场化发展的必然要求。以技术创新成果"可借鉴、可复制、可推广、可商业化"为重点，持续推进标志性重大技术创新成果和技术利器的有形化、标准化与集成化，为核心技术的内部共享和外部市场开拓奠定基础。推进油气田企业核心技术有形化和集成应用。组织一批影响力大、优势强、市场需求高的标志性重大技术创新成果有形化集成，推广应用自主创新的新技术新产品。

科技价值化涉及三个方面：①科技价值模型，技术创新价值是确

定技术转让价格的基础，而技术创新价值可用超额利润来衡量，也就是技术商业生命周期内产品总利润减去行业平均利润后的差额；②科技价值评估，技术成果价格评估准则是看其带来新增经济效益的大小，或为受让方带来新增（超额）效益的大小；③科技价值的市场因素主要包括技术转让价格博弈，如成本费用因素、预期收益因素、议价因素以及其他因素。

　　油气勘探开发科技价值的形成主要包含两个方面的机制：一是油气勘探开发技术自身价值的形成机制，由研发投入（包括劳动和资本等）和技术应用所带来的经济社会效益两部分凝结而成，这是技术产品价格形成的基础和依据；二是油气勘探开发技术在技术市场交易过程中，其价值便以技术产品价格的形式体现出来，同时受供求关系、交易机制的完善程度等因素影响，技术产品价格围绕科技价值波动。油气勘探开发技术定价技术是围绕解决这两方面问题的一系列技术理论、技术手段和技术措施，为实现油气勘探开发技术的价格化，基础是确定油气勘探开发技术的价值。

（二）技术商业模式为科技价值实现和增值搭建良好平台

　　油气技术市场化迫切要求技术定价有据可依、有规可循。目前技术转让或交易常常采用谈判定价方式，谈判最终价格常取决于双方的实力。因此，油气勘探开发科技价值化是科学建立油气技术的内外部交易机制、实现油气技术市场繁荣发展的必要条件。

　　技术增值可能有两方面的原因：①在市场经济中，只有资本才能创造价值，技术增值的前提是要转化为技术资本；②技术转化为资本后，可采取的后期经营方式有商品销售与服务、技术转让、技术许可、技术投资、技术抵押等方式。技术产品的转化模式有许多种，对于不同的转化模式，技术产品出让方和受让方所获得收益的时间和承担的风险各不相同，因而不同转化模式的技术产品的价格也各不相同。

（三）技术商业模式与科技价值化协调推进科技市场化改革

　　油气科技成果转化与应用的内在要求为科技价值化，是深化油气科技体制改革的重点任务。①科学合理评估油气科研投入与产出和科技进步贡献率需要实施科技价值化。长期以来，科研产出一般以获得多少项科技成果等定性指标衡量，这些科技成果的价值则只能较为模糊地从其潜在的经济社会效益予以粗放评估。②完善油气田企业科研激励机制需要实施科技价值化。从国家到油气田企业层面，都已将创新驱动从战略上提升到历史空前的高度，而战略的实现关键在人，如何有效激励科研人员创新是摆在各级科研组织面前的重大现实问题。其难点在于科研人员创造的成果价值评估难，激励无据可依，影响了激励政策的制定。③强化知识产权保护需要实施科技价值化。长期以来，技术领域侵权行为时有发生。由于对技术型资产的价值缺乏明确的判断，通常侵犯方对其侵犯技术型资产的行为只需赔偿有形资产的价格，忽视了技术型资产的潜在获利能力，大大削弱了知识产权保护的有效性，打击了研发积极性。

油气田企业科技价值化是科技体制机制改革的迫切需要。加大油气科技成果转化与推广的支持力度，探索科技成果转让的定价政策和定价体系，尽快建立科技类无形资产转化商业模式，实现研发与应用的有机衔接，特别是在激励与考评方面。①健全完善运行机制，充分激发创新创造活力。完善考核评价体系，建立健全对不同类型科技信息活动和人员的分类评价考核制度。②配套完善激励制度和相关政策，建立创新创效激励机制，强化科技人员创新劳动同其利益收入对接，使优秀创新人才"名利双收"。探索基于转化推广效益的一次性奖励、效益提成、股权期权和分红等政策措施，调动研发与应用两个层面的积极性。这必须研究建立科技成果、专利价值评价体系，为成果转让、许可、资本化以及收益提成创造条件，提高技术和人才等创新要素在技术产品价值中的比例。

三、油气勘探开发专利与非专利技术的区别及交易方式

（一）油气勘探开发专利技术与非专利技术的区别

油气勘探开发专利技术和非专利技术成果都是油气科研人员智力劳动的成果。但两者在产生、认定和受到的法律保护等方面有很大

的不同，油气专利技术与非专利技术的主要区别有四点。①秘密程度不同。油气勘探开发非专利技术是秘密的，而油气勘探开发专利技术是公开的，因为申请和取得专利时，技术内容要向公众公布，并把内容记载在专利文献上，任何人都可以检索。②法律地位不同。油气勘探开发非专利技术不受专利法或其他专门法律的保护，只有依靠保守秘密来加以保护。而油气勘探开发专利技术在一定的期限和一定的地域内受到专利法的保护，其他人不经专利权人的许可不准使用这种专利技术，否则要承担法律责任。③有效时间不同。油气勘探开发非专利技术的有效性无时间的限制，只有当专有技术被公开或被新技术取代时，才会失去交换价值或使用价值。油气勘探开发专利技术受法律保护的时间有明确的限制，过了保护期，它就成为社会的公共财富。④技术内容的范围不同。油气勘探开发非专利技术内容比专利技术内容广泛。专利技术应具有新颖性、创造性和实用性，而非专利技术则没有这种要求，某种技术只要用于石油工业生产目的，有较大的实用价值，即使不具有新颖性，也可作为非专利技术转让给他人。非专利技术的内容除直接用于石油工业生产的技术外，还包括管理、商业等方面有助于石油工业发展的技术。因此，实施该项技术仅有专利技术是不够的，必须同时具有非专利技术，它们相互依存，有着紧密的联系。

（二）油气勘探开发技术的交易方式

油气勘探开发专利技术与非专利技术的交易方式并没有太大的差别，主要的交易方式包括技术转让、技术授权、技术实施许可、技术入股、技术质押以及证券化等。非专利技术（技术秘密）可以单独交易，但由于其法定边界并不是很确定，法律保障力度较小，在进行转让授权时需要更多的保障措施来维护技术持有方的权益，如合理设定保密条款以及许可费用条款等。

油气勘探开发技术有形化的推广应用方式主要有：举行技术产品发布会，召开技术研讨会，参加展览会。通过技术招投标，吸引技术专家领导前来参观、学习和咨询，接洽技术服务业务，签订技术服务合同。开展技术交流和培训等。通过这些手段可以促进油气勘探开发技术的有形化，将技术推向市场，实现技术的市场价值，进而实现技术的共享和传承，提升油气田企业自主创新品牌和核心竞争力。

第二节　油气勘探开发技术商业模式构建

一、技术商业模式的设计依据

（一）油气勘探技术交易平台风险管控的必要性

依据国内外技术商业模式建设理论与经验，根据油气田企业科技创新和信息化建设平台条件，有效管控油气勘探技术交易平台存在的风险。油气勘探开发技术作为一种商品，具有无形性、使用价不灭性等显著区别于一般商品的特殊性，从而决定了技术转移和技术交易是一个复杂的过程，交易风险贯穿于这一过程的各个环节。为了保障油气勘探开发技术交易的正常进行，必须将风险控制贯彻到交易的每一个环节，规范油气勘探技术交易平台的风险管理，建立规范、有效的风险识别管理体系，以提高风险防范能力，保证油气勘探开发技术交易平台安全稳健运行。

（二）油气勘探技术交易平台风险管控目标

技术交易平台面临的风险从广义上讲是指未来的不确定性对平台实现其预期经营目标的影响，技术交易平台在相关法律法规的基础之上，可以制定与平台功能定位相适应的规章制度，将风险控制在一定的范围之内。风险管控的目标有：①提高平台经营的效益及效率；②实现技术交易平台内外部信息沟通的真实、可靠；③确保各项业务符合法律、法规和政策性文件的相关规定；④将风险控制在与总体目标相适应并控制在可承受范围内；⑤确保平台建立针对各项重大风险发生后的危机处理计划，使其不因灾害性风险或人为失误而遭受重大损失。

(三) 油气勘探开发技术交易平台面临的主要风险

油气勘探开发技术交易平台主要从事油气专利技术、非专利技术以及技术组合的转移与授权等活动，由于业务的特殊性，技术交易平台面临的风险有信用风险、法律风险、合同风险、信息不对称、营运风险以及财务风险等。

(四) 油气勘探开发技术转移项目中风险识别流程

油气勘探开发技术转移项目的风险识别是风险管控必不可少的基础环节，预期项目利润的获取、技术转移项目的顺利实施以及其他预期目标的达成等都要依赖合理的风险识别与分析。油气勘探开发技术交易平台的风险识别主要任务是挖掘风险诱发因素与风险之间的关系，以及各诱发要素之间的关系。风险识别为油气勘探开发技术交易平台风险管理、应对措施的制定、管理决策等提供基本的依据。

二、技术商业模式设计

结合中国石油的特点和油气勘探开发技术交易的特殊性，基于油气勘探开发技术商业模式结构的因素分析，油气勘探技术交易平台的商业模式由技术交易组织、技术价值取向、核心资源和能力、技术目标客户、主要商业业务、技术盈利模式、技术商业网络等七个子系统构成(图 11-1)。

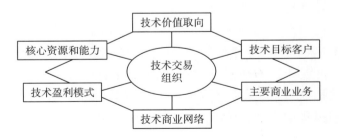

图 11-1　油气勘探开发技术商业模式结构图

三、模式结构内容

（一）技术交易组织机构

1. 油气勘探技术交易组织结构的设计

油气勘探技术交易平台的组织结构是指平台的功能服务机构组成，这些功能服务机构涵盖不同价值链环节，服务于技术交易及技术创新各阶段。在技术交易过程中，平台通过整合各类资源，以实现各功能服务机构通过分工与协作，达到实现交易平台的不同功能的目的，为技术交易提供了全程化的一站式服务。在对国内外技术交易平台分析的基础之上，总结得出油气勘探开发技术交易平台的组织结构大致如图 11-2 所示，可以根据实际情况进行补充。

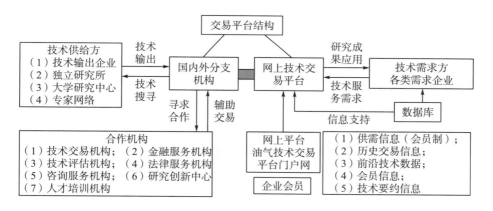

图 11-2　油气勘探技术交易组织结构示意图

油气技术交易组织将设置一个中心机构和多个分支机构。中心机构主要负责总体上的运作，各个分支机构在此硬件条件下实现与各地技术转移及相关技术服务，扩展技术交易业务，并负责建立自己的商业网络。分支机构分布在不同的地区，负责和这些地区的高校、科研院所和企业(技术供给方)、企业(技术需求方)通过订立合作合同或者相互持股的方式建立长期有效的合作关系,并且和一些第三方机构(如法律咨询，财务服务，支付结算，技术评估等)通过订立合同的方式建立长期合作关系。

例如，中国石油有着丰富的油气技术储备，以及众多油气技术开发研究机构，是主要的油气技术输出者，油气勘探技术交易组织的设立，也主要是为输出中国石油所拥有专利技术、专有技术等。技术交易组织是整个商业模式运行的中心，设立的分支机构，以及技术交易合作协同机构，连接着各类科研机构(如大学研究所、独立技术研究所等)以及技术需求企业，共同组成技术转移与技术服务网络，技术交易的有序展开，也离不开一些辅助机构的协同合作，独立的价值评估机构以及法务机构等能为油气技术交易的价值评估、法律事务以及其他交易事项提供有效支持作用。

2. 油气勘探技术交易组织结构的内容

油气勘探技术交易组织结构的内容主要包括：①技术评估机构；②技术交易服务机构；③咨询服务机构；④法律服务机构；⑤金融服务机构；⑥研究创新中心；⑦人才培训机构。

(二)科技价值主张与目标客户

1. 价值主张

油气勘探开发技术商业模式的实现应基于一个特定的交易模式，交易模式应以提高技术成果转化效率与促进技术推广应用为宗旨。模式可以作为技术交易第三方，促进技术供需双方交易，可作为技术交易供给方，从平台技术存储库中为企业提供与之相匹配的技术，也可作为技术需求方，收购技术形成技术组合实现其价值。交易模式也致力于为全球油气勘探开发技术交易提供咨询、评估、开发、培训、交易撮合、技术入股、交易结算、信用评价等服务。

2. 目标客户

目标客户主要包括油气技术研究机构、技术需求企业及其他技术转移中心。

（三）技术核心资源和能力

油气田企业技术交易其核心资源和能力主要体现在以下方面。

1. 专利技术优势

我国三大石油公司下属油气田企业广泛从事与石油、油气有关的各项业务，积累了大量的油气勘探、储运、油气净化、油气销售利用等技术，并且其中大量的技术申请了专利。例如，油气田企业的专利技术优势能够丰富交易模式的技术供给，为交易模式的咨询、评估、开发、培训等服务提供技术保障。

2. 强大的研发能力和丰富的实践经验

油气田企业拥有强大的油气勘探开发科研团队，并具有丰富的油气勘探开发技术运用于实践的宝贵经验。基于此，平台能够为交易双方提供专业化、个性化的服务。

3. 良好的信用保证

我国三大石油公司作为国有控股企业，拥有雄厚的资金保证和强有力的国家政策支持，财务风险很低。三大石油公司能够动用大量的资金和技术，能够保证平台交易信息系统安全。

4. 国际化的战略布局

我国三大石油公司在全世界的许多国家和地区拥有分支机构，有利于平台聚合世界各地的油气勘探开发技术资源，与供需方建立合作关系，有利于平台更加快速及时地获取市场信息。

（四）油气勘探技术交易平台业务体系

油气勘探技术交易平台宗旨是在油气技术从产生到应用于产品与服务的整个过程中，为技术与经济结合提供必要的交易服务、技术相关服务、会员服务、金融服务、其他服务等，如图 11-3 所示。

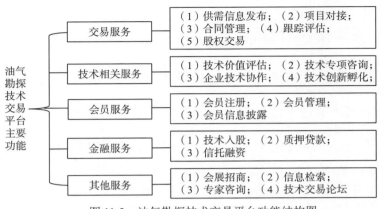

图 11-3　油气勘探技术交易平台功能结构图

（五）技术盈利模式与商业网络

1. 盈利模式

油气勘探技术交易平台提供的高质量的技术交易信息和高质量的技术识别有利于降低交易成本，能够为交易供需方创造价值。根据平台提供的业务的不同，平台的盈利模式主要有九种类型。①会员费。会员通过网上交易平台，可以进行产品发布、供求查询、企业间的互动等操作。会员每年要缴纳一定的会员费，才能享受网站提供的各种服务。对不同类型和从事不同交易的会员，制定合理的会员费收费标准。②交易提成。交易供需双方达成交易后，平台根据约定的方式收取一定的手续费，如按每笔交易合同总额的一定比例收取手续费。③咨询服务费。平台为交易供需双方提供法律、技术、价值评估等咨询服务，将从中收取一定的服务费用。④技术授权使用费。平台作为交易需方，可以收购技术或者对技术进行控股。例如，中国石油作为油气勘探技术交易平台的最大技术供方，其拥有的技术相当于平台自有技术。那么，平台作为最大的技术供方可以向技术需求者提供技术，收取技术授权使用费。⑤技术入股。平台以自有技术为对价对其他公司进行投资，取得其他公司一定数量的股票，从拥有的股票中获利。⑥合作开发。平台凭借自身的技术和资金优势，与其他企业或者科研机构合作进行油气勘探开发技术开发，以共享利润或者股权占有等方式获得收入。⑦广告费。平台网站的广告根据其在首页位置及广告类型来收费，如有弹出广告、漂浮广告、文字广告等多种表现形式可供会员用户选择。⑧线下服务收入。线下服务主要包括展会、期刊、研讨会等。通过展会，供需双方可以面对面地交流，展会可以收取如赞助费、参展费等。期刊主要是关于行业资讯等信息，期刊里也可以植入广告。⑨其他个性化服务。例如，技术需求方需要一项量身定做的技术，可以在平台上采取激励的方式寻求解决方案，待解决后，根据约定的方式收取一定的费用。

2. 商业网络

现在正处在一个激烈竞争的时代，需要建立必要的商业网络，在价值链中找到属于自己的位置。建立合适的商业网络有利于更好地利用各个企业的优势，更有效地整合各种资源，实现多赢共赢。建立商业网络还可以节约成本，实现资源优化配置。

第三节　油气勘探开发技术交易平台规则

交易平台的运行需要制定适合的交易规则，国外技术交易平台如yet2.com制定的网上交易规则，以及美国国家技术转移中心、德国史太白技术转移网络制定的技术交易总则，国内如浙江网上交易所制定的"中国浙江网上技术竞价交易管理办法(试行)"等，对主要对交易主体责任、交易方式、利益分配等方面进行规定，有效保障了技术交易的有序进行，此外合理的风险保障措施以及风险识别与管控机制，对于油气技术交易平台进行技术交易也有着重要意义。

一、交易规则设计思路、原则与内容

(一)交易规则的设计思路

国内外技术交易平台交易规则的结构都是先制定一个总的交易规则，在此基础上根据相关业务以及重大事项制定相关的细则，如美国国家技术转移中心以及德国史太白技术转移网络制定的交易总则，以

及中国技术交易所制定的《中国技术交易所暂行规则》等，对技术交易以及相关的技术服务流程、重大事项处理办法、争议处理等进行了相应规定，在此基础上对相关事项制定细则。

交易规则是油气勘探开发技术交易平台的基本制度，是对拟交易的油气科技成果进行确权、授权、技术评估和商业化市场分析，利用油气勘探开发技术交易平台挂牌交易，将油气勘探开发技术这种难以实体化的"无形资产"变成可进行标准化交易的资产，通过转让授权等方式实现科技价值的一整个过程的规范标准。油气勘探开发技术交易平台的运营应以健全、透明的规则为基础，规则的有效执行是保障技术商业化的基础。

技术交易总则下设的细则，如"信息披露操作细则""资金结算与凭证操作细则""组织交易签约细则""交易所合同规则""会员管理办法""竞价交易管理办法""估值收费标准"等一系列规则，对技术平台业务开展的各项细节都有着明确的规定，能有效促进平台的标准化运作，同时有效控制平台信用、法律、财务等各方面的风险，油气勘探技术交易平台交易规则的制定，应当有类似的总分结构。

(二)交易规则设计的基本原则

交易规则是技术交易平台正常运营的保障前提，其设计合理性与有效性能提高平台运作效率，促进技术成果转化，有效的交易规则设计的基本原则有七点。①合法性原则：交易规则的制定要在一定的法律基础之上，以法律为基本依据，不能逾越法律范围。②流动性原则：流动性的市场结构是市场生存和发展的前提和基础。这里的流动性是指交易的活跃性。③稳定性原则：指在市场剧烈波动时，提供一个连续、有序的运营环境的能力。④透明性原则：透明性是维持市场公开、公平、公正的基础要求。⑤有效性原则：指任何投资者均能以最低的交易成本，快速、方便地执行交易。⑥公平性原则：在该交易规则中，所有交易者具有同等的准入资格和严格的监管机构的保护。⑦可靠性原则：市场结构应足够强大，能在交易量剧增时，满足交易需求。可靠性原则要求，市场应有足够的系统容量和处理能力，即使应付最繁忙的交易日也能绰绰有余。

（三）交易规则基本内容

油气勘探开发技术交易平台的有效运行以及相关技术业务的展开，离不开交易规则的保障。交易规则在规范交易行为、保障交易各方的合法权益、维护交易所正常秩序等方面发挥着不可或缺的作用。规则的制定应在相关法律基础之上，如《中华人民共和国合同法》《中华人民共和国专利法》《中华人民共和国商标法》《中华人民共和国著作权法》以及其他相关法律、法规和政策性文件。平台交易规则的基本内容应包括五个方面：①平台交易规则应明确和包括机构平台的责、权、利，使得技术交易平台有一个较为明确的定位，在规定责、权、利的基础上开展技术转让等业务，涉及法律诉讼或者交易纠纷等不利事项时，有参考的依据；②平台交易规则应明确申请会员资格的基本条件，会员的责、权、利，会员资格的授予、管理，机构、会员执业管理、监督等一系列会员相关规则。技术交易平台主要采用会员制开展相关业务，合理的会员管理条例与细则是保障平台正常运营的前提；③平台交易规则应该明确机构与会员谁发现意向受让人，交易成功后谁受益的实务，以及固定会员与机构分享受让人应缴纳的交易服务费比例，以及其他利益分配以费用收取的相关细节；④平台交易规则应明确涉及技术转让市场的受让方，受让标的持有者，代理交易机构，规则执行监管、调协、仲裁、纠纷仲裁复议机构等各方相应职责。监督执行、纠纷协调仲裁、监管仲裁复议分离的明晰规定，可在一定程度上控制技术平台法律风险；⑤平台交易规则应对交易、会员、重大事项等信息披露行为进行相应的规范，信息披露是交易平台的关键所在，无论是供需信息披露还是交易进展信息披露，都对平台的有效运行及业务正常展开有深远影响，标准化的信息披露规则更能凸显技术交易平台的公信力。

二、具体交易规则设计

（一）油气勘探开发技术交易平台总规则

油气勘探技术交易平台交易总则的制定宗旨是为规范在交易平台

开展的相关交易行为，保障交易相关各方的合法权益，维护正常交易秩序，其内容应当包括交易主体与客体相关界定、交易方与平台责任界定、交易基本原则、交易程序、纠纷与争议处理方式以及禁止与终止交易等相关事项，也是其他交易细则制定的基础。

1. 交易主体相关界定

技术交易主体的相关界定主要包括交易各方资格界定以及责任的界定，明确技术转让方与受让方的进场资格以及在整个交易过程中应承担的责任与义务，如交易各方应具备项目所有权及处置权的主体资格，按照相应规定履行内部决策等相关程序，以及遵守相关法律、法规和政策性文件的规定及交易平台相关规定等。

2. 交易客体相关界定

交易客体的相关界定是对交易平台可进行的交易活动及服务的范围进行界定，油气勘探技术交易平台交易活动及服务主要包括技术转让、技术授权许可等其他相关权益交易，以及技术开发、咨询等服务。

3. 基本交易原则

油气勘探技术交易活动的展开和建立应在各方遵循基本原则的基础之上，基本交易原则主要是指遵守国内与国际相关法律、法规和政策性文件的规定及平台制定的相关规定，遵循自愿平等、诚实信用和公平、公正、择优的原则，不得侵犯他人的合法权益和损害社会公共利益等。

4. 交易程序

交易程序是交易活动有序展开的保障，不同的技术交易方式应明确具体的技术交易程序，对于一般的技术交易，主要的程序有申请登记、信息披露、组织交易、洽谈签约、资金结算和出具交易凭证等。对于一些特殊的交易，如平台的委托交易与会员机构委托交易等，则应有相应的流程保障交易的进行。

5. 特殊事项相关规定

特殊事项主要是指技术交易活动中的禁止、中止及终止事项，禁止事项包括平台为保护交易方权益而禁止事项，以及法律禁止事项，交易平台应当根据事项的特殊性制定相关处理程序。中止事项主要由交易主体被提起无效、仲裁或诉讼等纠纷等引发，交易平台应当披露上述信息，并中止交易。终止事项主要包括不可抗力引发项目终止以及依据司法程序导致的终止事项。

6. 争议与纠纷处理规定

明确规定争议与纠纷处理方式是对平台进行技术交易活动的保障措施，争议与纠纷解决的一般原则为交易过程中发生争议的，由技术交易平台进行调解，涉及交易平台的纠纷，各方应先协商解决，调解或协商达不成一致意见的，相关当事人可以依据约定申请仲裁或向人民法院提起诉讼。

（二）会员管理规则

会员管理规则的目的是为规范会员机构在本油气勘探技术交易中心开展业务的行为，创造良好的交易环境。会员管理规则主要包括基本准则、会员分类、申请流程、会员权利与义务等，技术交易平台会员规则具体内容如下。

1. 基本准则

会员应当遵守国家相关法律、法规、政策性文件规定和本油气勘探技术交易中心的各项业务制度，以推动油气勘探技术创新和油气产业为宗旨，共同推动油气勘探技术交易市场健康发展。

2. 会员分类规定

依据业务性质和服务内容，会员分为信息会员、经纪会员、服务会员和能力会员。信息会员是拥有油气勘探技术交易供需信息或资源，在该交易中心获取相关交易信息、从事交易行为的单位或者个人；交易会员是接受交易双方委托、代理交易双方在该油气勘探技术交易中心开展交易业务的机构；服务会员是在该油气勘探技术交易中心为技术交易活动提供拍卖、招投标（评审）、评估、审计、法律顾问、财务顾问或管理咨询配套服务的单位；能力会员是具有研发或其他服务能力，通过该交易中心为客户提供相关服务的机构。

3. 会员资格

申请成为该油气勘探技术交易中心的会员应当具有的基本条件为：依法设立，具有相关资质；具有良好的声誉；具有完全民事行为能力并能承担相关风险及其他条件。若被若干其他会员，经正当理由联名抵制的不得申请成为该交易中心会员。

4. 申请流程

申请成为该交易中心的会员，应当首先向该平台提供会员资格申请表、主体资格证明材料、税务登记证明、行业资质证书、主要负责人简历及工作业绩介绍、企业近些年的经营状况及其他一系列相关的完整、真实、合法的材料；该技术交易中心收到会员申请完成资格审核后，将审核结果告知申请人，申请人与该交易中心签订协议并缴纳会费成为会员。

5. 权利和义务

该交易中心的会员拥有相关权利并需履行一定的义务。会员权利主要包括依据交易中心的规则开展业务、获取收益，获取中心提供的一系列信息及相关培训交流，优先参与各项活动、提供建议、退会等，会员义务主要有履行遵守相关协议、提供相关资料、及时缴纳会费及其他相关费用、接受油气勘探技术交易中心的监督和管理等一系列义务。

6. 会员评议制度

在油气勘探技术交易中心设立评议委员会对会员的诚信记录等事项定期进行评议，对连续若干次未参加评议的会员视为自动退会，会员不再符合交易平台的会员资格条件时可终止确认其会员资格。

7. 其他规范

会员规则的其他规范主要对会员发生住所、注册资本、经营范围、主要业务或负责人等发生变更时的信息更新与报备进行相应规定。

(三)技术经理人管理规则

技术经理人管理规则旨在促进油气勘探技术交易市场发展,培育、带动优秀人才参与本技术交易中心相关业务活动,规范其交易行为。该规则的主要内容如下。

1. 基本准则

技术经理人应当遵守国家法律法规和政策、遵守技术交易规则,以促进技术与资本对接、实现科技成果产业化为宗旨,共同推动技术交易市场发展。技术经理人可进行技术经纪、技术交易、技术运营、投融资服务等。

2. 技术经理人的申请规定

申请成为技术经理人,应具备相关工作经历、在技术评估、法务等某一相关领域有一定专长、具有良好声誉等相关条件。具有恶意侵权或不正当行为等情形的不得成为技术经理人。

技术经理申请人应提交申请表、专业资质证书、身份证明文件等一系列相关材料。审核通过的申请人,须通过考核后才能正式成为技术经理人。

3. 权利和义务

技术交易中心的技术经理人拥有相关权利并需履行一定的义务。技术经理人的权利主要有获取油气勘探技术交易中心提供的相关信息,开展经纪业务获取收益,优先参加各类活动、对其他经理人不正当行为提出申诉、申请取消经理人资格等,技术经理人的义务主要有遵守相关法律法规、勤勉尽职地提供专业服务、定期参加经理人评议等一系列相关义务。

4. 佣金分配

技术经理人与油气勘探开发技术交易中心对开展业务的净收入依据经理人的工作量及业务成果进行分配,且双方均有权提出变更要求,根据实际情况另行协商。净收入为业务完成后所得的业务佣金减去在业务开展过程中因促成该项业务而产生的费用及税金后的净值。佣金分配将纳入技术经理人信用管理记录中。

5. 定期认证

油气勘探开发技术交易中心定期对经理人是否遵守相关管理办法、是否积极开展业务活动、诚信记录等一系列相关事项进行认证。认证时,经理人须提交新增资格证书、学历证书等证明文件。未能在规定时间内完成认证的,其技术经理人资格自动终止。

6. 资格终止

当技术经理人出现主动提出申请、未完成认证、违反交易规则等情况时,可终止技术经理人资格。

(四)技术交易平台信息披露规则

对交易相关信息披露可促使交易双方能够正确快速地获得交易信息,保障交易有效进行,便于监管部门对不规范交易行为进行监管,以维护市场公平。信息披露规则制定的主要内容如下。

1. 信息披露具体内容规定

技术交易平台披露的交易信息内容应当包括:交易项目基本情况、交易条件、受让方资格条件、对交易有重大影响的相关信息、竞价方式的选择、交易保证金事项等,并注明征集意向受让方的起止时间。

2. 披露方式的确定规定

信息披露方式的确定直接影响信息披露的有效性,技术交易信息的披露一般通过技术交易平台网站、项目推介会进行披露,或通过具有公信力、公开发行的科技、经济或者金融类媒体公开发布。转让方有特殊要求的，技术交易平台可采用定向信息发布方式进行披露，由此产生的费用和责任由项目交易方自行承担。

3. 信息披露中需要提交的文件规定

交易项目披露信息应要求提供的相关文件，如交易双方的资质证明文件(特别是转让方)、交易技术所有权归属证明文件、信息披露申请书、风险提示确认函等，以及其他需要提交的文件如一些评估报告及备案文件。

4. 中止、终止信息披露事项处理

技术交易过程中可能出现导致信息披露终止事项，如遇到一些特殊原因确实需要终止双方交易合同的，提出终止方需要向交易所提交终止申请，要注明终止的原因。交易平台需查明终止原因是否属实后做出决定，若确实需要终止的，可以通过原信息渠道对外公布终止原因。

(五)委托交易规则

油气勘探开发技术委托交易是指经纪人受交易主体委托，代理交易主体买卖油气勘探开发技术，从中收取佣金的交易行为。为了保证油气勘探开发技术委托交易的顺利进行，委托交易规则的制定应当包括如下内容。

1. 委托交易申请规定

技术所有权人(企业、个人)要转让、合作、许可他人实施等，都可以在自愿的原则下，申请委托交易，委托信息发布、推广、推荐、交易服务。

投资者(企业、个人)要寻找技术，都可以在自愿原则下，委托寻找相关技术。

申请委托交易的项目，技术所有权人、投资方必须认真阅读油气勘探开发技术交易平台制定的委托交易规则，如实填写油气勘探开发

技术交易平台委托交易合同，提供相关的材料，并在承诺条款上签名承担法律责任。

2. 相关申报材料规定

技术所有权人（企业、自然人）应当提供下列材料：技术项目所有权证明材料，项目简要介绍（包括对项目推荐有用的资料、图片、检测报告等）；项目可行性研究报告（包括项目技术背景分析、市场分析与预测、效益评价等）。提供的技术产品的实物或样品必须符合技术交易平台的规定，而且应提供需要的其他材料。投资方需提供的材料主要包括投资方资质证明等。

3. 交易形式

交易平台可采用线上和线下两种产品展示方式，可举办不定期的项目推荐会、投资洽谈、指导培训班等。交易平台将为有意向的技术交易双方规范技术交易合同，办理相关技术产权登记、转让手续和指导办理创业手续。

4. 委托交易规则确定

交易平台实行准入制和自由开放式洽谈的方式，充分尊重所有权人和投资者自愿委托交易和坚持自愿、平等规范交易和风险自负的原则。

交易双方可在交易平台的服务下，利用网上交易平台信息功能和线下洽谈场所，平等洽谈达成意向。

交易双方在达成初步意向后必须按照交易平台规定，在交易平台相关机构的指导下进行交易，签订交易平台提供的规范合同，办理相应的合同认定和国家技术产权的合同登记、转让手续，并缴纳规定的费用。

严禁提供虚假信息和欺诈行为，违反者将承担法律责任。交易平台对交易双方提供必要的服务，对双方交易的结果不承担任何连带责任。交易平台提醒委托交易双方注意投资风险。

5. 委托交易费用规定

油气勘探开发技术交易平台对于不同金额和不同类型的委托交易项目，可采取不同的收费方式，如：①技术项目一次性转让/许可，可按合同金额一定比例收取交易费用；②技术项目为技术入股合作方式，交易平台可收取佣金或者占有一定股份。

6. 其他相关规定

交易平台有权拒绝产业化可行性差或法律状态不明的委托交易项目，有权选择决定组织展板、推荐、实物展示的项目和专家评价的项目，有权更换重点推荐、展示的项目。

委托交易的技术所有者、创业投资人必须遵守平台的委托交易规则，必须配合交易平台的各项活动，提供必要的资料和出席各种推荐、展示活动。

（六）价格确定规则

1. 价格确定总则

通过技术交易平台进行交易的技术产品和服务定价方式主要有磋商定价和拍卖定价，两种不同的定价方式适用不同的价格确定规则。通过交易平台进行技术交易的当事人根据相关规则进行价格确定。

2. 磋商定价规则

通过磋商进行交易定价的技术产品或服务，磋商定价过程由交易平台进行组织和监督，交易双方应本着自主、自愿、平等的原则进行磋商，在互利共赢的基础上达成定价共识。

磋商定价应根据交易标的不同特点进行，对专利技术、非专利技术以及有形化技术在合理的价值评估的基础上进行磋商。价值评估过程应受到专业技术人员的充分监督，保证评估结果真实可靠。

交易双方经过磋商对交易标的价格确定后，原则上必须按照该价格签订交易合同，进行技术交易；若因汇率变动或其他原因导致交易标的价格变化需要进行价格调整的，可在合同中另附条款说明。

3. 拍卖定价规则

技术交易平台应提前通过交易系统录入待交易油气勘探开发技术的详细信息，包括标的名称、公告日、标的介绍、图片、备注等，对所提交材料的真实性、完整性、有效性负责。

技术交易主体对进行在线竞价拍卖的成果，应当与交易平台签订委托拍卖合同，拍卖委托信息一经本平台审核通过，交易方不能自行对拍卖委托信息进行撤销或修改。

拍卖交易中系统自动按照价格优先、时间优先原则确定中标人；并在拍卖结束后立即公布中标人和成交价，该成交价则为交易标的最终的定价。

4. 保证条款制定

无论采取磋商定价还是拍卖定价，交易双方都应在规定的时间内办理转让和价款结算，否则本平台有权中止本次交易，并记入双方诚信记录。若由交易一方违约导致交易未能进行，则违约方应承担违约责任，并将违约方的保证金按一定比例划转给守约方作为违约补偿。

三、技术交易操作流程

（一）办理油气勘探开发技术申请

目前，油气勘探开发技术大致可以分为勘探技术、钻完井技术、油气藏工程技术、采油气工程技术以及地面工程技术五类。针对某项特定的开发技术，如果产生了供求关系，首先需要对相关材料进行形式审查，其中，技术提供方需要提交受让申请，包括技术归属证明、交易意向的批准文件、经办人身份证复印件、法定代表人授权委托书等其他材料。技术需求方需提供资信证明、营业执照复印件、经办人身份证复印件、法定代表人委托书等其他规定的材料。

(二)数据检查

数据审核和检查是油气勘探开发技术保证工作的一个重要环节，分析结果除了必须达到勘探结果准确性的要求外，记录、运行和报告中的有效数字以及数据之间的合理性关系问题是数据检查的重点。根据历年技术使用情况的数据分析结果，对受让方提供的数据进行全面检验，以判断当前数据是否合理，如若不合理，提示相关工作人员补充、修改或完善数据，以达到最终的数据要求。

(三)确定技术预估值

确定技术估值可以分两个步骤：①油气田企业组织技术专家对该领域的技术更新周期进行预测，选择 3~5 名技术专家，以他们的预测均值作为技术更新周期的预估值；②可以邀请技术专家和营销专家对专利技术的先进性、可替代性、技术产品的市场前景、技术应用产生的经济效益进行评价，得出其综合评分，然后计算出技术的经济周期，从而为开发技术的价值确定提供基础。

(四)市场交易中心/产权交易所

依据技术开发机构的技术预估值，由市场交易中心/产权交易所送到具有权威性的第三方科技评估中心或者产权交易所进行专业估值，应用油气勘探开发科技成果价值评估方法进行评估确定技术价值，以确保估值的准确度和公允性。

(五)信息公布

资产交易项目挂牌公示不少于 20 个工作日。通过资产交易所网站、电子显示屏及指定的各类媒体对外披露资产交易信息。信息披露内容以《资产转让申请书》内容为主。其中，技术转让方需要提供经审核批准的技术信息、投资信息、项目信息等，由相关机构进行发布，并以多种形式推广项目的各类重要信息，以保证受众人群的广泛性和有需求者的针对性信息获取。如果技术提供方确定采用拍卖程序进行技术转让的，确定拍卖机构后，转让方需和拍卖公司签订拍卖委托合同，由拍卖公司发布拍卖公告，进行拍卖。

(六)确定受让方

如果为挂牌交易，那么挂牌期满，只产生一个符合条件的意向受让方的，转让方和意向受让方洽谈成功，确定其为受让方；产生两个及以上符合条件的意向受让方的，转让方按照约定通过拍卖、招投标、网络竞价或资产交易所组织的其他竞价程序确定受让方。

如果转让方采用拍卖的方式，拍卖过程中，竞买人一经出价或应价不得撤回，当其他竞买人有更高应价时，其出价或应价即丧失约束力。竞买人的最高出价或应价经拍卖师落槌或者以其他公开表示买定的方式确认后，出价最高者即为受让方。

(七)查询洽谈，达成意向

由相关机构负责介绍技术交易双方洽谈交易各项条件，从中协调双方对交易条件达成一致意见，有效地促进技术交易的达成。

(八)签订交易合同

交易双方就交易的各项实质性条件达成一致后，签订书面合同，由机构登记备案。根据交易任何一方的要求，机构都有责任提供交易见证。同时，协议成交的，转让方和受让方都需要签订至少三份《技术资产交易合同》，对于合同中规定的具体内容，双方需要按照要求履行自己的权利和义务，由机构负责监督工作。

(九)交易价款结算

受让方将资产交易价款缴纳至资产交易所。拍卖成交的，受让方还需将拍卖佣金与成交价款一并缴纳至资产交易所。资产交易价款到账后，资产交易所审核并出具资产交易凭证。协议成交的，交易双方将资产交易服务费统一缴纳至资产交易所并领取资产交易凭证。拍卖成交的，转让方将拍卖佣金缴纳至资产交易所后领取资产交易凭证。

根据上述油气勘探开发技术评估的具体操作流程，可以绘制出更简明、清晰的流程图，如图 11-4 所示。为保证油气勘探开发技术经济分析工作既全面、正确反映各勘探方案或项目的实际情况，又满足正确决策的需要，应遵循以下两个假设前提的条件。假设前提一：假设委托评估技术的实施不会违反国家法律及社会公共利益，也不会侵犯他人包括专利权在内的任何受国家法律依法保护的权利。假设前提二：资产评估工作基于现有的市场情况和相关政策，不考虑目前不可预测的重大市场波动和政策变化。

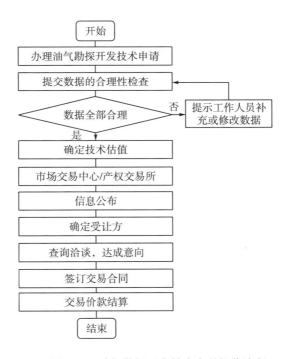

图 11-4　油气勘探开发技术交易操作流程

第四节　加强油气技术交易平台运营风险防范

一、强化油气技术交易平台建设与运营风险防范

(一)交易平台营运风险防范

营运风险是指因经营决策不当，妨碍或影响经营目标实现的因素，需要各监管部门的监管进行有效控制。①内部控制是防范企业营运风险的主要手段，为有效管理技术交易平台的经营风险，应该加强平台内部建设与控制。②明确平台定位与主要业务。油气技术交易平台应理性、全面地评价自身情况，制定合适的发展目标，专注核心业务，不可过于冒进盲目开展多元化经营，减少内外部风险因素的干扰。③明确权责，完善平台治理结构。明确平台内部各层各级人员的职权与责任，避免因职权覆盖、分工不明而可能导致的经营管理漏洞。④完善内部控制制度。内部控制应由平台的董事会、部门负责人和其他员工共同实施，有效的内控制度是防范营运风险的保障。

(二)交易平台财务风险防范

财务风险是指企业在进行财务管理活动的过程中，由各种不确定因素的影响导致企业的预期收益偏离实际收益的机会或可能。油气勘探开发技术交易平台作为一个市场经济参与的主体也无法避免财务风险。除了一般性的财务风险外，油气技术交易需要特别关注的财务风险还有以下两种：汇率风险、交易价款结算的信用风险。①通过认真分析财务管理的宏观环境及其变化，提高平台对财务管理环境的适应能力和应变能力。建立和不断完善财务管理要素系统，以适应不断变化的财务管理环境。不断提高财务管理人员的风险意识，提高财务决策的科学化水平，防止因决策失误而产生财务风险。②汇率风险防范。合理利用衍生金融工具进行风险对冲，根据自身对汇率风险的判断选

择最佳的风险管理工具，进行套期保值及风险对冲。充分推动使用人民币结算可以有效规避汇率风险，在交易合同中增加应对汇率风险的条款。③价款结算的风险防范。提供优质服务，让客户为平台服务"买单"。与技术供给方建立紧密的合作关系，共同开拓区域技术市场。对技术供给方进行风险投资，建立风险共担、利益共享机制。

（三）交易平台的信用、法律与合同风险防范

交易主体信用管理与风险防范。技术市场交易主体的信用评估主要依据信用评级机构评估、技术平台信用审查、交易主体反馈评价以及科技价值预评估结果评价四个方面。交易主体信用管理控制主要措施：①外部信用评估机构信用评级保障。科技价值预评估结果评价。科技价值可由系统评估、价值模型评估、专业评估机构评估得出。②交易平台信用审查。作为独立于交易主体的第三方，油气技术交易平台具备很强的油气技术项目信息的采集与储备能力，其制度体系，如交易主体的审查制度、油气技术资源的审查制度，能为交易双方提供一定的信用保证，以此保障交易的顺利进行。③交易主体反馈评价。交易主体反馈评价是指在知识产权交易的整个流程结束后，对另一方的综合评价，类似于商家的评分制度。④交易平台信用管理与风险防范。构建完备技术交易平台信用体系与置信机制，建立交易平台信用评价指标，搭建交易平台信息化信用管理平台。

技术交易平台的法律风险防范。①强化技术交易主体的交易风险调查。对风险进行调查有助于运营主体管控合同风险、预防专利侵权、避免专利欺诈、提高交易质量。②建立技术交易信息披露制度。应规范交易主体违反信息披露制度的法律责任，依据过错原则及损害程度承担相应责任。③技术交易价值评估风险防范。建立油气技术交易平台应严格规定技术评估指标，选择信用度较高的技术评估机构作为合作伙伴，对评估机构的专门人员专业知识、资质、能力等做出明确要求，或平台自身成立公益性质的技术评估机构。④技术交易合同风险防范。包括合同前期风险防范、合同中期风险防范、合同后期风险防范。非专利技术转移的具体实施形式主要包括商业秘密转让以及商业秘密实施许可两种。

(四)建立技术交易纠纷处理机制

技术交易平台纠纷预防机制。技术交易纠纷预防机制有两种。①设立侵权保证金制度。保证金的数额由双方约定，保证金由双方协议保管，或者由第三方如银行保管。②强化知识产权的证据意识。技术交易双方都注重强化知识产权的证据意识，能够在发生侵权纠纷时通过证据保全及时收集、固定侵权证据，有效借助各种法律制度维护自身合法权益。

技术交易的纠纷解决方式。要构建多元的技术交易纠纷解决机制，该机制主要包含和解、调解、诉讼、仲裁、斡旋五种方式。

二、创新技术转移运作模式，促进技术成果的交易和转让

(一)创新技术转移运作模式

加快整合资源、规范业务流程。①通过加强技术供需双方的交流与合作，引入风险共担、利益同享的支付机制以及引入限制技术使用范围及技术回流的保证机制来提高合约的结构化程度。②降低交易的不确定性，促进技术交易的发展。集中优势打造集技术项目推介、难题招标、技术诊断、技术评估、高新技术产品代理、技术合同登记、市场调研、融资代理、产权代理等一体的专业性服务机构，真正做到为技术找市场，为市场找技术；为技术找资金，为资金找技术。③规范技术转移中介机构的活动模式，改变技术供需双方直接签约的方式，出台政策规定技术交易一定要由技术中介作为第三方参与，包括对技术本身的评估、量化以及对双方信用监督等，全程监管技术交易过程，避免双方直接面对的信任和无休止的议价。以及由第三方监管缺位造成的不确定性，降低交易风险。

(二)促进与科研机构积极开展技术交易

努力提高油气田企业社会经济的增长质量，增强核心竞争能力，进一步完善油气田企业技术交易市场与其他要素市场之间的交流机制，积极推进技术产品的产业化进程，缩短技术交易市场作用于经济发展的周期。加大科技资源的整合力度，积极构建科技资源与其他生产要素的互动机制，推动技术向先进生产力的转化。

可以借助油气田企业科研实力雄厚的优势，丰富技术成果挂牌种类、数量和质量，满足受让单位的技术需求，提高自身影响力和声誉。而油气田企业可以借助能源市场丰富的风投资金资源，提高融资效率。借助证券市场丰富的投资资金，有利于技术成果转化成生产力。打造多层次、专业化技术交易网络平台，提升技术市场整体水平。

(三)建立油气技术交易市场的制度和规范

开展规范化的交易是技术交易市场的基本要求。油气田企业也应结合实际建立技术交易与技术产权交易服务规范。对技术交易全过程技术交易的定义范围及服务过程等进行全面的标准化制订，规范受理服务程序，全面提升科技中介机构的服务能力，促进技术转移服务行业可持续发展，提高油气田企业技术交易的质量，加强产学研合作，鼓励和支持技术成果的交易和转让，加强产学研合作。

主要参考文献

安培浚，张志强，张树良，等.2017. 近十年主要国家科技投入与科技绩效评价分析[J]. 世界科技研究与发展，39（1）：68-74.

白兰君，姜子昂，何润民，等.2002. 石油科技成果企业价值评估新论[J]. 天然气经济(8)：31-35.

布莱恩·阿瑟.2014. 技术的本质[M]. 杭州：浙江人民出版社.

常毓文，梁涛，赵喆.2017. 油气大趋势[M]. 北京：石油工业出版社.

陈昌曙.2012. 技术哲学引论[M]. 北京：科学出版社.

陈世军.2008. 技术评估理论与方法[M]. 北京：科学出版社.

陈炫宇.2016. 国际技术转让中的价格确定问题[J]. 现代经济信息(3)：136.

陈英超，李春新，司云波，等.2016. 石油企业有形化技术价值评估探索[J]. 石油科技论坛，35（6）：20-24.

程海森.2017. 技术市场价格指数编制研究——以北京技术市场价格指数为例[J]. 价格理论与实践(2)：108-111.

程鹤.2019. 创新驱动国有企业高质量发展：优化要素投入方式 增强体制机制激励[N]. 人民日报，2019-09-16(8).

成素梅.2017. 科学技术哲学国际理论前沿[M]. 上海：上海社会科学院出版社.

德国科技创新态势分析报告课题组.2014. 德国科技创新态势分析报告[M]. 北京：科学出版社.

刁顺.2014. 中国石油技术有形化[M]. 北京：石油工业出版社.

丁战，段辉.2007. 多属性综合评价模型在技术分成率确定中的应用[J]. 技术经济与管理研究(1)：20-22.

方朝亮，刘亚旭，龚小军.2011. 石油科技投入产出评价[M]. 北京：石油工业出版社.

方茜.2019. 代化经济体系建设与科技成果转移转化的关系研究——基于解释结构模型的分析[J]. 软科学(6)：18-23.

傅诚德.2017. 科学方法论及典型应用案例[M]. 北京：石油工业出版社.

富兰克林·亨利·吉丁斯，杨洁.2013. 关于利润分享制理论[J]. 文史博览(理论)(5)：52-53.

高建，周游，郑敬辉.2005. 技术价格评估中实物期权的应用[J]. 商业时代(8)：45-46.

高文进，高兴佑.2015. 自然资源价格理论与实践[M]. 北京：光明日报出版社.

辜穗，李林洪，周小玲，等.2017a. 天然气科技创新战略绩效管理——以西南油气田为例[J]. 石油科技论坛(4)：26-30.

辜穗，罗旻海，王丹，等.2017b. 对加快推进油气技术价值化的思考[J]. 国际石油经济(7)：95-100.

辜穗，罗旻海，陈丽，等.2018. 创新驱动发展视域下油田企业提质增效路径探索[J]. 石油科技论坛(1)：6-9.

辜穗，党录瑞，杜啸天，等.2019a. 天然气产业可持续发展机制[J]. 天然气工业(2)：117-123.

辜穗, 任丽梅, 杨雅雯.2019b. 油气科技绩效评估现状与对策研究[J]. 石油科技论坛(3): 20-25.

顾云华.2016. 基于经济学分析的技术开发定价方法[J]. 生产力研究(8): 17-20.

郭秀英.2012. 区间数指标权重确定的熵值法改进[J]. 统计与决策(17): 32-34.

贺清君.2014. 绩效考核与薪酬激励整体解决方案[M]. 北京: 中国法制出版社.

胡勇, 姜子昂, 何春蕾, 等.2015. 天然气产业科技创新体系研究与实践——以西南天然气战略大气区建设为例[M]. 北京: 科学出版社.

贾爱林.2018. 中国天然气开发技术进展及展望[J]. 天然气工业, 38(4): 77-86.

贾康.2006. 科技投入及其管理模式研究[M]. 北京: 中国财政经济出版社.

姜大柱.2018. 大数据时代管理会计人才培养探讨[J]. 合作经济与科技(5): 138-139.

姜子昂.2018 关于我国天然气企业智库体系建设的思考[J]. 天然气技术与经济, 12(6): 16-82.

姜子昂, 辜穗, 任丽梅.2019. 我国油气技术价值分享理论体系及其构建[J]. 天然气工业, 39(9): 140-146.

姜子昂, 周建, 辜穗, 等.2018. 我国技术要素价格市场化定价方法研究——以油气技术为例[J]. 价格理论与实践(10): 129-132.

姜子昂, 任先尚, 段玲, 等.2011a. 天然气企业管理创新与技术创新协同发展模式[J]. 天然气技术与经济, 5(1): 50-53.

姜子昂, 肖学兰, 余萌, 等.2011b. 面向绿色发展的中国天然气科学体系构建[J]. 天然气工业, 31(9): 7-11.

金莹, 马燕玲, 刘晓荣.2015. 甘肃省技术要素参与收益分配的问题研究——基于问卷调查的实证分析[J]. 甘肃科技, 31(16): 1-5.

鞠春临, 周泉佚, 刘建宁.2006. 基于生命周期的技术定价模型研究[J]. 科技进步与对策(10): 100-102.

凯文·凯利.2017. 科技想要什么[M]. 北京: 电子工业出版社.

李爱华.2006. 对技术资产评估中收益分成率确定方法的探讨[J]. 会计之友(10): 33-34.

李鹭光.2011. 四川盆地天然气勘探开发技术进展与发展方向[J]. 天然气工业, 31(1): 1-6.

李友华, 韦恒.2008. 科技成果推广转化绩效评价理论与方法研究[M]. 北京: 中国农业出版社.

梁林红, 李丹宁.2009. 我国科技体系存在的问题分析[J]. 河北师范大学学报(哲学社会科学版)(1): 59-63.

林楚.2017. 能源技术创新"十三五"规划出台, 着力打造能源技术创新体系[N]. 机电商报, 2017-02-13(3).

刘大椿, 刘劲杨.2011. 科学技术哲学经典研读[M]. 北京: 中国人民大学出版社.

刘进.2014. 中国石油天然气集团科技创新体系的经验与启示[J]. 环境与可持续发展(6): 196-199.

刘清海.2012. 不确定条件下技术价值评估方法与分析框架[J]. 特区经济(11): 226-228.

刘文霞, 宋琳, 钱振华.2015. 科学技术哲学导论[M]. 北京: 知识产权出版社.

刘亚旭, 龚小军, 田党宏, 等.2009. 企业科技投入产出评价研究[J]. 石油科技论坛(6): 1-7.

刘叶琳.2017. 能源技术创新体系逐步形成[N]. 国际商报, 2017-01-23(5).

刘易凯.2009. 对创新型企业中技术要素的研究[J]. 企业导报(2): 60-61.

刘振武, 高旭东, 胡健.2010. 企业技术创新管理[M]. 北京: 石油工业出版社.

卢奇.2005. 现代企业技术要素价格理论探讨[J]. 价格理论与实践(3): 47-48.

陆娇, 毛开云, 赵晓勤.2017. 国际科技评估方法与实践[M]. 北京: 科学出版社.

娄岩，张虹，黄鲁成. 2010. 新技术价值评估研究综述[J]. 科技管理研究(17)：24-27.

骆大进. 2016. 科技创新中心内涵、路径与政策[M]. 上海：上海交通大学出版社.

吕建中. 2017. 国内外石油科技创新发展报告(2016)[M]. 北京：石油工业出版社.

马亮，杨宇谦. 2009. 加强国内外合作交流 推进科学基金绩效评估——科技绩效管理与研究方法国际会议综述
　　[J]. 中国科学基金(9)：359-362.

马新华. 2017a. 天然气与能源革命——以川渝地区为例[J]. 天然气工业，37(1)：1-8.

马新华. 2017b. 四川盆地天然气发展进入黄金时代[J]. 天然气工业，37(2)：1-9.

马新华，谢军. 2018. 川南地区页岩气勘探开发进展及发展前景[J]. 石油勘探与开发，45(1)：161-168.

马旭红，唐正繁. 2017. 第三方评估的实证理论与实证探索[M]. 四川：西南交通大学出版社.

潘慧. 2018. 加强科技评估管理 健全科技评估体系——科技部政策法规与监督司郑健处长解读《科技评估工作
　　规定(试行)》[J]. 广东科技(5)：10-12.

彭元正，董秀成. 2017. 中国油气产业发展分析与展望报告蓝皮书(2016—2017)[M]. 北京：中国石化出版社.

齐敬思. 2014. 科技成果鉴定与评估知识问答[M]. 北京：石油工业出版社.

钱旭潮，王龙，赵冰. 2011. 科技资源共享、转化与公共服务平台构建及运行[M]. 北京：科学出版社.

上海社会科学院信息研究所，上海科学技术情报研究所. 2015. 科技创新辞典[M]. 上海：上海社会科学院出版
　　社.

时勘，曲如杰. 2018. 科技创新的影响因素研究[M]. 北京：北京师范大学出版社.

石中和. 2007. 应用技术类科技成果评价及指标体系研究[J]. 北京交通大学学报(社会科学版)(9)：54-58.

宋勤健. 2008. 产学研合作中的知识产权分享机制研究[J]. 商场现代化(33)：280.

宋伟，盛四辈. 2009. 采用区间价格模型评估技术资产[J]. 中国资产评估(5)：23-25.

苏琳珉. 2004. 石油科技成果经济效益评估方法[J]. 大庆石油学院学报(2)：53-55.

孙明河，卢太昌，史忠华. 2016. 胜利油田：科技创新激发提质增效活力[N]. 科技日报，2016-09-27(7).

孙裕君. 2003. 技术成果转让价格的评估准则、方法与参数[J]. 情报科学(8)：804-807.

唐纳德·E. 坎贝尔. 2013. 激励理论：动机与信息经济学[M]. 王新荣译. 北京：中国人民大学出版社.

田德录. 2010. 我国政府科技计划绩效评估理论与实践[J]. 中国科技论坛(4)：37-40.

田永坡，蔡学军，李倩. 2015. 创新驱动背景下我国技术要素参与收入分配的政策研究[J]. 中国人力资源开发
　　(11)：66-70.

童利忠，马继征. 2002. 技术转让中技术定价问题的研究[J]. 四川大学学报(哲学社会科学版)(6)：46-52.

王娟. 2018. 基于企业技术创新的管理会计国外研究动态回顾与启示[J]. 财会月刊(3)：151-157.

王湘君. 2016. 中国石油天然气开发技术进展及展望探究[J]. 科技创新与应用(4)：140.

王雅俊，王书斌. 2010. 分享经济理论进展与中国模式选择[J]. 经济论坛，2(2)：46-49.

王珍，沈建国. 2009. 李炳炎与威茨曼两种分享理论的比较[J]. 经济纵横(5)：26-29.

汪焰. 2014. 全球油气勘探开发现状及关键技术[J]. 石油知识(2)：8-9.

吴建南. 2009. 公共部门绩效评估：理论与实践[J]. 中国科学基金(3)：149-154.

吴恺. 2015. 科学价值论[M]. 北京：中国社会科学出版社.

谢惠加. 2014. 产学研协同创新联盟的知识产权利益分享机制研究[J]. 学术研究(7)：58-62.

熊小刚. 2013. 国家科技奖励制度运行绩效评价[M]. 北京：社会科学文献出版社，2013.

徐苑琳, 孟繁芸. 2018. 推进科技成果转化的技术预见研究[J]. 科学管理研究(5)：42-45.

许峰. 2007. 国外科技评估的特点及对我国的启示[J]. 科技管理研究(9)：77-80.

许秀梅. 2016. 企业技术资本配置与价值驱动策略研究[M]. 北京：中国财政经济出版社.

袁建昌. 2013. 高新技术科技型人力资本增值激励研究[M]. 上海：上海三联书店.

袁瑞钊, 孙利辉. 2013. DEA 方法在应用技术类科技成果评价中的应用[J]. 青岛大学学报(自然科学版)(3)：
　　87-90.

曾世辉, 廖昆生, 原虎军. 2019. 油气管道及储运设施安全保障技术发展现状及展望[J]. 石化技术(9)：217-218.

曾义金. 2019. 深层页岩气开发工程技术进展[J]. 石油科学通报, 4(3)：233-241.

张立军, 赵芳芳. 2016. 基于熵权物元分析的科技成果评价模型及应用[J]. 科技管理研究(6)：63-66.

张永安, 耿喆, 李晨光, 等. 2016. 区域科技创新政策对企业创新绩效的影响效率研究[J]. 科学学与科学技术管
　　理(8)：82-92.

张位平. 2006. 关于我国石油装备技术发展的思考[J]. 当代石油石化, 14(6)：9-10.

张廷君. 2012. 科技工作者三维绩效的系统激励机制研究[M]. 北京：经济科学出版社.

张渊, 陆玉梅, 梅强. 2005. 科技计划项目绩效评估指标体系研究[J]. 科技管理研究(9)：185-187.

张运东, 张丽. 2014. 中国石油技术有形化探索与实践[J]. 石油科技论坛(1)：1-5.

赵建强, 刘凤朝, 沈能. 2007. 我国科技绩效提升的制度困境分析[J]. 科学管理研究(4)：47-51.

赵文敬. 2016. 科技评估在科技管理中的作用分析[J]. 黑龙江科技信息(1)：286.

郑烨. 2017. 创新驱动发展战略与科技创新支撑：概念辨析、关系厘清与实现路径[J]. 经济问题探索(12)：
　　173-179.

郑烨, 吴建南. 2017. 内涵演绎、指标体系与创新驱动战略取向[J]. 改革(6)：56-67.

中共中央文献研究室. 2016. 习近平关于科技创新论述摘编[M]. 北京：中央文献出版社.

朱彦元. 2013. 中国国民经济生产函数研究[M]. 上海：同济大学出版社.

庄三红. 2016. 劳动价值论的时代化研究[M]. 北京：中国社会科学出版社.

周娟, 匡建超. 2005. 技术类无形资产利润分成率评价模型的研究——基于改进 BP 人工经神经网络的评价模型[J].
　　商业研究(12)：30-32.

Feller I, Anderson G. 1994. A benefit-cost approach to the evaluation of state technology development programs[J].
　　Economic Development Quarterly, 8(2)：127-140.

Kaplan R S, Norton D P. 2003. Strategy maps: Converting Intangible Assets into Tangible Outcomes[M]. Boston:
　　Harvard Business School Press.

Sohn S Y, Moon T H. 2004. Decision tree based on data envelopment analysis for effective technology
　　commercialization[J]. Expert Systems with Applications, 26(2)：279-284.

后　记

　　科学合理评估科技经济价值能为科技成果转让、许可、资本化以及收益提成创造条件，也为科技机构和科研人员激励重奖奠定坚实基础，从而促进油气田企业创新驱动发展。研究与实证分析结果表明：油气勘探开发技术创新成果收益递进分成法较为科学合理，技术创新成果收益分成率由收益分成基准值、收益分成基数、技术成果创新强度系数等共同确定，收益分成基数是收益递进分成法的杠杆，技术级序及其分成基数是递进分成法的关键工具，技术成果创新强度系数是递进分成法的核心参数。值得重视的是，科技经济效益评估是世界级难题，油气科技成果价值评价方法探索任重而道远。因此，本书提出以下四个方面的建议。

　　建议一：持续探索油气科技价值分享理论体系。①技术内外部市场化无法回避科技价值评估，长期以来都是一个难题，油气科技价值分享与科技增值绩效有关，价值分享激励比例具有显著的弹性，应加快油气科技价值评估方法集成创新与优化研究，特别是对科技价值分成率计算模型和参数选择研究。②科技经济价值分享应具有产权依据（确认）和财务会计的贡献量度记录，而这是一项难度很大基础工作，现有财务会计制度难以支撑，故收益分成率评估没有精确解，评估过于精细必然会加大评估成本与协调成本。③科技价值分享理论需要持续探索，才能推进科技经济价值评估方法创新，促进油气技术服务和专利技术交易、科技成果评奖、科技人才激励，为油气田企业及国家有关部门确定科技经济价值、技术交易价格和科技价值管理提供支持。

　　建议二：强化油气技术资源战略管理，优化油气勘探开发技术级序。①随着我国油气资源勘探开发向深层、深海、非常规领域扩展，对技术市场形成更加多样化需求，油气田企业将会建立起更加庞大复杂的勘探开发技术级序，这是油气技术资源战略管理的必然趋势。应结合国内外油气技术的发展趋势，围绕科技发展战略做好顶层设计，深化开展油气技术资源调查，提出未来油气勘探开发技术级序类型及关键技术。②根据有形化技术成果，规范梳理油气技术级序命名工作，改进技术级序名称和数量，做好级序基本赋权。③加强油气技术级序资源数字化、资源共享和价值化管理工作，为油气技术研发—应用—价值化—推广应用的一体化平台建设提供支持。

建议三：加快构建社会化的第三方科技评价组织与管理体系。①参照工程项目技术经济评价组织体系架构，健全和完善企业内部科技成果评价组织，通过第三方科技评价机构建设，形成多元化、社会公允性强的科技成果评价组织体系，并强化科技成果评价管理体系建设。②加快科技评价方法开发、评估流程化、软件化，形成规范化的科技成果评价操作体系。③强化科技成果评价的基础数据集成和挖掘，形成智能化的科技成果评价决策支持体系和共享体系。

建议四：加快出台《油气科技价值评估规范(试行)》。①油气技术创新创效的生命周期性与阶段性、协同性与级序性、依附性与延时性、多维性与间接性等内生属性，决定了技术要素收益分成的系统性与复杂性，导致技术创新成果收益分成评估并没有精确解，只有相对合理的值。只有通过优化科技经济价值评估方法与评估制度，才能健全和完善科技经济价值评估体系。②结合油气田企业实际，充分依靠各油气田企业专家的智慧，建立油气勘探开发技术级序及其分成基数赋权规则，以及勘探开发分成基数调整规则，与国家科技评估中心合作，推进《油气科技价值评估规范(试行)》出台，为科技经济价值评估规范化、软件化奠定坚实基础。